14

写作教学卷

于漪全集

上海教育出版社

20世纪80年代初,全国语言学会在武汉成立,会议期间与张志公(中)、罗竹风(左二)、史存直(左一)、李振麟(右二)四位前辈合影

参加国庆45周年盛典,在人民大会堂前留影

大学同班同学50年后重相逢

2017年,瞻仰中共一大会址,不忘初心,永远砥砺前行

出版说明

《于漪全集》是基础教育领域首部特级教师的全集,也是上海教育出版社为特级教师出版的第一部全集。它的出版,对于传承、弘扬和建设新时代社会主义文化,对于以教育自信创建自信的教育具有重要意义。

《于漪全集》收录了于漪在不同时期发表于全国各类期刊和出版于多种图书的论文、讲话、序跋等作品。难免挂一漏万,故对写作时间和文章出处不一一注明,留待日后修订逐步完善。同时,对原发期刊编辑部、图书出版单位一并致谢。

全集由上海市教师学研究会组织有关教师、专家编辑。于漪的教育思想植根于教学实践,是理论与实践的有机融合和生动阐述。有时一材多用,是为了从不同角度阐释相关问题,为读者呈现丰富的不同历史阶段的思考成果。

全集以"一辈子学做教师"为线索,根据文章内容,共分 8 卷 21 册,从基础教育、语文教育、课堂教学、阅读教学、写作教学、教师成长、序言书信、教育人生八个方面多维度展现于漪来自教育第一线的理论研究成果,力求树立当代教育家的典型形象。

目录

教你学作文

前　言　　　　　　　　　　　　　　　3
一　拈笔伸纸，一吐为快
　　　——写作的冲动感　　　　　　　5
二　源头活水，生意长流
　　　——从生活中取材　　　　　　　21
三　开阔视野，广为采撷
　　　——勤于积累　　　　　　　　　35
四　裁云镂月，匠心独运
　　　——善剪会裁　　　　　　　　　47
五　上下求索，神游八荒
　　　——让思想插上双翅　　　　　　65
六　情真意切，语重心长
　　　——用真情浇铸　　　　　　　　79
七　立意高远，画龙点睛
　　　——确立"主心骨"　　　　　　96
八　独具慧眼，别有洞天
　　　——精选角度　　　　　　　　　111
九　用意绵密，一片浑成
　　　——缜密构思　　　　　　　　　126
十　精工巧作，织锦成文
　　　——连缀组合　　　　　　　　　144

十一	娓娓动听,引人入胜	
	——记叙的技巧	168
十二	条分缕析,探幽抉微	
	——说明的特征	188
十三	惟妙惟肖,生动逼真	
	——描写的艺术	213
十四	振聋发聩,谈笑风生	
	——论辩的威力	236
十五	行云流水,精彩纷呈	
	——锤炼语言	256
十六	即景即情,着手成春	
	——把握题型	277
十七	字斟句酌,精益求精	
	——不厌修改	296
十八	才思敏捷,倚马可待	
	——下笔快速	314
后　记		328

教你学作文

前　言

中学生作文世界五彩斑斓,耀人耳目。它,蕴含着世情、亲情、师情、友情;它,抒写理想的追求、生活道路的选择;它,探讨人生的哲理、事物的奥秘;它,洋溢着青春的气息,透露出初生牛犊不怕虎的锐气。在相当数量的优秀习作中,时或闪现智慧的火花,令人惊喜,令人欣慰。

中学生作文世界又是稚嫩的、不成熟的,乃至粗糙的、残缺不全的。有时柔弱得缺少脊梁骨,站立不起来;有时东纠缠、西拉扯,说来说去说不清;有时红花忘了绿叶衬,有时画龙忘了点睛笔。在学习运用祖国语言文字表达情意、倾吐心声的过程中,有这样那样的缺陷和不足是极其自然的,也是不可避免的。认识它,扎扎实实进行训练,跨越过去,就可尝到其中的甘甜。柔弱的会健壮起来,稚嫩的会成熟起来,病态清除,文章将精神焕发,活泼生动。

这本指导写作文的书想在这方面给青少年朋友以具体的帮助。孟子说:"梓匠轮舆能与人规矩,不能使人巧。"意思是木工以及专做车轮或车厢的人能够把制作的规矩准则传授给别人,但不能够使别人一定具有高明的技巧。写作文与制作车轮等工作有某些相似之处,总要有"规矩"。做任何事,学习任何学科,要做有成效,学有成效,都要有规矩,没有规矩,不能成方圆,写作文当然不例外。

要能让手中的笔听从自己的使唤,描绘大千世界中新奇的人和事,明辨人生征途中的顺与逆、是与非、强与弱、成功与失败,抒发胸中充盈的壮志豪情,都离不开懂得并逐步熟练掌握做文章的规矩。书中的"文心絮语"就是与青少年朋友谈一点写文章的基本规矩。从片段的写作实例引出某些写作道理,再用写作道理剖析写作实例,这样虚实结合,容易理解,容易入脑入心。

"能与人规矩,不能使人巧",这似乎说得绝对化了。高明的技巧虽依靠自身的领悟、磨砺,但开启智慧的钥匙,点石成金的魔指,对成长中的青少年来说,也是十分重要的。青少年学生思维活跃,有旺盛的求知欲,美好的事物特别能打动他们的心。书中的"佳作借鉴"就是根据这一点设计的。佳作中往往寓含着丰富多彩的高明的写作技巧,如果一眼扫过,必不识其中真滋味。精细地剖析,探幽发微,挑明运用的某些写作方法、写作技巧,习作者思维的门扉就被开启。一点就明,一拨就亮,切切实实受益。再说,学作文与学写字一样,都要"取法乎上"。佳作、精品是榜样,对所悬的高标真正有所领悟,这一篇这一点,那一篇那一点,日积月累,久而久之,不仅懂"规矩",而且得其"巧"了。

同龄人的作品最容易在同龄人中产生心电感应。相仿的经历,类似的探索追求的心理,写出来的作文虽有好差之别,但共同语言多,可比较,可参照,可从中吸收长处,可从中吸取教训。书里的"习作评说"就起这样的作用。也许某几篇特别好,会使同龄人羡慕;也许某几篇言简意深,令同龄人深思遐想;也许某几篇有种种毛病,使同龄人着急……在这里可能找到志同道合的同学,心心相印的文友,学到反映社会、描写自然、抒发感受等的写作方法。

书中的"要语一束"是每个部分教写作文的要领,它们犹如一束束鲜花伴随在习作者的身边,经常闻到它的芳香,笔下就会如行云流水,精彩的思想、丰富的感情就会涌现纸上。

希望这本书成为青少年学生的好朋友,更希望青少年学生勤学苦练,写作水平跃上新台阶。

一　拈笔伸纸，一吐为快
——写作的冲动感

学习写作的人在认识上常常会进入这样的误区：只要掌握写的技能技巧，作文一定高质量高水平。其实不然。学习写作，技能技巧固然重要，但最为重要的莫过于写作的热情，写作的冲动感。没有想写、要写的强烈愿望，没有非写不可、非写好不可的迫切性、责任感，再好的技能技巧也难以掌握，更不必说下笔千言，感人肺腑了。

【文心絮语】

热情是一种强有力的情感，它影响乃至决定人的思想言行，胸中写作热情似火烧，就会产生一吐为快的冲动感。写作冲动感一经形成，就会思绪纷呈，妙语连珠，写作进入最佳状态。写作热情、写作冲动不是自天而降，凭空产生的，而是写作的人频繁地接触自然、接触社会，对自然界的山水景物、花草鸟兽，对社会上纷繁的人和事认识、理解、感受的结果。

中学生都读过作家魏巍写的《谁是最可爱的人》，也都为之而感动过。这篇三千字的通讯在20世纪50年代初期曾经使亿万热血青年产生思想上的碰撞，曾经使亿万读者激动得热泪盈眶，一时间，热爱祖国、热爱最可爱的人的浓烈感情弥漫祖国九百六十多万平方千米的大地，植根于千千万万的人民心中。为什么这篇文章有如此动人的魅力呢？

作者一番倾吐心潮的话语能给我们以极好的回答。他是这样说的：

在朝鲜的每一天，我都被一些事情感动着；我的思想感情的潮水，在放纵奔流着；它使我想把一切东西都告诉给我祖国的朋友们。但我最急于告诉你们的，是我思想感情的一段重要经历，这就是：我越来越深刻地感觉到谁是我们最可爱的人。

我能写出《谁是最可爱的人》，最基本的原因，是我们的战士的英雄气魄、英雄事迹，是这样的伟大，这样的感人；而这一切把我完全感动了。

在现实生活中的深入感受，对写作的人是多么重要！你感受得深了，写出来，也就必然有那么一股子劲，人家读了，也就感受得深；你感受得浅，人家从你这儿感受到的，也就浅；你根本还没感觉呢，那就用不着说了……你跟他们交上知心朋友，你对他们了解得深，他们的气质、思想、感情，就会感染你，使你也沉入到他们的情绪中。也就是说，才能使你感受得更深些。

从这三段话中，我们至少可领悟到以下一些写文章的道理：第一，作者思想感情的潮水放纵奔流，急于要说，急于要写，急于要告诉别人，正是这种写作冲动，正是这种难以控制的奔腾的写作热情，造就了这篇脍炙人口的文章。写作冲动是写作的内驱力，是使思维活跃、生活素材在脑中涌现的内部动力，写作的人如果蕴藏的思想感情不汹涌澎湃，如果没有一吐为喜悦、为愉快、为欢乐的表达情绪，下笔绝不会一泻千里，气势感人。第二，写作的热情与冲动来自对现实生活的接触与理解。作者全身心地投入保家卫国的火热的斗争中，和志愿军——指导员、战斗英雄、一般战士、干部、新参军的学生和过去曾经是落后的人交朋友，了解他们，沉入他们的情绪中，理解，感受，深深地感受，因而有一吐为快的热情。学习写作的人要能激情满怀地表达自己的爱憎,歌颂美好的事物、高尚的情操,鞭挞丑陋的人和事,必须认真地生活在社会生活之中,用眼观看,用耳倾听,用心细思,事事留意,处处积累,培养写的热情。如果对生活冷冷淡淡,视而不见,听而不闻,那无论如何也出现不了写作冲动的动人境界。第三,写作的热情与冲动还来自崇高的责任感。作者长期生活在部队里,战士伟大的英雄气魄,感人的英雄事迹不断撞击作者的心灵,震撼作者的肺腑,出于崇高的事业心和责任感,他要把战士纯洁的品质、刚强的意志、淳朴的气质、宽广的胸怀和英雄的业绩告诉给祖国的朋友们,让他们为有这样的英雄而骄傲,为以生在这个英雄的国度而自豪。学习写作的学生尽管与作家写通讯报道的目的不完全相同,但同样应该有一种责任感。正确理解和运用祖国的语言文字,写出言之有物、言之有理、言之有序的文章,是学习的需要,是日后工作的需要,是步入社会传递信息、交流思想的需要。学习写作的目的意义越明确,肩上越有责任感,越能激发旺盛的写作热情,越容易孕育写作冲动。

写作冲动绝不是装腔作势,无病呻吟,而是客观事物作用于作者的耳目与心灵,激起作者内心的不平静,涌出要诉说、要呐喊、要歌颂、要鞭挞等强烈情感。伟大诗人杜甫的《茅屋为秋风所破歌》这千古传诵的佳作,就是心声的吐露,特别是末尾处:

床头屋漏无干处,雨脚如麻未断绝。
自经丧乱少睡眠,长夜沾湿何由彻。
安得广厦千万间,大庇天下寒士俱欢颜,风雨不动安如山。
呜呼!何时眼前突兀见此屋,吾庐独破受冻死亦足!

经过安史之乱的颠沛流离,杜甫在成都建造了一座并不十分坚固的草堂,好不容易有了个安身处所。谁知有一天突然暴风雨发作,江翻石走,草堂旁据说已经生长了二百年的高大的楠树尽管与雷雨抗争,但是根还是断了,被狂风拔起,像死了的龙虎一般倒在荆棘中。8月的又一天,秋风怒号,草堂顶上的三重茅草都被无情的风卷走,有的挂在林梢,有的沉入塘坳。黄昏时候,风虽停了,但乌云聚集,下起了密密麻麻的雨,雨不停地下了整整一夜,屋里已漏得没有一块干土。雨下到地上,下到屋里,也下到诗人的心上,漫漫长夜无法入眠。诗人思绪万千,心潮起伏,由自己遭受的灾难联想到流离失所的人们,联想到怎样才能盖上千万间的房屋,使天下寒士喜笑颜开,再不遭受狂风暴雨袭击之苦。诗人情不可遏,于是在无眠的长夜里唱出了茅屋为秋风所破歌。这种情感的冲动构成的千古绝唱,高潮在"呜呼!何时眼前突兀见此屋,吾庐独破受冻死亦足"的呐喊,在心扉的袒露,在生命的奉献。这种高尚而博大的情怀令读者激动不已,肃然起敬。

  写作热情表现的方式不尽相同,有的是勤于笔耕,以流畅地表达自己的思想感情为快乐;有的是孜孜矻矻,长期坚持,力求文字能准确地表达情意。比如宋代大文豪苏轼曾这样说:"某生平无快意事,惟作文章,意之所到,则笔力曲折无不尽意,自谓世间乐事,无逾此者。"意思是说:自己生平没有痛快、高兴的事,只有写文章,想到什么,笔下就能曲曲折折充分地加以表达,自己认为人世间快乐的事,再也没有超过写文章的了。这种炽热的写作热情、写作冲动,可说是到了登峰造极的地步。正因为苏轼把写诗作文升华到人生欢乐的境界,把人生欢乐融化于写诗作文之中,因而他的作品气势恢宏,畅达淋漓,挥洒自如。他的同乡唐庚也是宋代著名诗人,他写诗作文的情况就与苏轼迥然不同,苏轼是欢天喜地,唐庚是愁眉苦脸。唐庚说:"诗最难事也!吾……作诗甚苦,悲吟累日,然后成篇……明日取读,瑕疵百出,辄复悲吟累日,反复改正……复数日取出读之,病复出,凡如此数回。"这段话从另一角度揭示了持续高涨的写作热情。他说,写诗是最难的事,自己写诗非常苦,要痛苦地口吟好些天,然后才能成篇。第二天拿出来读读,发现毛病百出,于是再痛苦地推敲好些天,反复修改。隔了一些时候拿出来再读,又发现了毛病,这样反反复复好多次。这种对写作执着追求的热情难能可贵。

从上面两个例子可以明白:写作热情可呈奔放的形态,也可呈含蓄、深沉的形态,但不论什么形态,其共同点是要写、爱写,要充分而准确地表达自己的情意。而这一点正是我们当代学生应该也必须具备的。

热爱是培育写作热情、激发写作冲动的基础。热爱生活,对生活中美好的事物爱慕、敬佩,主动地接受教育,以高尚的人文美、雄伟粗犷或雅致灵秀的自然美陶冶自己的心灵,知识增长,心灵丰富,心田里就会有绵绵思绪往外倾吐。热爱生活,对生活中假恶丑的东西充满憎恨、厌恶,同样有要说、要写的感情冲动。

在热爱生活的同时,还必须热爱我们祖国的语言文字。在都德的《最后一课》中,韩麦尔先生说法国语言是世界上最美的语言,学生读到这一内容,心中很不服气,认为我们祖国的语言最优美。我觉得我们学生的认识、感情是可贵的。我们伟大祖国的语言生动优美,宝藏极其丰富:它的表达情意的准确程度、细腻程度在世界上是罕见的。只有怀着热爱它的深情,孜孜不倦地探求、挖掘,才能体味其中的奥妙,领略其中的无限风光。语言文字是交流思想的工具,要掌握工具,熟练地加以运用,须坚持不懈地认真地进行训练。只有满怀浓厚的兴趣,满怀浓郁的深情进行训练,才会以写作为乐事,才会有旺盛而持久的写作热情。

无数写作实践的经验告诉我们:写作热情越高涨,写作情感越激越;语言编织的文章越情真意切、内容丰厚,习作者越能享受到成功的喜悦。年青的学生风华正茂,豪情满怀,只要有学好祖国语言文字的强烈愿望,不断培育写作的热情,必会出现拈笔伸纸,一吐为快的动人佳境。

【佳作借鉴】

一　句　话

　　有一句话说出就是祸,
　　有一句话能点得着火。
　　别看五千年没有说破,
　　你猜得透火山的缄默?
　　说不定是突然着了魔,
　　突然青天里一个霹雳
　　爆一声:
　　"咱们的中国!"

　　这话叫我今天怎么说?
　　你不信铁树开花也可,
　　那么有一句话你听着:
　　等火山忍不住了缄默,
　　不要发抖,伸舌头,顿脚,
　　等到青天里一个霹雳
　　爆一声:
　　"咱们的中国!"

　　这首诗爱国主义感情如火山般的喷发,震人心魄。为何能有如此巨大的感人力量?那是因为作者在感情极端冲动下写成。作者闻一多是现代著名诗人、学者。他在国外受到了民族歧视,而国内又是反动军阀的罪恶统治,他悲愤满腔,胸中燃烧着炽烈的爱国热情,正如他写给诗人臧克家的信中所说,把自己比喻为"没有爆发的火山"。1925年夏,他回到祖国,正是反帝运动处于高潮的时候。这时他不仅看到了帝国主义反动派对人民血腥的统治与镇压,也看到了中国人民不屈不挠的英勇斗争精神。席卷全国汹涌澎湃的反帝怒潮,说明了"谁是中国人",反映了我们"民族的伟大",胸中的火山爆发了,他大声喊出了一句话:"咱们的中国!"在胸中积蓄已久的话迸发而出。诗人察觉到缄默的中国蕴藏着惊天动地的巨大力量,坚信一旦火山忍不住缄默,就会突然间青天里一个霹雳,到那时帝国主义反动派就要"发抖,伸舌头,顿脚"。这是多么深厚的爱国主义感情!

《一句话》是一首响彻着中华民族庄严的最强音的诗,激情奔放,语言凝练,它是诗人对祖国命运满怀的深情浇灌而成。炽热的爱国情感燃起了势不可当的写作热情,这种写作热情浇铸的诗句铿锵有力,能唤起读者由衷的共鸣。

写作冲动、写作热情并不都是像火山岩浆般的喷射,有时它的表现是细微的、平和的、素静的,甚而是含蓄的、难以觉察的。李广田的散文《花潮》就是另有一番风味。

花　　潮

昆明有个圆通寺。寺后就是圆通山。从前是一座荒山,现在是一个公园,就叫圆通公园。

公园在山上。有亭,有台,有池,有榭,有花,有树,有鸟,有兽。

后山沿路,有一大片海棠,平时枯枝瘦叶,并不惹人注意,一到三四月间,真是花团锦簇,变成一个花世界。

这几天天气特别好,花开得也正好,看花的人也就最多。

星期天,我们也去看花。不错,一路同去看花的可多着哩。进了公园门,步步登山,接踵摩肩,人就更多了。向高处看,隔着密密层层的绿荫,只见一片红云,望不到边际。真是,"寺门尚远花光来,漫天锦绣连云开"。这时候,什么苍松啊,翠柏啊,碧梧啊,修竹啊……都挽不住游人。大家都一口气地攀到最高峰,淹没在海棠花的红海里。后山一条大路,两旁,四周,都是海棠。人们坐在花下,走在路上,既望不见花外的青天,也看不见花外还有别的世界。花开得正盛,来早了,还未开好,来晚了,已经开放,"千朵万朵压枝低",每棵树都炫耀自己的鼎盛时代,每一朵花都在微风中枝头上颤抖着说出自己的喜悦。"喷云吹雾花无数,一条锦绣游人路",是的,是一条花巷,一条花街,上天下地都是花,可谓花天花地。可是,这些说法都不行,都不足以说出花的动态,"四厢花影怒于潮""四山花影下如潮",还是"花潮"好。古人写诗真有他的,善于说出要害,说出花的气势。你不要乱跑,你静下来,你看那一望无际的花,"如钱塘潮夜澎湃",有风,花在动,无风,花也潮水一般地动,在阳光照耀下,每一个花瓣都有它自己的阴影,就仿佛多少波浪在大海上翻腾,你越看得出神,你就越感到这一片花潮正在向天空向四面八方伸张,好像有一种生命力在不断扩展。而且,你可以听到潮水的声音,谁知道呢,也许是花下的人语声,也许是花丛中蜜蜂的嗡嗡声,也许什么地方有黄莺的歌声,还有什么地方送来看花人的琴声、歌声、笑声……这一切交织在一起,再加上风声,天籁人籁,就如同海上午夜的潮声。大家都是来看花的,可是,这个花到底怎么看法?有人走累了,拣个最好的地方坐下来看,不一会,又感到这里不够好,也许别的地方更好吧,于是站起来,既依依不舍,又满怀向往,慢步移向别处去。多数人都在花下走来走去,这棵树下看看,好,那棵树下看看,也好,伫立在另一棵树下端详一番,更好,看看,想想,再看看,再想想。有人很大方,只是驻足观赏,有人贪心重,伸手牵过一枝花来摇摇,或者干脆翘起鼻子一嗅,再嗅,甚至三嗅,"天公斗巧乃如此,令人一步千徘徊"。人们面对这绮丽的风光,真是徒唤奈何了。

老头儿们看花,一面看,一面自言自语,或者嘴里低吟着什么。老妈妈看花,扶着拐杖,牵着孙孙,很珍惜地折下一朵,簪在自己的发髻上。青年们穿得整整齐齐,干干净净,好像参加什么盛会,不少人已经穿上雪白的衬衫,有的甚至是绸衬衫,有的甚至已是短袖衬衫,好像夏天已经来到他们身上,东张张,西望望,既看花,又看人,洋气得很。青年妇女们,也都打扮得利利落落,很多人都穿着花衣花裙,好像要与花争妍,也有人擦了点胭脂,抹了点口红,显得很突出,可是,在这花世界里,又叫人感到无所谓了。很自然地想起了龚自珍《西郊落花歌》中说的,"如八万四千天女洗脸罢,齐向此地倾胭脂",真也有点形容过分,反而没有真实感了。小学生们,系着漂亮的红领巾,带着弹弓来了,可是他们并没有射击,即便有鸟,也不射了,被这一片没头没脑的花惊呆了。画家们正调好颜色对花写生,看花的人又围住了画花的,出神地看画家画花。喜欢照相的人,抱着相机跑来跑去,不知是照花,还是照人,是怕人遮了花,还是怕花遮了人,还是要选一个最好的镜头,使如花的人永远伴着最美的花。有人在花下喝茶,有人在花下弹琴,有人在花下下象棋,有人在花下打桥牌。昆明四季如春,四季有花,可是不管山茶也罢,报春也罢,梅花也罢,杜鹃也罢,都没有海棠这样幸运,有这么多人,这样热热闹闹地来访它,来赏它,这样兴致勃勃地来赶这个开花的季节。还有桃花什么的,目前也还开着,在这附近,就有几树碧桃正开,"猩红鹦绿天人姿,回首夭桃恼失色",显得冷冷落落地待在一旁,并没有谁去理睬。在这圆通山头,可以看西山和滇池,可以看平林和原野,可是这时候,大家都在看花,什么也顾不得了。

……

花潮描绘得如此有声有色,情趣盎然,关键在于作者心潮起伏,汹涌澎湃。作者如果走马观花,对海棠无千种情,对观花人无万种爱,无涌上心头要表述这花景、人景的强烈欲望,笔下要能如此风光绮丽,花潮荡漾，显然是不可能的。

　　作者的心潮融合在花潮的描写之中，咏花的热情在字里行间细细渗出。潮，铺天盖地。往上看，"只见一片红云，望不到边际"，攀到高峰，"淹没在海棠花的红海里"；每棵树炫耀千朵万朵的鼎盛，每朵花诉说自己的喜悦。总写，分写，群体，个体，花的气势已伴随着作者的热情生动地铺展开。然而，仅仅凭此细说，还远远不能表达心潮的起伏。于是，进一步在花潮的动态上着笔。"有风，花在动，无风，花也潮水一般地动"，"就仿佛多少波浪在大海上翻腾"，"你越看得出神，你就越感到这一片花潮正在向天空向四面八方伸张，好像有一种生命力在不断扩展"，行文至此，花潮铺天盖地、汹涌澎湃的气势毕现。

　　单从形态、色彩角度刻画尚不能充分表达歌颂之情，于是又诉诸听觉，从声音方面着笔。以风声、蜜蜂嗡嗡声、黄莺歌声、看花人的琴声、歌声、笑声、天籁人籁，交织成如海上午夜的潮声，把花潮的气势，花潮的生命力深入一步地铺展，把视觉形象和听觉感受糅合起来，达到淋漓尽致的地步。

　　美景须靠人添意，景中有人，景就活起来，洋溢生意。人潮因花潮而汇集，流动，二者交融，画卷就更为波澜壮阔。作者在人潮的描绘方面，同样倾注了极大的热情。他仍然用铺陈的手法来描绘观花人的种种形态和心态。尽管观花人有坐，有站，有大方，有贪心，但共同的特点是陶醉，陶醉于花巷、花街、花海、花潮之中，面对绮丽的风光，只得"徒唤奈何"了。

　　总写了观花人的形态、心态，还未尽情，还未达到一吐为快的境地，于是又分笔写老头儿、老妈妈、青年们、青年妇女们、小学生们、画家、摄影者等观花的情景。尽管这些人表情不同，动作各异，但都聚焦在"花"这个耀眼点上，沉浸在花潮的欢乐之中。"喜欢照相的人，抱着相机跑来跑去，不知是照花，还是照人，是怕人遮了花，还是怕花遮了人，还是要选一个最好的镜头,使如花的人永远伴着最美的花",这些句子只要稍加思量,就可感受到作者的写作热情如暖流奔泻。作者把"人"与"花"交织起来写,巧妙地选择了照相的角度,把花与人、人与花胶合在一起,一"照",一"遮",一"伴",气象万千,意味无穷,深化了花潮的意境。作者的心潮调动了手中的笔,极其生动地描摹了圆通公园的花潮,绘声绘色绘形,给读者以美好而深刻的印象。

【习作评说】

黑土地上的忏悔

爷爷去了,带着深深的遗憾和期待,带着我的忏悔,走进了自己耕耘了一辈子的黑土地。

窗外,下着淫雨。风直灌进我的脖子,我一哆嗦,蓦地一抬头,看见屋檐下的燕巢在冷风中微微摇动。

……

"爷爷,这鸟儿叫啥名字呢?"我曾经这样问爷爷。

"噢,它是燕儿呀!"

"燕儿?"

"是呀,你可记得'燕子归来寻旧垒'吗?它是吉祥的鸟儿啊!"

唉!怎么能忘呢?小时候,我常常依偎在爷爷身旁,听爷爷讲"九死而不悔"的屈原,精忠报国的岳飞。然而,给我印象最深的,则是"燕子归来寻旧垒"这句诗了。每当讲到这里,爷爷总是深情地对我说:"孩子,这就是我们祖国啊!人,不能忘了本土啊!"

屋内,悲悲切切,我木然地望着门外的小河,蒙蒙细雨飘落在河面上。

……水乡的夜,是那么美,黑黝黝的山峰像屏障,萤火虫一闪一闪,满月在河面上撒下了一把银波。

"这么晚了,您老还在打鱼?"

"噢,孙女咳嗽,打些鲫鱼治嗓子。"

第二天,我刚起床,爷爷就端着一碗热气腾腾的鲫鱼汤走进来,"喝了吧!"

鱼汤真鲜啊!干渴的嗓子仿佛一下子就好了。

"爷爷,真好喝!"当我抬起头来,才看见爷爷眼里布满了血丝。

"爷爷,您的眼睛……"

"没事,歇歇就行了。"回答得很轻松。

为了我,爷爷通宵未眠……

在爷爷身边,我度过了五年的小学生活,该上初中了。一天,爸爸从城里来了,要接我回去读书。我急哭了,我怎么舍得离开这曾给我无穷乐趣的故土?

"爷爷,我不去,不去嘛!"我几乎是在哀求。

"孩子,在城里能学到更多东西,若真想爷爷,放假时回来看看,不也挺好吗?"

就这样,在一个清晨,我告别了老屋,告别了爷爷,告别了蜻蜓、蚂蚱。

"上学堂要认真,莫惦记着爷爷。"我倏地发现,爷爷眼里也含着眼泪。走了很远,还依稀看见爷爷站在门口。

噢,爷爷……

时间,像飞梭,编织着日月星华。我离开老屋已整整三年了,带着久别后重逢的喜悦和激动,回到了爷爷身边。

可是,当我风尘仆仆踏上这片黑土地时,却失望了,满腔的喜悦顿时被莫名的压抑代替了。在我的记忆里,故土的一切都是那么有吸引力。现在,却觉得那么狭小。村庄的南北两端相隔不过两百米,几个小孩在跑着玩风筝,脚下扬起一阵尘土。

这就是我日思夜想的故土吗?

蜻蜓、蚂蚱我已失去了兴趣,小河已没有往日的光彩,老屋,长出了枯草,爷爷——老了。

现实与想象相差太远了。

我第一次怀念城里的一切,柏油马路,高大的楼房,以及永远被妈妈拖得干干净净的棕色地板。

"渴了吧?喝一口井水吧!甜着哩。"爷爷从水桶里舀了一杯井水,递给我。

我接过杯子,抿着嘴喝了一口。

随即,又吐了出来。

"怎么了?你!小时候不是很爱喝吗?"爷爷吃惊地望着我。

"谁爱喝啦?土腥味!"

"……"爷爷手中的杯子失落了,水汩汩流进了黑土地的缝隙里。

"爷爷,您……"我拾起了杯子。

"爷爷很累,去歇会,一个人玩吧!"

我分明望见,爷爷深深地叹了口气,摇了摇头。

从那以后,爷爷总是从商店里买汽水给我解渴。

……人们的悲哭声,把我从回忆中惊醒,后院,有一口井,我叹了口气,走过去,按住摇把,向下压了几下,没有水涌上来,而我的手却沾满了灰尘,好久没人使用这口井了。几经周折,我终于望见了井水从井口涌出,舀出一杯,清明透亮的,杯中似乎又出现了爷爷吃惊的样子。心一酸,仰起脖子,一口气喝下,是那么清甜。唉,三年的城市生活,改变了我对这片黑土的眷恋之情。

此时,我明白失去的太多,太多……

爷爷,您若在天有灵,能原谅我吗?

黑土地,曾哺育过我的土地,能饶恕忘了本土的子孙吗?

那天,我刚进门,爷爷就怒气冲冲地问我:"这本书是哪儿买来的?"我一愣。

"《霹雳舞入门》,是你看的吗?"不等我回答,爷爷又说了第二句。

几天别扭的生活,已使我觉得不适,今天忽然被爷爷说一顿,我不禁反问了一句:"凭什么不能看?娱乐有什么不可以?"

"你会耽误正业的!"

争论的结果,那本书锁进了爷爷的柜子,我也负气离开了故土。

……

现在想起来,太后悔了。要是我登上火车一刹那间看看黑土地,一定会回到爷爷身旁;要是我好好地、设身处地为爷爷想一想,我也许不会离开爷爷。

留给爷爷的是怎样的痛苦啊!

晚上,躺在床上,想了很多。我难道忘了本土?

"人,不能忘了本土啊!"爷爷的话,在我耳边响起,犹如一声霹雳,把我震醒了。

在爷爷遗像面前,我陷入了沉沉的反思中。相片上的爷爷那么消瘦,但精神矍铄,我仿佛听见爷爷正在对我说:"作为一个炎黄子孙,最重要的莫过于热爱国土了!"

"姐,这是爷爷给你的。"堂弟递过一个包。我颤抖着揭开外面包着的报纸,里面是《霹雳舞入门》这本书。扉页上,有爷爷用毛笔写的一句诗:"燕子归来寻旧垒。"

堂弟落泪了。我也禁不住热泪长流。

龚霁芃

情动于中而言溢于外。显然,习作者面对爷爷的永远离去有说不尽的遗憾，有无穷尽的忏悔。这份真挚的亲情，这份由衷的爱戴，冲开了记忆的闸门，往事如潮水一般涌上心头，不吐不快，不痛痛快快表达，难以平抑心头感情的波涛。正因为感情上波澜起伏，才掀起写作上的冲动，也才可能写出这一波三折的文章。

文章下笔点题。谁"忏悔"？谁和"黑土地"为伴终生？为什么是"黑土地上的忏悔"？习作者用了十分简单而平静的语言来述说。然而，在这简单而平静的背后却蕴含着十分丰富的内容——遗憾、期待、悲哀、悼念、忏悔……一下笔，就揪住了读者的心。

写作冲动促使习作者把眼前景与昔日事交织起来写。由屋檐下的燕巢在冷风中微微摇动眼前景的触发，勾起了孩提时代爷爷深情教导、疼爱备至的往事。黑土地上的无穷乐趣，是爷爷亲手撒播；三年后返回故土的失望、冷漠，使爷爷伤心而无奈。鲜明的前后对照，使内心的忏悔之情极其自然地升腾。习作者又从记忆中土腥味的井水引出眼前的汲井水、喝井水，以"清明透亮""清甜"的井水寄托对爷爷的哀思，表述对爷爷的忏悔、对黑土地的眷恋。正当用呼告的手法请求爷爷原谅、请求黑土地饶恕时，笔锋一转，又从眼前景引出了往事的诉说。一本《霹雳舞入门》惹得爷爷暴怒，而爷爷离开前在这本书的扉页上写的"燕子归来寻旧垒"的诗句，更似重锤叩击习作者的心窝，愧疚之情不能自已。

写作冲动并不是想到哪里写到哪里，漫无边际，杂乱无章。尽管习作者由于内心的激动，一会儿眼前景，一会儿昔日事，一会儿昔日事，一会儿又眼前景，但并不杂乱，因为全文有一条中心线贯串，那就是"燕子归来寻旧垒"。祖孙之间的亲情凝聚在对故土——黑土地的热爱、眷念中，而热爱故土又与热爱祖国紧密相连，这就使"黑土地上的忏悔"寓有深刻含义，不是一般地寻找"旧垒"，对爷爷的怀念，不是一般的亲人之念，而是在向一位爱国老人表达哀思。

毕竟是习作，有些语句拖沓，省略号用得过多，结尾"堂弟落泪了"

完全是赘笔。

【要语一束】

　　写作冲动是写作的内驱力，是使思维活跃、生活素材在脑中涌现的内部动力。

　　文章是心灵的轨迹，有旺盛的写作热情，有一吐为快的冲动感，一行行文字就会从火热的心头奔腾而出。

　　写作热情、写作冲动来自对自然、对社会的频繁接触。热爱生活，投入生活的怀抱，眼看，耳听，潜心思考，体验感受，情感获得孕育，思维得到锻炼，想写、要写的冲动就会奇迹般地出现。

　　学会正确使用祖国语言文字表情达意的崇高责任感，是形成写作冲动的最根本的动力。作为中华民族的儿女，肩负着跨世纪建设伟大祖国的重任，有责任也有义务从小学习祖国的语言文字，主动、积极而又精心地练习。经常练，持之以恒地练，笔端就能生花。

二　源头活水，生意长流
——从生活中取材

众所周知，巧妇难为无米之炊。无论怎样能干的媳妇，没有米，也是做不出饭的。写文章同样道理。没有充分、生动和质地优良的材料，只在技巧上兜圈子，翻花样，写出来的文章必然是内容干瘪，面目可憎。文章不应当是"做"出来的，而应该像汩汩的清泉从心坎里流出来。心坎里的清泉来自何方？来自五光十色的生活，来自从生活中汲取材料的本领。须懂得：生活中源头活水流淌，笔下的文章就生意长流。

【文心絮语】

"理论是灰色的，而生活之树是常青的。"这是德国大文学家歌德的一句名言。确实如此，生活之树常青，生活是取之不尽、用之不竭的写作源泉。任何体裁的文章，都是一定的社会生活的反映。写文章，也就是写生活，学写文章的人，要在生活这一关上认真下功夫，关心、了解、发现、寻觅、感受。大脑中采集的自然与社会的信息越多，写作的素材越丰富。

要身入生活、心入生活，才会了解周围的人和事、景与物，才会有所发现。每个人都生活在"生活"之中，可从生活中获得的认识与感受却大相径庭。有的人目光敏锐，善于观察，不仅像摄像机一样能把客观的物象摄入自己的眼帘，印入自己的脑海，而且能在极其普通极其平凡的事物中发现一般人所看不到的、生动的、带着生活露水的新鲜东西;而有的人身在生活,心却游离,再有特点的事物,再有价值的细节,都视而不见,听而不闻,虽然也用眼睛看,但浮光掠影,至多只有模模糊糊的印象。二者比较,关键在是不是"身入""心入"。"身入"而"心"不"入",生活中大量有趣的、有意义的、有价值的材料,就会从眼皮底下溜走;至于"身"不"入",不认真生活,不认真实践,那就更谈不上从生活中取材了。

怎样才能身入、心入呢?要对接触到的人和事有浓厚的观察兴趣,学会观察的方法。观察,不只是用眼睛,还要用耳朵,用鼻子,不仅用感觉器官,更重要的是用心,用心去看、去听、去想、去感受。鲁迅先生《社戏》中月下行舟的几段文字就是身入生活、心入生活,从生活汲取生动材料的典范。文中是这样描述的:

> 我的很重的心忽而轻松了,身体也似乎舒展到说不出的大。一出门,便望见月下的平桥内泊着一只白篷的航船,大家跳下船,双喜拔前篙,阿发拔后篙,年幼的都陪我坐在舱中,较大的聚在船尾。母亲送出来吩咐"要小心"的时候,我们已经点开船,在桥石上一磕,退后几尺,即又上前出了桥。于是架起两支橹,一支两人,一里一换,有说笑的,有嚷的,夹着潺潺的船头激水的声音,在左右都是碧绿的豆麦田地的河流中,飞一般径向赵庄前进了。
>
> 两岸的豆麦和河底的水草所发散出来的清香,夹杂在水气中扑面的吹来;月色便朦胧在这水气里。淡黑的起伏的连山,仿佛是踊跃的铁的兽脊似的,都远远地向船尾跑去了,但我却还以为船慢。他们换了四回手,渐望见依稀的赵庄,而且似乎听到歌吹了,还有几点火,料想便是戏台,但或者也许是渔火。
>
> 那声音大概是横笛,宛转,悠扬,使我的心也沉静,然而又自失起来,觉得要和他弥散在含着豆麦蕴藻之香的夜气里。

稍加分析，我们就可从这几段文字中获得以下启示：第一，调动感觉器官和思维器官认真观察，材料就入目、入耳、入心。"碧绿的豆麦田地"、水气里"朦胧"的月色、"淡黑的起伏的连山"等景物用眼观察所得；"说笑""嚷""潺潺的船头激水的声音""歌吹""宛转，悠扬"的笛声等是用耳观察，通过听觉而采集的；"豆麦"和"水草"散发出的清香这个材料靠嗅觉所获；"清香""夹杂在水气中扑面的吹来"，"弥散在含着豆麦蕴藻之香的夜气里"的材料又借助触觉。而"忽而轻松""身体也似乎舒展到说不出的大""心也沉静""自失起来""弥散在夜气里"等的内心感受又与对景物观察所得胶合在一起，使入目、入耳的材料更有分量。通过感觉器官去获取材料无不需要用心思考，把心扑上去。观察包含着思维，渗透着思维，思维能力决定观察的深浅与正误。第二，观察忌笼统，忌大而化之，要拆开来看，拆穿来看。"拆开来看，拆穿来看"是朱自清先生在《山野掇拾》中的经验之谈。对描写的对象不能只看整体，要善于一部分一部分拆开来看，还要由此及彼，由表及里地看。如月下开船情景，正因为拆开来看，所以材料十分具体。先写"跳下船"，再分开说"拔前篙""拔后篙"，又把"坐在舱中"和"聚在船尾"分别述说。这是一层意思，写开船前的准备。第二层意思是开船。"点""磕""退""上前""出了桥"。如果不拆开来看，不把一个一个动作、一个一个细节收入眼底，就不可能有如此具体、生动的材料。因此，分析的方法是观察中的重要方法。

老舍先生说："观察事物，必须从头至尾，寻根追底，把他看全，找到他的'底'，不知全貌，不会概括。"观察如只注意一鳞半爪，那就只会在记忆中留下破碎不全的事实，难以形成质地优良的写作材料。观察事物，不管是观察环境还是观察人物，都要既注意整体，又注意局部，还要注意细部；都要捕捉特征，按一定的顺序；都要既观其静态，又了解其变化。多角度、多侧面地对事物进行观察、分析，就能采集到丰富的写作材料,把握全貌。冰心《观舞记》中写印度舞蹈家卡拉玛·拉克希曼舞蹈的场景可作生动的说明。

她用她的长眉,妙目,手指,腰肢,用她髻上的花朵,腰间的褶裙,用她细碎的舞步,繁响的铃声,轻云般慢移,旋风般疾转,舞蹈出诗句里的离合悲欢。

我们虽然不晓得故事的内容,但是我们的情感,却能随着她的动作,起了共鸣!我们看她忽而双眉颦蹙,表现出无限的哀愁;忽而笑颊粲然,表现出无边的喜乐;忽而侧身垂睫,表现出低回婉转的娇羞;忽而张目嗔视,表现出叱咤风云的盛怒;忽而轻柔地点额抚臂,画眼描眉,表演着细腻妥帖的梳妆;忽而挺身屹立,按箭引弓,使人几乎听得见铮铮的弦响!像湿婆天一样,在舞蹈的狂欢中,她忘怀了观众,也忘怀了自己。她只顾使出浑身解数,用她灵活熟练的四肢五官,来讲说着印度古代的优美的诗歌故事!

显然,这里描绘的是飞动的美,而这种飞动的美如此活灵活现,除高超的语言修养外,基础是扎实的观察本领。第一,观察有序。从头部的长眉、妙目到手指到腰肢,自上而下。衣服、装饰,从髻上到腰间,也是自上而下。第二,观察细致而全面。"双眉颦蹙""笑颊粲然""侧身垂睫""张目嗔视""点额抚臂""画眼描眉""挺身屹立""按箭引弓",种种情态尽收眼底,而这些情态又在瞬息之间变化,六个"忽而"准确地传递了这方面的信息。如果没有敏锐的目光和敏捷的思维,要看得那么全面,辨别得那么细微,是不可能的。第三,观察有独特的发现。一般说,观看舞蹈,多注意舞姿、舞步,四肢的舞动是重点。而这儿不仅写四肢,更写五官,"灵活熟练的四肢五官"讲说优美的诗歌故事。"无限的哀愁""无边的喜乐""低回婉转的娇羞""叱咤风云的盛怒"等都是通过面部表情的观察,作者独特的发现。而"花朵""褶裙""铃声"和"四肢五官"糅成为美妙的整体,刻画出诗句里的悲欢离合。正因为有这些独特的发现,因而材料充实,形象丰满,构成了飞动的美。独特的发现不会送到你的身边,而是靠用心观察,用心感受与体验。

  一个人的生活范围有限,因而,除了观察自己的所见、所闻外,还要注意主动寻觅。曹植在《与杨德祖书》中说:"夫街谈巷说,必有可采。击辕之歌,有应风雅。匹夫之思,未易轻弃也。"他告诉我们老百姓当中必有可采集的有价值的写作材料。《聊斋志异》的作者蒲松龄就是这样的实践者。他曾背着席子到乡间道路旁边摆设茶摊,遇到野老村夫,便请他们说古道今,讲述各种故事,他一边听,一边记录,广为采撷。老舍先生创作《骆驼祥子》时就是花许多功夫去寻觅有关素材。他在《我怎样写〈骆驼祥子〉》一文中说:"记得是在一九三六年春天吧,山大的一位朋友跟我闲谈,随便的谈到他在北平时曾用过一个车夫。这个车夫自己买了车,又卖掉,如此三起三落,到末了还是受穷。听了这几句简单的叙述,我当时就说:'这颇可以写一篇小说。'紧跟着,朋友又说:有一个车夫被军队抓了去,哪知道,转祸为福,他乘着军队转移之际,偷偷的牵回三匹骆驼来。……我只记住了车夫与骆驼。这便是骆驼祥子的故事的核心。"十分明白,单凭这故事的核心是不可能写成小说的,于是,老舍先生有意识地寻觅材料,寻觅有关人力车夫的各种材料,不仅自己搜集,而且请朋友了解、记述。由于材料十分丰厚,一个个人物栩栩如生。

  学生写作虽不是进行文学创作,但同样应有意识地寻觅材料,开阔视野。趁假日之闲、课余空隙,就某些问题做一些调查访问,广泛地接触社会,接触各类人物,可超越自己生活的狭小圈子,获得更多更有价值的材料。

  法国大作家福楼拜要求初学写作的莫泊桑,"首先要练练你的眼睛",要把眼睛练得明亮,把耳朵练得敏锐。俄国小说家契诃夫说:"作家务必要把自己锻炼成一个目光锐敏、永不罢休的观察者。"无数成功的作家都把观察看作学习写作的头等重要的基本功,我们初学写作的学生当然应借鉴这些经验,锻炼观察的本领,兴味盎然地从生活中汲取材料。

【佳作借鉴】

泰山一片月

泰山月,是很美的。那空明澄碧的月色,令人想起潺潺的清泉。坐在泰山极顶的观月峰上赏月,云淡风轻,玉盏般的圆月,悄无声息地悬在空中,那样的清,那样的静,恰似一泓蓄满琼浆的晶亮亮的湖,恍如一伸手,就可以掬下一杯清冽冽的甘露哩!

我见过西子湖畔的平湖秋月。十里荷花,一派烟云。月儿刚露脸,漫天就抖下迷迷蒙蒙的雾,那月色总是潮润润的,妩媚中颇有几丝缠绵。泰山月的韵致,却迥然不同。万里平畴,独尊一岳。那月光,明朗得很,干净得很。上了南天门,便是"天街",凡尘淘尽,一碧如洗。"天街"两侧,庙宇,古道,高楼,绿树,剔透玲珑,纤尘不染,全浸润在脉脉的月色里。极远的地方,有一缕洁白的云霓,轻盈而扶摇直上,欲乘风飘去,那便是中华民族的摇篮黄河吗?游目骋怀,你不得不赞叹古人创造的"月华如水"的妙喻。泰山一片月,消融了山的险峻、树的苍凉,消融了古庙的寂寞、峡谷的幽深。白日里,"云端挂天梯"的"十八盘",此刻,也完全失却了峭拔和威严,而幻成泛着银晕的飘带,宁静而温柔地飘浮着、飘浮着。万籁俱寂。

泰山山腰的柏洞,月景又是另一番韵味。这里是古松古柏的世界。涧水清清,滋润着满山森森的古树林。两三百年的老树,只能屈居小字辈。莽莽苍苍的树林中,极少野草和杂生的小树。勤快的山风,就像是不辞辛苦的清洁工人,洒扫庭除。月光遍地,树影婆娑。细细看去,斑驳陆离的坡地上,仿佛还有扫帚留下的痕迹,给人一种如返古朴故园的暖融融的感觉。从山上俯视,月下松林,一派素装,高洁,雅致;从山下仰望,浓墨如泼,虚实相间,恰似一幅气势磅礴的写意画。泰山的月亮,也贪恋这块净土,从浩渺遥远的天庭中,竟忘情地落在那剪影似的逶迤的山脊上。走着、走着,仿佛只要紧走几步,就可以走进明镜般的月亮里去。

泰山山脚,有一座普照寺,曾是冯玉祥先生隐居过的地方。当年,正值国家民族危亡之秋,冯先生深明大义,在张家口组织抗日同盟军,力挽狂澜,不幸屡遭暗算,失败以后,便来到这里。一页悲壮苦涩的历史,永远镌刻在这块土地上了。寺中筛月亭,是赏月的佳处。逝者如斯夫,只有一轮明月,深情而依恋地辉映着一片琼楼玉宇。一棵相传是六朝老僧种植的千年松,虬枝弯曲如盘龙,英气逼人,枝枝丫丫,旁逸斜出,令人肃然起敬。月行中天,丝丝缕缕的月光,从枝繁叶茂的缝隙中筛落而下,骤然间,掠过几丝晚风,树梢一阵沙沙的颤动,摇落的月光,似片片雪花,使人通体生凉。待定神看时,杳无踪迹,树影又恰似凝住了。那一棵棵历经沧桑劫难的古树,竟看不到一丝枯枝败叶,它们抖擞精神,悄然屹立着,是独享这圣洁的佛国之乡的清幽恬静,还是悉心期待着那日出东方、普照大地的气势恢宏的一幕?

曾听一位青年散文家说过:我们的时代,是一个月亮的时代。乍听起来,新奇之中未免有点茫然。上了泰山,才真正理解这话中的诗味和哲理:月亮是美的,美化着山,美化着水,美化着严峻的历史和人人向往的未来,也美化着一颗颗纯真不泯的心哩!

这篇文章选自 1984 年 9 月 14 日《羊城晚报》,作者沈世豪。古往今来,名家描写泰山日出壮丽景象的佳作不少,写泰山美妙月色的却不多见。而这篇文章把月下的泰山描绘得画意浓郁、诗意盎然,令人心醉。且不说其选择角度的别出心裁,单是在生活中观察景物、择取写作材料的功力就值得学习、借鉴。

作者着力描绘了三个月下景点:一是泰山极顶月景,二是山腰柏洞月景,三是山脚普照寺中月景。三个月景貌似独立成篇,实则作者足迹的移动隐含其中,是动点观察的反映,移步换景。

泰山极顶赏月,一绘形态,二描月色。在观月峰定点观察,月如玉盏,悬在空中,背景是淡淡的云、轻轻的风。因为在极顶观月,故而有伸手可挽月的感受。尽管重在绘形,但又将"色"胶合起来刻画,"恰似一泓蓄满琼浆的晶亮亮的湖""清冽冽的甘露"比得绝妙,把月色融融的景象刻画得如在眼前。写"天街"月色,先用"凡尘淘尽,一碧如洗"概括,再以月下景物"剔透玲珑,纤尘不染"渲染;既绘近处的月华如水,万物白日状态被消融,又绘远处欲乘风飘去的洁白的云霓;既有真,又有幻。看得真切,感受独到,泰山月的韵致在笔下具体而生动地展现出来。

山腰柏洞月景围绕古松古柏展开,以"月光遍地,树影婆娑"总揽,凸显"斑驳陆离"的特征。极顶赏月的感觉是清冽、宁静,此处是暖融融,如返古朴故园,赏月者的感受随着眼前景物的变化而变化,外在的物与内在的情巧妙结合,更能引读者入佳境。为了多角度多侧面描绘柏洞月景,除平视外,又以俯视和仰视的角度观察,出现了高洁、雅致的素装,与气势磅礴的泼墨写意画迥然不同的景色。如此着笔,丰厚而不单薄,奇妙而不平淡。

如果说极顶赏月是较为广泛地写景物,柏洞月景是对松柏群体进行粗笔勾画,那么普照寺的月景就是聚焦在一棵六朝千年松身上了。虬枝、枝丫、针叶,各具其态;从繁枝茂叶的缝隙中筛落的月光,静时"丝丝缕缕",动时"似片片雪花";忽而"摇落的月光"使人通体生凉,忽而

"片片雪花"杳无踪迹。静中有动,动中有静,把月光下千年松动动静静、静静动动的美姿刻画得惟妙惟肖。而冯玉祥先生深明大义的历史材料,更给普照寺月景增添了万般情意。

作者通过三个月景的具体描绘,总绘了泰山一片月的诗意美、哲理美。笔下美景得力于观察的准确、细致、有深度、有层次。第一,定点观察和动点观察结合,还插入散点观察。为了突出泰山月的韵致,作者采用了跳跃观察的方法,打破位置的顺序,从山上、山下不同方位观察,使柏洞月景更为动人。第二,观察中注意比较。作者选择了十分有个性的平湖秋月月色作比较,以"潮润润""妩媚""缠绵"的特征与眼前泰山月对比,使泰山月的"空明澄碧"更富有神韵。第三,主体与背景和谐地组合。"玉盏般的圆月"有"云淡风轻"的自然背景,"普照寺""筛月亭"有冯玉祥组织抗日同盟军失败而隐居于此的悲壮而苦涩的历史的人文背景。这样处理,景物清晰,情洒泰山,使写景的文章寓含人文的活力。第四,主观感受逐层深化。泰山极顶赏月,有伸手可掬甘露之感;柏洞观月,虽离天庭"遥远",但有走进明镜里的错觉;山脚观千年松屹立,猜度其独享清幽和恬静,抑或悉心期待日出的心情。凡此种种,如不用眼精细观察,用耳仔细聆听,用心深入感受,是不可能见之于笔墨的。当然,相关的知识,文字的功夫也十分重要。

【习作评说】

乡情浓郁话豆干

亲戚从海外归来,一进门就念叨起豆干来:"孩提时就跟豆干结下不解之缘了。那油花花、热腾腾的油炸豆干,上锅后切成小块,蘸上辣椒盐水,又香又辣,真把舌头都嚼断了!"还说,华侨几乎都喜欢吃豆干,嚼上一口豆干,乡情油然而生,唤起几多回味啊!

潮乡吃豆干,少说也有几百年历史了。豆干是老少咸宜的食品,无论城镇还是乡野,处处都可见到。村口榕树下,一摊子油炸豆干,围满腰束水带的村汉。他们边品尝边谈农事家常,这种乐趣实在不可名状。村头大巷几家卖生豆干的摊子,摆满白色、黄色的生豆干,顾客买上几块,抹上盐粉香料,切开煮熟,就成款待客人的上菜。至于市井街头,更有豆干街、豆干亭、豆干圩,其规模之大,令人耳目一新。架起竹篷的油炸豆干摊子,一摊连一摊,几十上百个摊子一起炸开,烟气弥漫,香味四溢。那些享尽口福的豆干客,抹抹油腻的嘴巴,舔着舌头,恋恋地离去。还有好酒者,带上一瓶酒,蹲在摊子边,切了两块豆干送酒,喝得醉醺醺的。

潮乡豆干有好几个品种:有纯大豆的正宗豆干,有以薯粉制成的薯粉豆干,也有大豆和薯粉混合制成的豆干。按含水分多少分,有干豆干,专供油炸的半水豆干,水豆干;按制作方法分,有蒸熟晒干的豆干脯,有油炸得酥脆可口的豆干片,有用香料腌制的乌豆干等:真是五花八门。

至于豆干的烹调,除了油炸、煎片之外,还可用白豆干切片煮鲇鱼、鲤鱼头,加上香菜,南乳汁,色泽鲜红,味道香醇,是色香味俱佳的菜肴。用生豆干对角切成两半,在斜边切个口子,填入用肉糜、咸鱼肉、香菜制成的馅料,下锅煎熟,这就是遐迩闻名的"酿豆腐",令人见之垂涎欲滴。豆干切成丝条,还是制作饼馅的配料。将豆干碾压成泥,加进鸡蛋、猪肉、面粉,用豆腐膜卷成肉卷,蒸熟切块油炸,这是筵席上不可少的下酒料。

豆干的制作颇见功夫。先磨豆、洗浆、煮浆,加进适量石膏,装进大木桶内,让它慢慢凝结。待结成浆糊状时,可舀入包格。包格是木制的架子,每框架分成许多小方格,底部垫上木板,格子铺上纱布,小格子内装满豆浆凝固体,把纱布包起来,架上再加上一块木板。这样叠成几架后,顶部压上石块去水。待豆浆凝固体凝结成块,拆去纱布煮熟,就成应市的"生豆干"了。

豆干虽小,却是潮乡群众喜爱之物。今天,它已远传异乡,为群众生活增添色彩,更让海外赤子一睹豆干就萌生缕缕乡情。

肖　苑

这是写岭南风情的一篇短文,介绍的对象是小小的豆干,但内容具体充实,使人长知识长见识。

有些材料是耳闻目睹所得,如村口榕树下村汉品尝豆干谈农事,村头大巷卖豆干小景,市井街头炸豆干盛况等;有些材料显然是追踪观察,做了一番调查研究的结果,如豆干的品种,从原料的质地、配置的成分和制作的方法等方面,条分缕析地加以说明,如不做仔细的调查,难以说得具体、准确。

观察切忌浮光掠影,浅观即止。如果这样,所获材料不是残缺不全、一鳞半爪,就是不够真切。本文豆干的烹调着重写了三种方法,就是精细观察的反映。豆干怎么切,怎么碾压,加哪些配料,怎么制作,色香味如何,一一道来,清楚明白。

文章有两个明显的不足。一是标题中的"乡情浓郁"未在文中充分体现。除文章开头与结尾一引一收煞之外,关于豆干的介绍未能有意识地照应,因而出现文章开头、结尾与文章的主体部分缺乏有机联系的毛病。二是文字上有些地方欠准确。比如:"那油花花、热腾腾的油炸豆干,上锅后切成小块……""上锅后"怎么"切"呢?可能操作程序未理解真切。又如:"其规模之大,令人耳目一新。""耳目一新"不够妥帖,改为"惊讶"比较恰当。再如:"更让海外赤子一睹豆干就萌生缕缕乡情。"全句已以"它"为主语,再用"一睹豆干"就累赘而不通了。尽管如此,习作者观察本地风情,从生活中汲取生动而丰富的写作材料的做法,值得我们学习。

有人说：中学生的生活圈子很窄，哪会观察出什么名堂？其实不然，不要说观察校外的大千世界了，就是学校生活的某一丁点，只要用眼用耳用心，也会取得极其有趣的活泼泼的材料。如若不信，请看：

燕子在我们教室门前做窝

一对燕子在我们教室的走廊里做窝。从侦察环境，到选择位置，到清理地基，到衔泥构筑，五天时间便告竣奏凯了。有人赞美窝儿精巧，有人赞美燕子勤奋，我更钦佩的却是这小小的一对竟在我们教室门前安家落户的勇敢、见识和自信。

试想，我们这些十四五岁的中学生，既好奇，又好动，还有出名的"弹弓手"，一下课，便蜂涌在走廊上跑跳打闹，即使有个小粉蝶飞过来，也会掀起一阵扑捉的狂热，而这对小燕子却全然不怕，何等勇敢。

然而，它们也一定知道，我们这里虽然人多不安静，可都是有文化、讲文明、守纪律的中学生，对人类的"益友"岂肯加害？而且，正由于我们"不安静"，在这里才没有猫的出没，蛇的暗算，各类天敌的威胁。这对小燕子之所以勇敢，正是因为有这个见识。

说它们自信，是说它们相信自己"行得正"。"爱人者，人恒爱之；害人者，人恒害之。"小燕子有益于人而无求于人，终生扑食蚊蝇，美化环境，能得万物之灵的人之爱，岂不是最大安全？和人做伴，与人为邻，便在情理之中了。

由此想到麻雀，麻雀自知"行不正"，所以只好偷偷摸摸住墙洞；鹦鹉虽"行不邪"，却又太过娇爱无大用。而燕子，在益己中益人，在益人中益己；于功无所恃，于利无所争，怎不深得人的喜爱而加倍尊重它们自由选择的生活呢？

这对小燕子在我们教室门前飞来飞去，虽然那矫健的身影，呢喃的话语常使我们在课堂上禁不住向外张望,却使我们受到不少启迪,学到了书本上没有的知识。我担心学校卫生大扫除时有人把它们的窝捅掉,便写了这篇小文,希望登在班报上,也希望有更多的同学能就"燕子为什么敢在我们教室门前做窝"这件事,写写自己的观感。

张海霞

  这篇短文写的是教室门前的小事,尽管出于十四五岁的中学生之手,但活泼生动,生活气息浓,又耐人寻味。

  首先,习作者善于从生活中捕捉材料。发现一对燕子,便连续观察,于是燕子"从侦察环境,到选择位置,到清理地基,到衔泥构筑,五天时间便告竣奏凯了"的材料进入文中,过程清晰,要言不烦。

  其次,善于把眼前从生活中的观察所得与往常在生活中的观察所得结合起来运用。下课时走廊里跑跳打闹和扑捉小粉蝶的狂热情景为日常学习生活中的常事,习作者看在眼里,记在心里,与眼前发生的事沟通、联系,使眼前材料寓含的深意极其自然地得到揭示。

  再次,观察的对象不拘泥于某一点。既观察燕子如何做窝,又观察它们飞来飞去矫健的身影和呢喃的话语;既观察同学对燕子的赞美,又观察同学在课堂上禁不住向外张望的情景;既表露自己观察燕子做窝的感受,又猜度燕子的心情与胆识。人与物,人与人,个体与群体,彼此之间的关系,均作了认真的观察,进入文章,构成有机的整体,各自发挥作用。

  最后,善于调动知识储存为眼前材料服务,从而深化材料的价值,突出文章的主旨。燕子的"行得正","终生扑食蚊蝇,美化环境",麻雀的"行不正","只好偷偷摸摸住墙洞",鹦鹉虽"行不邪","却又太过娇爱无大用"。这些知识都储存在习作者的脑海里。由于眼前燕子做窝的事儿触发,这些知识从脑中小仓库里跳跃而出,通过比较,展开议论,赞美勇敢、有见识和自信的主旨就突显在读者眼前。

文章思路清晰,语言简洁(除结尾稍有孩子气之外)。个别句子中有别字,如"蜂涌"的"涌"应是"拥"。

【要语一束】

生活是丰富无比的宝藏,其中有取之不尽、用之不竭的写作材料。

要从生活中有效地汲取生动活泼的写作材料,必须身入生活,心入生活,用"眼"看,用"耳"听,用"心"感受,使所接触到的自然景物和社会生活中的人与事入脑入心。

要激发观察兴趣,学会观察方法。对所接触的人、事、景、物,有浓厚的观察兴趣,就能见别人所未见,闻别人所未闻,获得发现的欢乐。观察要注意位置,定点观察最基本,动点观察和散点观察是定点观察的连续和发散。观察要注意顺序,方位如上下、左右、里外、远近等顺序要理清,不可杂乱;类别顺序、逻辑顺序同样要理清,否则就会杂乱无章。

观察既要把握整体,认清局部,更要在拆开来看,拆穿来看上下功夫。一部分一部分拆开来看,才能洞悉细微之处;前前后后、左左右右拆穿来看,才能由此及彼,由表及里,透过现象,抓住观察对象的实质。

观察事物不仅要注意形态,而且要注意其发展变化,不仅要注意现状,而且要善于调查采集,追根究底,洞悉过去,预测未来,在深度上开掘,在广度上延伸。

三　开阔视野，广为采撷
——勤于积累

写作上的"有米之炊"单靠在生活中观察、搜寻是远远不够的，还要勤于积累。尽管丰富多彩的生活是写作的不竭源泉，但一个人的生活范围毕竟有限，要打开写好作文的广阔天地，须学习、掌握更多更广博的知识，了解古今中外天下事，为此，在青春年少之时，要广泛阅读，涉猎方方面面的知识，以开阔视野，实实在在地下一点聚沙成塔、集腋成裘的细功夫。人不可能事事都有直接经验，都亲目能睹，亲耳能闻，亲身实践，通过阅读，能懂得许许多多个人无法接触到的事物，冲破个人生活的局限。须记住：阅读是吸收，吸收得越丰富，表达时笔下越有神。

【文心絮语】

《岳阳楼记》是范仲淹的传世名篇，中学生都读过。它不仅以"先天下之忧而忧，后天下之乐而乐"的高尚思想情操给后人以深深的启迪，就是对洞庭景色的描绘，也是景物描写中的一绝。"朝晖夕阴"的万千气象，"淫雨霏霏"的阴风浊浪，"春和景明"的上下天光，把巴陵胜状刻画得有声有色，如在眼前。然而，你是否想到：范仲淹据说没有到过洞庭湖，也没有登过岳阳楼，笔下所描绘的巴陵胜状，非亲眼所观，而是虚拟的。既是虚拟，为何又写得如此逼真，使人拍案叫绝？原来他有生活上的积累，再加上读画所得，笔下便出现绝妙好景。

范仲淹是苏州人,从小熟悉太湖景色,后来又贬官饶州(现江西上饶),又对鄱阳湖的景色十分了解。生活上有太湖景、鄱阳湖景的积累,再从滕子京那里得到《洞庭秋晚图》的画,仔细阅读,把直接经验与间接经验巧妙地糅合,笔下洞庭湖的景色就活灵活现了。

上面这个例子清楚地告诉我们,生活积累对写作是多么重要。深知其中道理的年轻人常以作家为榜样,勤奋地把生活中撷取的朵朵浪花记下来,如春意盎然的美景,扣人心弦的场景,精彩纷呈的对话,鞭辟入里的议论,均可做点手记。生活手记是写作素材的仓库,经久不懈地储存,必然富足。

也许有学生认为:我们的记性好,这些事物看在眼里,记在心里,忘不了,何必一丁点儿的东西都要麻烦"笔"呢?其实不然。人类确实具有惊人的记忆力。据研究,人脑可以储存 10^{15} 比特的信息,容量巨大,保持的时间也很长。巴金说过,有两百篇文章储存在他的脑子里。日本索尼电器公司职员友寄英哲能背诵圆周率到小数点后四万位。然而,任何一个人不可能做到事事有清晰的记忆,遗忘会悄悄跟随着每一个人。因此,写作材料的仓库不仅靠记忆,更靠手勤。

《文心雕龙》的作者刘勰说得好:"积学以储宝,酌理以富才。"要提高写作能力,还须勤于从书刊阅读中采集,善于积累多种材料,凡材料厚实的文章,或启人深思,或拓人视野,都可看到作者勤学、积累的功力。众所周知,马克思为了写《资本论》,每天到大不列颠博物院图书馆去翻阅书刊,他前后翻阅了 1 500 多种书籍,做了大量笔记。他在图书馆习惯坐同一个位置,有时一天在图书馆里坐十几个小时,他座位下的地板不知不觉被踩出了两个脚印。当然,中学生习作所要求的无法与如此的巨著相比,但写巨著的这种废寝忘食、苦苦积累的精神是我们学习的榜样。

精读,撷取有价值的材料。有些佳作,不仅语言好、内容好,材料也很丰实,能增进知识,增长见识。阅读时应精细、精心,反复咀嚼,在理解、体会的基础上摘录备学备用的材料。例如唐弢的《作家要铸炼语言》一文以十分丰富的材料论证自己的观点,对学习语文的中学生来说,很有摘录的价值。有的可直接摘录,如:

高尔基说:"语言是文学的基本材料,文学是语言的艺术。"

"平字见奇,常字见险,陈字见新,朴字见色。"(引自清人沈德潜著的《说诗晬语》,全句是"古人不废炼字法,然以意胜,而不以字胜,故能平字见奇……")

贾岛诗云:"两句三年得,一吟双泪流。"(相传他在《送无可上人》诗"独行潭底影,数息树边身"句下注的一首小诗:"两句三年得,一吟双泪流。知音如不赏,归卧故山秋。")

卢延让说:"吟安一个字,拈断数茎须。"(卢延让,唐朝范阳人。他的《苦吟》诗前四句是:"莫话诗中事,诗中难更无。吟安一个字,拈断数茎须。")

福楼拜对他的学生莫泊桑说:"无论你所要讲的是什么,真正能够表现它的句子只有一句,真正适用的动词和形容词也只有一个,就是那最准确的一句、最准确的一个动词和形容词。其他类似的却很多。而你必须把这唯一的句子、唯一的动词、唯一的形容词找出来。"

有的自己作简要的概括,如:

文学语言同时要具备绘画和音乐的特点,有色彩、有音响地来描写生活和反映思想。

王安石的"春风又绿江南岸"的"绿"字多次更易,先后用过"到""过""入""满",最后才选定"绿"字。

宋祁《玉楼春》中"红杏枝头春意闹"的"闹"字,也经过多次改动,著名学者王国维说:"着一'闹'字,而境界全出。"

必须向生活汲取,从人民的口头采集语言。普希金跟奶妈学语言,列夫·托尔斯泰一接触到民间语言,就立意改变自己的文风和语法;契诃夫听到有趣的谚语立即记下;阿·托尔斯泰从法院里审问犯人的一本记录中感受到活生生的俄罗斯语言,并依靠这个宝藏写出了小说《诱惑》;高尔基说:"从16岁开始,我就是作为一个别人私语的旁听者,一直活到现在的。"

社会急遽变化时,新事物不断涌现,旧的关系不断改变,语言受到冲击,随着发生变化。此时语言会出现大矿藏。尽管这种语言显得幼稚、粗糙,乃至混乱,但其中确实埋藏着"语言的金子"。

请看,一篇短文中容纳了多少有关锤炼语言的材料,稍加摘录,就有十条,如果不注意积累,就会从眼皮底下溜走,从记忆中消失,有时至多留下个模模糊糊的印象。

博览,同样要注意积累,勤于动笔。在现时代,科学技术飞速发展,更要博览群书,文史哲、数理化、音体美等书籍均要涉猎。阅读面广,智力背景丰富,如蜜蜂采花,采过许多花,就能酿出蜜来。

积累的方法很多,常用的有:

摘录式笔记。如上文所举例子。可录名言佳句、精彩段落,可对书中、文中主要论点、主要内容摘其要记录下来。

做卡片。可摘录,可提要,可批注,可写心得。

索引。如果要记的内容多,可采用索引的方法,把文题、书名、作者、页码等记在笔记里或写在卡片上,备日后查用。

报刊剪贴。把报纸或杂志上具有价值的简短文章,剪下来贴在活页本上备阅读、运用。

积累时可铺开一定的"面",广为收集,也可先列若干专题,如理想、志向、道德、情操、学习方法、名言警句、科学天地等,定向积累。

无论用哪种方法积累,有两点特别要注意。一是积累到一定阶段,要进行分类整理,千万不能糊成一锅粥,如果眉目不清,材料再好,也难以及时而充分地使用；二是忌烂，积累的材料确有意义，确有价值，评注、心得也是真有独特见地的，如果一般性的都捡到仓库里，拉杂不堪，把"宝贝"淹没，也成不了写作的宝库。

积累要持之以恒，锲而不舍，三天打鱼两天晒网，是不可能有成效的。明末清初大学者顾炎武、近代学者梁启超等都在读书积累方面下过大功夫。法国著名科幻小说作家儒勒·凡尔纳为了积累写作材料，曾写了几百本读书笔记，摘录了两万多张卡片。

【佳作借鉴】

柿叶满庭红颗秋

我家庭园正中偏东一口井的旁边，有一株年过花甲的柿树，高高地挺立着，虬枝粗壮，过于壮夫的臂膀，枝条特多，大叶四展，因此布荫很广。到了秋季，柿子由绿转黄，更由黄转为深红，一颗颗鲜艳夺目，真如苏东坡诗所谓"柿叶满庭红颗秋"了。

柿是落叶乔木，高可达二三丈。每年春末发叶，作卵形，色淡绿，有毛，叶柄很短。夏初开黄花，花瓣作冠状，有雌性和雄性的区别。雌性的花落后结实，大型而作扁圆形的，叫作铜盆柿；较小而作深圆形的，叫作金钵柿。我家的那株柿树，就是结的铜盆柿，今秋产量共有五百多只。可惜未成熟时，就被大风吹落了不少，成熟以后，又被白头翁先来尝新，又损失了一部分；然而把剩余的采摘下来，除了分赠亲友外，也尽够我们一家大快朵颐了。在柿子未成熟的时候，皮色尚未转黄，而孩子们食指已动，那么我就先摘下一二十颗，浸在盛着鸳鸯水的钵子中（把沸水和冷水混合起来，叫作鸳鸯水），四面用棉絮包裹，过了十天至半月取出，抒了皮吃，甘美爽脆，十分可口。至于皮色转黄而尚未转红的柿子，味涩不堪入口，必须用楝树叶捂熟，或放在米桶里过几天，也会成熟。柿子成熟之后，又酥又甜，实在是果中俊物。

古人对于柿树有很高的评价，说是有七绝：一长寿，二多荫，三无鸟巢，四无虫蛀，五霜叶可玩，六嘉实，七落叶肥大。这七点柿树确兼而有之，为他树所不及。只因落叶肥大，曾有人利用它来练字。据说唐代郑虔任广文博士，工诗善画，家贫，学书而苦于没有纸张，因慈恩寺有大柿树，树叶可布满几间房子，他就借了僧房住下，天天取柿叶来写字，一年间几乎把整株树上的叶片全都写遍了；他的书法终于大有成就，被夸为"郑虔三绝"的一绝。

成熟的柿子称为烘柿，晒干而皮上生霜的称为白柿。据李时珍说：烘柿并不是用火烘熟的，只须将青绿的柿子收放在容器中，自然红熟，好像烘过一样，涩味尽去，其甜如蜜。白柿就是生霜的干柿，做法将大柿压扁，日晒夜露，等它干了之后，藏在陶瓮里，到得皮上生了白霜才取出来，这就是柿饼，那白霜称为柿霜。据说患痔病的常吃柿饼，可以减轻；将柿子和米粉做糕饼，可治小儿秋痢，那么食物也可作药用了。

这是现代作家周瘦鹃的一篇说明柿树、柿子的短文，从这篇短文中，我们可清楚地感受到作者积累的丰富。

首先是园林知识的丰富。对柿树的枝、干、叶、果、生长情况、结实情况了如指掌，因而说明时具体、明白、准确、细致。特别是柿子转色的叙说，不仅具体，而且给人以美感。这是由于作者一边从事创作和翻译，一边以相当多的精力从事园艺工作，从亲身实践中积累了栽培花木、种植盆景的经验。

其次是文学知识的积累。柿树叶子肥大，可利用它来练字，非停留在一般性的叙述水平，而是举唐代画家郑虔的事例加以说明，更有说服力。举例又不拘于用叶写字，而是顺带介绍郑虔的官职——广文馆博士及三绝——诗、书、画（郑虔与杜甫为诗酒友，工诗善画，书法出众），使所举例子更为丰满生动。又如文章标题，引的是"柿叶满庭红颗秋"的诗句。全诗是"柿叶满庭红颗秋，薰炉沉水度春篝。松风梦与故人遇，自驾飞鸿跨九州"。诗题是《睡起》。该诗一般不为人引用，且作者一说苏东坡，一说黄庭坚。由此也可见周瘦鹃文学方面积累之深。

再次是古代科学知识、古代文化的积累。如古人对于柿树的"七绝"的评价；又如柿子未成熟时，孩子们食指已动的用典（《左传》记载，春秋时，楚国人送给郑灵公一只大甲鱼，公子宋见了，食指忽然自己摇动，以为一定可吃到好的东西），增添了情趣。

医药知识丰富，也是一特色。柿饼可减轻痔病，和米粉做糕饼，可治小儿秋痢等。

至于修辞手法的运用，如形容柿树"年过花甲"；用词的生动、准确，如"大快朵颐"（"朵"是动义，如手之捉物叫作"朵"，"朵颐"，就是动颐，嚼。"大快朵颐"形容吃得十分开心）等。真可谓用得得心应手。

这篇短文选自周瘦鹃的《花木丛中》一书，如果有兴趣读一读，就会发现书中所反映的花木知识是何等渊博，有趣的典故，美丽的诗词，俯拾皆是。读了，能大大增添学养。

【习作评说】

尾 巴 趣 谈

动物有尾巴，这个结论童叟皆知。猫有尾巴，那黑白相间的尾巴，就像一根钢鞭，给猫增添了不少威风；鱼儿有尾巴，那片月牙儿似的尾巴灵活地摆动着，鱼儿便悠闲地穿行在水草之间；松鼠有尾巴，那条红棕色的尾巴几乎和身子一般大，每当松鼠在树上活蹦乱跳时，这条尾巴也随着身子一起一伏，高高地翘在后，看上去还挺可爱。

可是，动物们长了那么多大大小小、形形色色的尾巴，作什么用呢？

首先,尾巴能帮助动物活动。就拿我们熟悉的鱼来说吧,鱼的尾巴就像船上的浆和舵,它左右摇摆时,可以产生一股反冲力,推动鱼身的前进。金枪鱼的速度之所以能达到 70 公里/时,还是尾巴起了重大作用;另外,鱼尾也能控制前进的方向,当它向左偏时,能使身体两侧的水压不平衡,于是,鱼儿就会向左转弯;反之,则会向右转弯。另外,尾巴还能保护自身并成为一种武器。在烈日当空的夏天,牛常常会受到一种叫牛虻的小飞虫的袭击,它们专门在牛、马的皮肤上吸血,牛为了避免受到袭击,往往会拿自己的尾巴在身上拍打,以便赶走牛虻。还有一种动物——鳄,它在地球上已经生活了两亿多年了,之所以没有在茫茫的生物界中消失,主要是由于它的尾巴,它的尾巴几乎有身长的一半,且表皮十分坚硬,当它猛一转身甩开尾巴时,有几百公斤的力量,可以把一棵大树打断。一般的羚羊、牛、马等动物更谈不上挨它一下子了,连"百兽之王"——老虎,也惧它三分。所以鳄鱼凭着尾巴几乎可以打败除了人以外的一切动物,使它历经沧桑,在两亿年中没有被淘汰。

这就是一般动物的尾巴的主要功能。可是,还有些动物的尾巴具有一些特殊的功能,使尾巴成了这些动物在生活中不可缺少的部分。在澳大利亚有一种大家颇为熟悉的动物——袋鼠。袋鼠一般高达 2—3 米,它前肢特短,生在胸前,后肢特长,这样的结构十分有利于跳跃,使它能以 60 公里/时的速度向前跃进;可当它站立时,由于前肢很短,不能支持到地面,很容易摔倒。可是袋鼠长了一条 1 米多长的尾巴,平时跳跃时,尾巴也一上一下地摆动,保持袋鼠的平衡,当它站立时,尾巴又好像"拐杖"似的,直挺挺地支撑着地面,以防摔倒。要是没有尾巴啊,它真的要"寸步难行"了。

绵羊大家一定很熟悉,可它的尾巴也有特殊功能。当绵羊来到水草丰盛的地方,它就会"开怀畅饮",吃得饱饱的,然后把养料都储藏到尾巴里面,就好像骆驼把养料藏在驼峰里一样,那条尾巴一下子会长粗

2—3倍,好像胡萝卜一样;在行走的途中,绵羊就利用尾巴中的养料过活。当它再来到水草丰盛的地方时,那条粗大的尾巴已经变成了细细的一根了,接着,它又大吃大喝,把养料再储藏进去……

除了以上几种以外,有些动物的尾巴具有报警的功能,当它把尾巴外面深色的地方竖起时,就表示"没有敌人",当它把尾巴里面浅色的地方竖起时,就意味着"危险,快逃"……

看到这里,你知道了吧,别看尾巴大小不同,功能各异,可是对动物来说,也是不可缺少的重要部分了。

这是一篇初中学生参加作文比赛的当堂作文,尽管文字上有缺点,但从知识积累的角度看,还是颇具特点的。

参赛者对动物尾巴的形态、功能有所了解,并有一定的积累,把有关知识储存在记忆中,使用时信手拈来,毫不费力。

文中谈到的尾巴涉及的动物面较广,有猫、松鼠、鱼、牛、鳄、袋鼠、绵羊等;说明尾巴的功能,有一般的,有特殊的,并运用列数字和打比方的方法,使说明具体生动。如果平时阅读不认真,不注意积累,笔下不可能有如此生动的材料。

语言毛病比较多。有形容不当的,如鱼儿尾巴像"月牙儿";有以偏概全的,如猫的尾巴"黑白相间",其实猫的毛色多样,不都是"黑白相间";有说明欠准确的,如袋鼠的尾巴在于支撑地面,帮助袋鼠站立,而不在于助跑,不在于没有尾巴,就"寸步难行",又如绵羊到水草丰盛的地方吃水草,不能说是"开怀畅饮";有的不够明确,如尾巴的报警功能,未举例说明。此外,在说明的层次方面也可进行调整,使条理更为清晰。尽管如此,由于参赛者平时注意知识积累,故而文章有实实在在的内容,有可读性。

广为采撷,对中学生来说,也是做得到的,采撷越广,文章材料越丰富多彩。下面是香港一位中学生的习作,从中也可见到平日注意采撷的情况。

面　谱　说

昨天放学经过街角时,被一张夺目的戏曲海报吸引住。这并不精致,可是剧中主角那张涂满油彩的面庞,却深深地吸引了我,勾起了我的回忆。

小时候,婆婆常和我去看粤剧,每次当我见到那些开脸的艺人总情不自禁地想:好好的一张脸为何要涂得像个怪物似的？"哪！黑面的是包公、白的是奸鬼曹操、红的就是关公。面上涂了颜色,好让咱们看戏的容易辨别清楚嘛！要不然,我怎知谁是忠谁是奸呢？"这是婆婆的答案。可是我还不明白,为什么演古人要开脸,演现代人却又不开脸？婆婆答不上,总是说:"从前又岂同现在？"于是我就识趣不问了。问题因此搁置,但对面谱的兴趣却更为浓厚了。

其实,不单是中国的京剧、粤剧等借助面谱来分辨角色,就是东南亚、非洲乃至西洋也用面谱。就以日本为例,传统戏剧演员均需涂上面谱。据说白色是代表武士,是忠的。表演时,他们除涂面谱外,还要穿上一套又笨又重的戏服。他们认为,这样才能表现出武士的威严和雄壮。至于东南亚、中亚及非洲一些部落在庆典时,喜欢以舞蹈助兴,舞者脸上也往往涂上面谱以助辨认角色。西洋一种历史悠久的表演者——小丑,也是涂上不同的面谱,使人辨别他们不同的表情。

从前,各地舞台表演者都用面谱来帮助观众辨别角色。现在,借助面谱的舞台表演已渐衰落,现代角色再不用涂得满脸花花绿绿的了。

你可能会问:"这一来,面谱岂不失去了它的作用了吗？"不,面谱虽已从表演者的脸上取下来,但自古至今,它们从未从人们的脸上剥落。

无形面谱,正如演戏的面谱一样,出现在世界每个角落,不论欧洲人、亚洲人,还是美洲人等,都戴它。

文明与面谱,似乎有不解之缘。文化基础深的民族,面谱的花样自然繁多。比如粤剧,面谱的颜色与式样可说是多彩多姿。中国人是聪明的民族,历史悠久,文化深厚,对于戴面谱的学问自然更精通。一个人随时可以拥有多种多样的面谱,可真是世上罕有,一批精于此道的面谱专家纷纷出现了。一些落后部族,当然不甚了解面谱的妙用,所以一个人顶多只有一个面谱,于是文明人本着一片善心,企图改变他们,把"文明"带到他们那儿去,使他们也变成爱戴面谱的"文明人"。

可是你可知道,"面谱"实在有如毒品与病菌一般,是会毒害人间的!人们借助它,把病毒传染到世界每个角落,腐蚀人的本来面目,使人类走上尔虞我诈、互相仇恨的道路,长此以往,后果真是不可设想!

由此可见,无形面谱是一种不治之症。世人沾染日深,到头来只会自取沦亡。只有还未戴过面谱的孩子能保留纯真,我不禁想起鲁迅的一句话:"救救孩子。"真的,救救孩子吧!

这篇议论文有一定的深度,启人深思。它从一张夺目的海报引出议论的课题——面谱,然后从纵横两个方面展开论述。纵的方面是演古人开脸,以助辨别忠奸,演现代人不涂面谱;横的方面由京剧、粤剧的面谱论述到其他地区、其他国家对面谱的使用。对有形面谱进行论述后,进而对无形面谱展开论述,着力论述文明与面谱的关系,揭露文明人对落后民族的欺凌,揭露面谱对成年人乃至孩子的毒害,指出去除无形面谱的艰难,最后以"救救孩子"的呼声作结。文章有说服力,除见解鲜明、结构清晰、详略得当外,十分重要的在于材料比较充实。习作者既善于从生活中直接取材,如戏曲海报、小时候看粤剧、婆婆的言谈等生活中的材料,又注意从书报中取材,如日本的传统剧,西洋的小丑,东南亚、中亚及非洲一些部落的庆典等,都是间接获取的材料。

由此可见，兴趣广泛对材料积累能起积极的作用。

【要语一束】

头脑里"仓廪"充实，写的文章才会材料厚实，质地好。

"仓廪"充实要靠坚持不懈地储存。一是生活素材的积累，二是从阅读中积累。对中学生来说，精读、博览尤为重要。

积累须眼勤、手勤，多看、多读、多记录。背诵一些名言警句、精彩段落也是一种有效的积累手段。

积累的方法多种多样，可做读书笔记，可做卡片，可做索引，可剪贴，可自己创造好方法。不管采用什么方法，都要眉目清楚，讲究实用。

过一段时间，阅读积累的材料，既是吸收精神养料，也是一种乐趣。

四　裁云镂月，匠心独运
——善剪会裁

写文章必须有材料，材料是写作的基础，故而学写作的人须随时随地抓紧时机观察生活，向周围的事物学习，须博览群书，吸收知识，勤奋积累。忽视或舍弃这方面的基本功，不花大气力去占有材料，要提高写作能力，只是空中楼阁。然而，有了材料不等于就能写出好文章，还得有一番裁云镂月、善剪会裁的硬功夫。衣料质地再好，还是衣料，不按一定的尺寸剪裁，就不能制成合体的衣服。苏东坡有一句十分精彩的话，深刻地说明了材料积累和材料选用之间的关系，这就是"博观而约取，厚积而薄发"。"观"与"积"要"博"要"厚"，而使用时要"约"要"薄"，积累材料要充分、丰富，使用时要取舍、剪裁，做到少而精。

【文心絮语】

清代袁枚的《随园诗话》中有这样一句名句："着意原资妙选材。"任何一位善于写作的人都会用心地根据自己的写作意图选择材料，材料选得巧妙，文章就精美得体。事实上任何一个伟大的作家都不可能把自己所了解的或所占有的材料百分之一百地表达出来。列夫·托尔斯泰是世界文学巨匠，他所创作的《战争与和平》《安娜·卡列尼娜》《复活》等伟大作品在全世界经久不衰地传诵。他使用所积累的材料到什么程度呢？1864年他给裴特的信中说："这秋天，我的小说写了颇不少。

'人生朝露,艺术千秋',天天这样想到。如果一个人能把他所了解的写出个一百分之一就好了——可是只写了一千分之一!"使用的材料只是积累的千分之一,虽然这不是准确的数字,但从中可领悟到"约而用之"的道理。为什么要约用?要考虑作品的价值,作者的艺术良心。学生学写作虽然不能与作家写作的要求相比,但道理是相通的。

在材料的使用上有三忌。

一忌舍不得割爱。凡是沾一点边的材料,不分主次,不分巨细,捡到篮子里就是菜,都塞到文章中。比如食用一只鸡,尽管是花劳力饲养或花钱到市场上购买而来的,烧煮前必须去除鸡毛和肚内杂物,如果鸡毛和鸡一起煮,是无法下咽的。选择材料的道理相同,必须根据写作的主旨去芜杂,存精粹。写时间跨度比较大的文章,尤易犯这种毛病。记流水账,拖泥带水,什么都舍不得割去。

二忌添油加醋,添枝加叶。生活中撷取的某个素材或阅读中获取的某些材料,原本是好的,但使用时想充分发挥它们的作用,就过分渲染、扩大,添加许多枝枝叶叶。这种泡大材料的做法,不仅影响文章内容的真实性,而且大大降低所选材料的价值,给人以臃肿的感觉。

三忌马虎潦草,差错百出。材料要核实,如果是道听途说的,就应该作一番了解;如果是引用名言警句或引用某个事实的叙述说明,就应翻阅有关书刊、有关资料,进行核对;如果引用数字,就须调查核实,准确使用。有篇短文谈到芝加哥将再建世界最高楼时,说:"这幢形似宝塔的新办公大楼的高度为 160 英尺,比西尔斯高 49 英尺。"而另一篇短文却说:"新办公大楼的高度为 1 590 英尺,比西尔斯高 496 英尺。"同一幢高楼,高度竟相差 1 430 英尺! 写文章如此马虎潦草,相信谁呢? 其中必有一组数字是错的。

材料究竟应如何选择呢?

1. 须紧扣主题

所谓主题,就是文章所要表达的中心思想。任何一篇文章都表达一定的中心思想,而材料是中心思想的支柱。选择材料首先应紧扣中心思想。俗话说,"量体裁衣",如果说文章的"体"是中心思想,那么就要选择与中心思想关系密切的材料,关系不密切的必须严格筛选,没有关系的应坚决删去,毫不可惜。例如吴晗的《谈骨气》,阐明了中国人是有骨气的观点,为了紧扣这个中心思想,作者对材料严加选择。仅摘引了孟子的"富贵不能淫,贫贱不能移,威武不能屈,此之谓大丈夫",就阐明"骨气"的含义;什么样的行为叫有骨气,仅精选了南宋文天祥、不吃嗟来之食的穷人、民主战士闻一多三个事例,就从三个不同的角度有所侧重地证明中国人民有骨气,有"富贵不能淫,贫贱不能移,威武不能屈"的优良传统。所选用的材料不枝不蔓,以一当十,真正是表达中心思想的支柱,使中心思想鲜明、突出。

即使写同样的景、同样的物、同样的事、同样的人,由于作者写作意图各异,所选材料也会大相径庭。如同是以"海燕"为描写对象,高尔基的《海燕》和郑振铎的《海燕》在材料选择、剪裁上就很不一样。前者的写作主旨在于以海燕为象征,预言并呼唤革命暴风雨的来临,所以选用暴风雨来临之前的变化着的海景为写作材料,让海燕在狂风、乌云、闪电、雷鸣、波浪构成的广阔背景下搏击,以海鸥、海鸭、企鹅等猥琐的形象衬托,显示勇敢者的英雄气概。后者是被迫离乡去国,在海上航行,借托海燕表达思乡恋国情怀,因而选用了故乡春燕的材料。"燕子归来寻旧垒",选用了万顷海涛中燕飞、燕憩的材料和海鱼飞窜的材料,两组材料融汇、结合,把思乡之情刻画得淋漓尽致。

契诃夫是了不起的短篇小说作家,他的创作特点之一就是严于选材,善于酌取,他曾这样说:"一点多余的东西也不应该有。凡是与小说没有直接关系的东西都应毫不留情地去掉。"从中我们可深刻领悟选择和剪裁材料的必要性，与主题无直接关系、密切关系的材料，都要舍弃，毫不留情。

2. 应选有代表性的、能反映事物本质的

与主题有密切关系的材料并不都能入文章，有时类似的材料比较多，如果都入文章，仍会出现堆砌的毛病，从而影响主题的表达。因而，在有关的材料中还须精选，精选最典型、最有代表性、最能反映事物本质的。《谁是最可爱的人》的作者魏巍对这一点有深刻的体会。他在《我怎样写〈谁是最可爱的人〉》一文中说："在朝鲜时，我曾写了一篇《自豪吧，祖国》的通讯，里边写了二十多个我认为最生动的例子，带回来给同志们看了看，感到不好，就没有拿出去发表，因为例子堆得太多了，好像记账，哪一个也说得不清楚，不充分。以后写《谁是最可爱的人》，就只选择了几个例子，在写完后又删掉了两个。事实告诉我：用最能代表一般的典型例子，来说明本质的东西，给人的印象是清楚明白的，也会是突出的。"所谓"最能代表一般的典型例子"是指具有普遍意义的。文中最后精选的三个事例十分有力地表现了志愿军战士对敌人恨、对朝鲜人民爱和对祖国人民的深情。这种爱国主义精神、国际主义精神，崇高的使命感和英雄气概，正是志愿军战士身上最为本质的东西，因而能突出主题，震撼人心，在读者的胸中燃起热爱的火焰。

有时材料很细小，是生活中的细节，选择时同样要精心，选最为典型的。越典型，越有代表性，越能闪发光彩。《儒林外史》中作者吴敬梓对严监生临死前的描写，所选用的材料绝妙，可算是匠心独运。文中是这样写的：

> 自此，严监生的病，一日重似一日，再不回头。诸亲六眷都来问候。……晚间挤了一屋的人，桌上点着一盏灯。严监生喉咙里痰响得

一进一出,一声不倒一声的,总不得断气,还把手从被单里拿出来,伸着两个指头。大侄子走上前来问道:"二叔,你莫不是还有两个亲人不曾见面?"他就把头摇了两三摇。二侄子走上前来问道:"二叔,莫不是还有两笔银子在那里,不曾吩咐明白?"他把两眼睁的溜圆,把头又狠狠摇了几摇,越发指得紧了。奶妈抱着哥子插口道:"老爷想是因为两位舅爷不在眼前,故此记念。"他听了这话,把眼闭着摇头,那手只是指着不动。赵氏慌忙揩揩眼泪,走近上前道:"爷,别人都说的不相干,只有我晓得你的意思!你是为那灯盏里点的是两茎灯草,不放心,恐费了油。我如今挑掉一茎就是了。"说罢,忙走去挑掉一茎。众人看严监生时,点一点头,把手垂下,登时就没了气。

严监生是吝啬到极点的人,临死前因家里点"两茎灯草"而"不得断气",死不瞑目,选这样的材料入木三分地刻画了这个吝啬鬼的丑恶灵魂,"两个指头"更是这个材料中的传神之笔。

3. 应选新颖的、生动的、富于时代气息的

社会在发展,时代在前进,新事物层出不穷。电视、电台、报纸、杂志传递大量的新信息,这些为写作提供了许许多多生动而新颖的材料。中学生不仅要具有敏锐的目光,善于发现,善于积累,而且要根据写作意图善于从中挑选出富于时代气息的、曲折而有情趣的。例如:改革开放中的新气象,教学改革新篇章,城市建设新面貌,科学技术新成果,文化体育新秀谱,等等。生动的材料数不胜数,选入文章,就虎虎有生气,有贴近感,可读性强。如果文章中用的多是陈芝麻烂谷子,那就死水一潭,毫无意义。别人用过的材料是不是就绝对不能再用呢?也不是。有些材料确实典型,确实有价值,只要能选好角度,推出新意,选入文章,仍然会起积极的作用。

【佳作借鉴】

春夜的沉思和回忆

今年春节里的一个夕暮,我在四层楼一间房间里,等候一个年轻朋友的来访。约定的时间还早,我乃坐以等待,在悄悄潜入的夜色中坐了很久。

楼屋位处喧嚣的市区一角。窗外楼宇毗连,层层叠叠的屋瓦,宛如苍茫烟雾中的褐色的浮云。远处山头上的电视塔,年代久远的白塔和乌塔,个个耸立在城市的边缘,在晴朗的夜空中画出尖尖塔影。华灯初上,高楼霓虹灯的光芒影影绰绰照入窗户。室内没有开灯。这些日子以来,我习惯于在一壁厢的黑暗中沉思默想,面对着粉白墙壁上一幅很大的彩色照片。照片来自北京,我是在去年秋末从上海带回来的。配了特制的镜框,挂在我的屋子里,从此朝朝暮暮同我在一起。

这就是周总理那一幅有名的最后的照像,许多人都说它是一幅油画。画面的背景色彩是令人惊异的,乍一看,仿佛是黑色天鹅绒的垂帘,而在不同的光影下,却呈现出凝重的古铜色、高贵的紫色和深沉的栗色。最使人感动的是坐在沙发上的总理侧身头像,布满金黄色的柔和光辉,一绺白发闪亮如银丝,那长长凝视的眼神里,贮满了对中国以及对整个世界多少历史的回顾和瞻望!照片的左下角,浮雕般呈现一只洁白的细瓷茶杯,杯上一棵万古长青的苍松。总理胸前佩戴的毛主席像章上"为人民服务"五个金字灿然在目。整个画面是庄严的,肃穆的,安详的。感谢杰出的摄影艺术家给我们敬爱的总理留下永恒的画像!这幅艺术上造诣极高的摄影名作,捕捉了伟大人物不朽的一瞬间。

蓦地一阵暗香浮动,一年一度的漳州水仙花在春节时相继盛开。剔透玲珑的黄蕊白花,依偎着青葱的绿叶,在温馨的夜晚中静静飘着清香。这使我想起总理灵台前,那两盆端庄的水仙。玉洁冰清,纤尘不染。我永远不会忘记,两年前的春节前后,听说悼念总理逝世的电视纪录片立刻就要停止放映,我匆匆赶到市郊一个单位的礼堂去看最后一场。

那是一个阴冷的漆黑之夜。春寒料峭,风雨凄凄。在三部电视片连续放映中,两个多小时,人们经历了一生中最大的悲苦。低回的哀乐伴随着撕裂人心的呼唤,诉说不尽的怀念与哀思。泪水充满了哭泣的心灵。举行庄严的吊唁仪式时,在我们无限敬爱的总理遗体前,人面兽心的"四人帮"竟敢冒天下之大不韪,当众侮辱我们的好总理。丑恶的镜头推了出来。叛徒头上歪戴着帽子,真该有一根拐棍狠狠地把它打落在地!霎时,全场观众怒火万丈,黑暗中爆出连声咒骂和严厉的斥责。我心如火焚,却又觉得浑身一阵彻骨的寒冷。在那些沉闷的漫漫长夜,我真想大声呼喊,以减轻内心的压抑。两年前那个哀伤的春节犹在眼前,而猖獗一时的"四人帮"早已被历史的巨轮压得粉碎。多年来躲在阴暗角落里的妖魔鬼怪无不原形毕露。伟大的社会主义祖国如日东升,光芒万丈。

我默默地挑选了一盆开得最好的水仙花,呈献在总理遗像前。清清的水,碧绿的叶子,芬芳素馨的白花。总理生前也许喜欢这种纯洁的小白花吧。

钟响了。仅仅隔了几条街的那只大钟,敲起来的声音是很响的。而在春节夜,余音不绝的钟声则又显得很庄重。我打开收音机,电台播送贝多芬的传世之作《第五交响乐》,通常称之为《命运交响乐》。恩格斯高度赞誉这部壮丽的音乐作品。总理在世时,在一次音乐会上特意安排了这个演奏节目。这是一支战斗历程的颂歌。第一乐章以四个音符的乐句为先导,一开头就向黑暗挑战,出现了音乐史上有名的"命运叩门之声"。随着重复的叩门声,逐渐展开艰苦的探索。乐曲的主题不断加强。紧接着,管弦乐汹涌澎湃的巨浪由远而近,强有力的音响,宣告斗争已经开始。

有人叩门。我的年轻朋友恰好就在这时候来访。窗外的节日灯火照耀得如同白昼,并将斑驳的光影投入屋子里。总理遗像下的花影摇动,幽香四溢。贝多芬用生命谱写的音符时而升腾咆哮,时而低回不尽。无比强烈的旋律掀起撼天浪潮,反复冲击着人间的黑暗势力。受苦与希望交替出现。只有斗争!唯有斗争,才能达到胜利的彼岸。

我的朋友久久伫立在总理像前,有意无意把水仙花摆得更端正些。她说,她想起年前她到过闽西老区长汀。汀江穿城流过。水之滨,一座小楼。楼屋筑立在高高的石基上,昼夜俯临长流的江水。

难忘的历史小楼。风风雨雨数十载岁月如水流逝。总理住过四个月的楼屋至今犹在。1931年岁暮,毛主席的亲密战友周总理在上海主持中央军委工作,从黄浦江边坐船出发到汕头,在前往瑞金途中,来到长汀。这里是毛主席创建的中央苏区经济中心。总理到达后不久,一个冬夜,围绕火红的炭盆,向干部们畅谈国内外形势,直至江上泛起青色的黎明。

翌年4月初,毛主席和朱老总同总理在一起,为开辟闽南的革命根据地,共同制定攻打漳州的军事部署。随后,毛主席和朱老总率领东路军,出师东征。总理留守长汀,统率一支庞大复杂的支前队伍,保证了漳州战役大获全胜。这江边小楼既是总理居住的地方,又是后方的最高指挥部。在那些战斗的夜晚,小楼上来往的人通宵达旦。多少个江上寒夜,总理留着胡子的面影,出现在烛光映照的楼窗前。

我的朋友说,每一次,她沿着江边慢慢走过,总举目眺望那砌在巨石上高高的小楼,出神地望着楼上紧闭的窗子。期待?想象?追思?都是,也不都完全是。她毕竟还不过二十多岁,理不完的万千思绪,真是说不清楚呀。

贝多芬的交响乐。奔放的热情渐渐转为温柔的低语,有若记忆的回声。严酷斗争中的短暂静息。感情更深沉了。内心的火花闪耀不已,信念是坚定的。向着光明的未来,回答胜利的召唤。战斗从未停止过。

照片中,总理坐在沙发上思索中国的命运,思索着人类最崇高的共产主义理想。是最后的照片,"最后的时刻"却也是永恒的时刻。

"那一次,我和总理坐在一起,就在他身边,两个多小时。"我的年轻朋友悄声说。停停,她沉静地说下去:"就像现在这样,总理坐在我旁边一张很大的沙发里。"

11年前,1967年9月5日临近午夜时分。五个年仅十五六岁的男女学生,代表南方一个省里人数众多的"革命群众组织",第一次走向人民大会堂一间小客厅。早一天,总理特意指定要接见这几个代表。几个入世未久的娃娃们,在警卫人员引领下,小客厅的门推开了。总理从沙发上迅速站起来,面色严峻,看看手里的一张名单,念着来访者的名字,逐一和大家握手。孩子们被邀请坐下来。我那个年轻朋友恰好紧紧靠着总理坐着的大沙发。那么贴近,疑是在梦中,做梦也没有想到同亲爱的总理那么贴近地坐在一起。总理仔细地倾听汇报,不断提问。总理为革命鞠躬尽瘁,日理万机,显然消瘦多了。真是不该让总理为一些"山头"操心呀。

总理说,你们是祖国的年轻一代,要警惕,在海防前线要特别警惕敌人的破坏,要严格区别两类不同性质的矛盾,要注意团结最广大的群众……

小客厅的窗帘严严地垂落在地上。长窗外是空阔的天安门广场。9月的北京夜空高极了,蓝极了。一眨眼,两个多小时过去了。临别时总理笑着对孩子们说,祝愿你们在大风大浪中锻炼成长。一席话,语重心长。大家尊敬地目送总理缓步出门,走向大理石走廊。

夜深了。从明亮的小客厅边门看出去,铺着厚厚地毯的大理石走廊上,灯光朦朦胧胧的。一片寂静。总理一个人渐渐远去……十多年来,这个伟大的背影始终长驻在一个女孩子的心灵深处。9月里那个秋夜,总理在人民大会堂幽深的长廊渐行渐远的背影,随着时光流逝,越来越清晰地在眼前浮现。

她双手掩着苍白的脸,垂下头来。一阵轻微的战栗流过她全身。她诉说着:"那时我多么想要总理胸前佩戴的那枚'为人民服务'的毛主席像章。我不敢开口。不过我想,我还是带来了总理胸前那个纪念章,在我心里。"

她抬起头来,湿润的眼睛莹然发亮,深情地注视着墙上的总理遗像。含着泪,无声的告白,庄严的誓语,不尽欲言,不尽欲言啊!

邻近的一家电影院屋顶突然灯火通明,有如聚光灯照着总理栩栩如生的侧影。总理坐在那里,雍容慈祥,凝视远方。亭亭玉立的水仙花,供在总理像前,清香扑鼻。贝多芬的交响乐以雷霆万钧之势,轰然而上。华丽的长号吹响了。光明终于征服黑暗。正义战胜邪恶。进行曲高奏生命的凯歌,气象万千。欢呼吧,欢呼斗争的胜利吧!

曲终人未散。我和我的年轻朋友很久很久站在总理像前,默然无语。这个充满沉思和回忆的春节之夜快过去了,我们将去迎接一个阳光灿烂的明天,迎接未来征途上的光明岁月。

作家何为这篇散文写的是由周总理的一幅照片引起的沉思和回忆。周总理伟大而光辉的一生可写的材料是极其丰富的,"回忆"可以为脱缰之马自由驰骋,把众多有价值有意义的人和事聚拢在笔下。但作者未作这样的处理,因为一篇不长的文章难以容纳。作者着力选的材料是:一幅彩色照片,几盆飘香的水仙花,观看最后一场悼念总理逝世的电视纪录片的场景,贝多芬"第五交响乐"表现的战斗历程,闽西老区长汀历史小楼的风风雨雨,1967年9月5日总理在人民大会堂接见五个代表南方一个省里革命群众组织的男女学生的情景,房间外的景物,年轻朋友的来访,等等。为什么要选择这些看来似乎很零散的材料呢?其实,正是作者善剪会裁,"约而用之"的功力。

一幅彩色照片是作者文中所要表达的沉思遐想的引发物和附着物,也是总领全文的纲,不仅要选入,而且要详细描绘,诉之于读者的视觉,织入读者心中。画面背景色彩的凝重、高贵和深沉,浮雕般细瓷茶杯的洁白,杯上万古长青的苍松,簇拥着总理的不朽形象,也给总理颂歌定下了基调。

飘香的水仙花玉洁冰清,纤尘不染,是周总理高尚人格的写照。文中六写水仙花,有形有色,有香有韵,有眼前繁茂的水仙的实写,有回忆中总理灵台前水仙的虚写,精心裁镂,使幽香四溢,总理高洁品格永照人寰。

观看悼念总理逝世的电视纪录片的场景,是顺流而下的材料。由"最后的照像"想到"总理灵台前"的"端庄的水仙",当然就极其自然地想到"电视纪录片",倾吐对总理不尽的爱戴与哀思,对总理伟大人格的赞颂。选择有关场景材料,由个人的所思所感扩展到全场的共鸣,加深材料的寓意。

贝多芬《第五交响乐》的材料分散在文章的下半部分,依次在四个地方出现。首先是以四个音符的乐句为先导,叩击命运之门,向黑暗挑战;接着以无比强烈的旋律掀起撼天浪潮,反复冲击人间的黑暗势力;再接着是奔放的热情渐渐转为温柔的低语,严酷斗争中的短暂静息;最后是以雷霆万钧之势,轰然而止,光明终于征服黑暗。音乐语言表现的艰苦的战斗历程正是总理革命征程的写照。正因为如此,该材料中又穿插着其他材料:

(1)恩格斯高度赞誉这部壮丽的音乐作品。

(2)在一次音乐会上,总理特意安排这个演奏节目。

(3)在乐曲出现受苦与希望交替时,插入年轻朋友述说长汀历史小楼的往事,展现总理与毛主席、朱老总开辟根据地的艰辛。

(4) 在乐曲出现短暂静息时,插入11年前总理接见男女学生代表的情景,语重心长的教诲,幽深长廊里渐行渐远的背影,展现总理信念坚定,战斗从未停止过。

(5) 年轻朋友对总理胸前"为人民服务"纪念章的向往和领悟。

第三、四两个材料是对往事的回忆,颂扬总理以生命在战斗,第五个材料揭示旺盛斗志的源泉,而第一、二两个极简的材料表露对这部音乐作品的高度评价,从而有说服力地以此为总理生命凯歌的写照。

总起来说,文中主要的材料是周总理的照像、水仙花、贝多芬《第五交响乐》;由水仙花追述到观看电视纪录片的往事,由《第五交响乐》追述到长汀历史小楼和人民大会堂接见的两件往事。这些材料貌似零散,但组合得井然有序,鲜明地突出了文章的中心思想。总理是伟人,可歌颂的方面极多,但作者在本文要赞颂的是总理高洁的品格和与黑暗势力战斗不止的革命精神,因而精选了水仙花和贝多芬《第五交响乐》。写照毕竟是写照,必须有事实作为依托,故而追述了三件往事。围绕中心思想精心选材是特点之一。

特点之二是善于剪裁。照像虽详细描写,但并未面面俱到,突出的是总理的眼神、精神,衣着、手的姿势等虽在画面上展现,但都舍弃不说了。又如往事的回忆,开辟闽南的革命根据地错综复杂,但文中只取"历史小楼"这个"点",突出总理在此从容指挥,保证战役获胜。至于怎样支前,怎样指挥,也都舍弃。因为不是具体地写斗争史,而是通过简述这件事,赞颂总理向黑暗势力冲锋的精神。再如午夜时分接见的情景,删除男女学生汇报的内容,总理提问的内容,突出伟大的背影和被接见者的感受。这样剪裁,以被接见者的心灵震动赞颂总理关怀未来、战斗不息的精神。

第三个特点是善于抓住照像、水仙花、《第五交响乐》等材料之间的内在联系,既将三者贯串全文,又交织起来写,达到深沉而优美的境地。

材料既诉之于视觉,又诉之于嗅觉,还诉之于听觉,眼前事与过去事穿插,窗外景和室内情映衬,作者确实是煞费苦心。

【习作评说】

小亭的思索

灰蒙蒙的天空下,空旷旷的小街口,一座古朴的小亭隐现在晨雾中,几角飞檐依稀可见,如几个小小的问号——它在思索吗?它在思索什么?

带着这种疑问,我询问了小亭旁一位儒生气十足的老者,才知小亭名叫"四望亭",创建于明嘉靖年间,原名"文奎楼",清雍正年间重修,名曰"魁星楼"。

"为什么现叫'四望亭'呢?"我兴致甚浓。

老者给我讲述了这样一段小亭历史:

清咸丰年间,太平军三下扬州,赶跑清军。太平军将士们以小亭作为瞭望台,监视驻扎在城外清军的动静。发现敌情,则在亭上吹角为号;战斗时,则在亭上击鼓助威。因而,大街小巷处处回响着这样的歌声:"四望亭,三层阁,站在亭上探马脚。马脚到,吹角号,打得清军往回跑。"……

多么玄乎,多么遥远,但又千真万确,近在眼前。我不禁细细打量起眼前这既普通又不平凡,既缥缈又很真实的小亭来。

小亭位于古城扬州西门街东首。它是一座八面三级、砖木结构的楼阁式建筑;楼底层,于东西南北四面辟有拱门,每面与街道相连;楼的二三两层,周以窗栏格扇,建作挑角飞檐——很普通很普通的一座小亭!

为了亲身感受当年那血与火交织而成的情景,我举步踏入小亭。亭内阴暗、潮湿,给人以沉闷的感觉。内有一狭窄、破旧的木质楼梯。拾级而上,每踏一级,木梯便发生低沉、沙哑的"吱呀——吱呀——"的声音。它,是在为太平军将士的死难而啜泣,还是在为太平天国运动熊熊火焰的熄灭而叹息?

登上二楼,双手抚摸着当年太平军将士曾倚过的亭壁,双脚踏在当年太平军将士曾踏过的楼板上,恍惚间仿佛又听到了一百四十年前的声声号角、阵阵战鼓与"四望亭,三层阁,站在亭上探马脚……"的歌声响彻天宇。

多么轰轰烈烈的太平天国运动!然而,最终却失败了。我不禁茫然。滚烫、殷红的血曾在这里流淌;高贵、下贱的头曾在这里滚动!今天,却只留下几抔黄土,默默地埋葬了过去;只留下这座小亭,静静地作为历史的见证。哦,小亭,你这样无声地立着,是在嘲笑,是在惋惜,还是在沉思?

我也陷入深深的沉思。从太平天国运动,又想到辛亥革命。在漆黑的中国,多少中国人在苦苦寻求救国救民的道路,而最终,都没获得真正的胜利。为什么?为什么?

茫然无所得,心中越发沉闷了。推窗远眺,雾越发浓了。天地茫茫,我也茫茫。然而,当我的目光向下移动时,我的心怦然而动了——我看到人群!顿时,我仿佛明白了。

人群,流动着,像一条川流不息的小河。它要流向哪里?它要去干什么?用无数双细嫩的与粗糙的手去垒起社会主义大厦,用无数双长满老茧与没有老茧的脚去踏出通向共产主义的道路。每个人,都是一滴小小的水,无数滴水便能汇成波浪滔天的河;每个人,都是一块小小的砖,无数块砖便能垒起击不倒的墙!

河,是的,一条伟大的河!牵着黄牛,推着小车,多少民众自愿组成送粮队,冒着生命危险把粮食送到前线——《大决战》中一个小小的镜头在我脑海中定格。这不是一条伟大的河吗?

墙,是的,一座伟大的墙!手挽着手,肩并着肩,多少人民自愿组成坚实的人墙,在激流中与洪水搏斗——抗洪救灾中一个小小的场面在我眼前晃动。这不是一座伟大的墙吗?

"一条伟大的河!一座伟大的墙!"我默默地念着,渐渐悟出了古人的哲理:

孔子曰:"道千乘之国,敬事而信,节用而爱人,使民以时。"

《大学》里说:"道得众,则得国;失众,则失国。"

唐太宗曰:"水,能载舟,亦能覆舟。"

太平天国后期,领导者争权夺利,大兴土木,扩大了等级制度,脱离群众,太平天国就成了无本之木,怎能不枯萎?辛亥革命中的革命者没有积极向人民群众宣传革命,寻求他们支援。鲁迅的《药》不正是反映了这一情况吗?辛亥革命,无源之水,怎能不断流?

雾散了,一轮红日冉冉升起。我心中的迷雾也渐渐散去。中国,是人民的中国。只要她保持这一本质,何愁不能像这红日一样喷薄而出?

在这冉冉升起的红日里,在这川流不息的人群中,小亭静静地思索着……

陈 琳

这篇习作主题思想有深度,在材料的选择与剪裁方面很有特色。

"思索"是从"小亭"生发开来的,要写好这篇文章,须解答下列诸多问题:什么样的小亭?坐落在何处?为何能思索?思索些什么?仅仅是小亭思索吗?与习作者的关系如何?通过小亭的思索究竟想说明什么问题?选择哪些材料才能表达写作的意图?怎样使用这些材料才能把写作意图表达得鲜明、突出?……

从文章看,习作者是经过认真思考的。

文章即景生情,借物抒怀。眼前的景物就是"小亭"。于是围绕小亭选择材料。一是小亭的位置与构造,二是小亭的沿革与历史。这些材料是写好这篇文章的必备条件,如果省略或交代不清楚,思索就缺乏依据,飘在空中。

上述材料的使用十分讲究。一是注意剪裁,沿革仅作简单的介绍,而小亭的历史具体翔实。二是材料从亲身感受角度加以发展、丰富,比一开始和盘托出有深度、有感染力。从亲身感受角度写太平军将士血与火交织的情景,赋予小亭不尽的情意。

由小亭的沉思,引出习作者的沉思,进而扩展材料。从太平天国运动,扩展到辛亥革命,扩展到垒社会主义大厦的人群,追述《大决战》中支前的镜头,抗洪救灾中的人墙,引用古人三条富于哲理的治国名言,一系列寓含深意的材料伴随着语言倾泻而下,步步进逼,揭示文章的主旨。

材料的选择与剪裁紧紧扣住文章的主旨和中心思想。得民心就得天下,失民心就失天下,这是被无数历史事实所证实的真理。如此又大又深刻的主题要表达得具体鲜明十分不易。

首先是"点"选得恰当。小亭作为表达情意的"点",角度小,容易生发。从"依稀可见"的"挑角飞檐"入笔,以比喻引路,引出文笔可上下游动、纵横千万里的"思索"。"思索"用得极其精当,给材料的选择和剪裁开拓了广阔的天地。

着力选用的材料是太平天国的兴与衰,而兴与衰的材料又经过严格剪裁,紧紧扣住小亭的作用、小亭的结构、小亭的变化进行筛选,大胆舍弃太平天国由兴盛而衰亡的具体事实。一叶知秋,这样精心剪裁、镂刻,太平天国兴衰情况如在眼前,小亭确实发挥了历史见证的作用。

辛亥革命的材料承接太平天国运动失败而来,侧重点在寻求没获得真正胜利的原因,是从小亭思索引发出来的,目的在提出问题,材料无须铺展。

前两个材料虽用来表达得民心得天下,失民心失天下,但侧重于失民心失天下;后三个材料,由流动着的人群,派生出《大决战》中支前的镜头和抗洪救灾的人墙,则侧重于得民心得天下。前后构成鲜明的对比,写作主旨也就从材料的运用中透露。

中心思想之所以鲜明、突出,得借助于两个做法:

一是以议论穿针引线,把所选材料层次井然地组合起来,并揭示材料富含的深意。

二是引用古人名言的材料强化文章的中心思想。"道千乘之国,敬事而信,节用而爱人,使民以时。"这是从《论语·学而》中引来的孔子的话,意思是:治理具有一千辆兵车的国家,就要严肃认真地对待工作,信实无欺,节约费用,爱人,去役使老百姓要按一定的时间。引述这个材料与太平天国后期争权夺利、大兴土木、脱离群众,故而衰败的史实相呼应。"道得众,则得国;失众,则失国"引自四书中的《大学》,意思是:得到民众的心,就能得到整个国家;失掉民众的心,就会失掉整个国家。引用这个材料,既对前文所用的材料进行总结,又挑明了文章的主旨。"水,能载舟,亦能覆舟。"引自唐太宗的话,出处是《荀子·王制》。意思是:君主好像是船,百姓好像是水。水能使船安稳地行驶,水也能使船倾覆沉没。习作者引唐太宗的话,突出水载舟与覆舟的正反作用,是完全吻合这篇习作的寓意的。习作者引用材料的态度严肃,无任何差错;而且,三个材料的含义层层深入,不是随意拿来,罗列堆砌。一名高中二年级的学生能如此用心思选材,是难能可贵的。

【要语一束】

材料积累和材料选用之间的关系是"博观而约取,厚积而薄发"。

选用材料、剪裁材料的标尺是文章的中心思想,与中心思想关系不密切或无关系的材料,即使材料本身有价值有意义,也要坚决舍弃。

材料应是最典型、最有代表性、最能反映事物本质的,选入文章,能鲜明地表达主题,起以少胜多、以一当十的作用。

材料应新颖,有时代气息,能醒人耳目;用别人熟知的材料,力求推出新意。

选用材料有三戒,戒虚假,戒芜杂,戒差错。剪裁时须用心思裁云镂月,截取最精要、最精彩的部分。

五　上下求索，神游八荒
——让思想插上双翅

写作时，课堂上常发生这样的情况：有的学生文思枯竭，三言两语就把要说的倾倒完了，干干瘪瘪；有的学生却思绪绵绵，脑子里如有活水，或潺潺流淌，或波澜起伏，笔下洋洋洒洒。究其原因，与写作材料充足与否当然有密切关系，然而，切不可忽视另一重要因素，即想象力发挥得如何。

根据近代脑生理的研究，人的大脑可分为四个功能部位，即感受部位、判断部位、储存部位和想象部位。就多数人而言，前三个部位注意开发，想象部位比较忽视。据研究测试，一般人只用了自身想象力的15%，潜力很大。学写作，就要重视想象力的发展。人们说，科学是从想象开始的，如果人们不幻想能像鸟一样飞，像鱼一样游，哪来今日的飞机、潜艇？写文章也一样，发挥想象力，让思想插上双翅飞翔，就能上下求索，神游八荒，获得十分丰富的写作材料。

【文心絮语】

想象在写作中的重要作用，古人曾有许多精辟的论述。如陆机《文赋》中"其始也，皆收视反听，耽思傍讯，精骛八极，心游万仞……观古今于须臾，抚四海于一瞬"，意思是：开始写文章，往往是集中视线，不听其他，深入思考，广泛采集，心神可以飞驰在八方最远之处，遨游到极高极高的地方。运用想象于一瞬间就能观察到古今,奔驰于四海。又如刘勰《文心雕龙·神思》中"文之思也,其神远矣,故寂然凝虑,思接千载;悄焉动容,视通万里",是说写文章要展开想象,想得很远很远,静静地专心思考,就会联想到千年的人与事;容颜隐隐地有所变化时,思路已扩展到万里以外了。从两段引述的文字中,我们可清楚地体会到想象的巨大功能。人坐在屋内握笔,心神可在天地之间任意遨游,贯通古今,横越四海,突破时间和空间的界限,开辟了十分广阔的内心世界,也开发了无穷无尽的新鲜乃至奇特的写作材料。

想象应选择不定向的、跳跃式的、自由自在的方式,也就是浮想联翩,不受限制地思考。一般地说,人们思考问题常常是按一定的常规、一定的角度进行,思维的范围比较窄,而想象却不是按部就班地思考,是不受任何拘束放开来想,思维充分发散。思维发散,头脑中就能形成许多从来没见过的事物形象,创造出前所未有的新形象。战国时期楚国伟大诗人屈原在写作中发挥想象的能力,无与伦比,令人叹为观止。

《天问》是一首长诗,在这首诗里,屈原一口气对天文、地理、人事等各方面提出一百七十几个问题,构思新颖,想象极其丰富,可说是篇奇文。摘录天文部分中某一些问题剖析,就可窥见开展想象的全貌。

(译文)

老天共有九层,
是谁经营测量的?
这个样子有什么用处,
是谁最早动手兴建的?
轮毂上的绳子拴在何处?
天的极顶又安装在哪儿?
八根擎天柱如何顶住?

地的东南角何以倾塌?
九重天的边缘延伸到何方?
它依托连接在什么东西上?
天边有多少的弯曲和角落,
谁能算清楚这笔账?
天在何处与地相合?
十二区如何划分?
日月附在什么东西的上面?
星宿何以陈列得错落有致?
太阳早上从汤谷出来,
晚上停宿在蒙汜;
从天明到天黑,
它要走多少里路?
月亮有什么本领,
死后又能再生?
顾兔生在肚子里,
对它有什么用处?

  一连串问题如水银泻地,一发而不可收。从天有九层想到是谁经营、谁测量、谁兴建,究竟建造了有什么用处;想到宇宙像个旋转的车轮,车轮中心上的绳子拴在什么地方呢;想到天的最高处安装在哪儿,八根柱子又怎么顶住它呢;想到地的东南角为什么会倾塌,天的边缘究竟延伸到什么地方,依托什么,连接在什么东西上;想到天边究竟有多少弯曲和角落,这笔账谁能算清楚;想到天和地究竟在什么地方相连接,天上星宿十二个区究竟是怎样划分的;想到太阳、月亮究竟附着在什么东西上,而星宿又为什么在天上摆布得那么错落有致;太阳早出晚归,究竟一天走多少路;月亮死而复生,究竟靠什么本领,兔子(顾兔:据闻一多说,即蟾蜍)生在月亮肚子里,对月亮究竟有什么用处呢。真是一会儿天,一会儿地,一会儿日月,一会儿星辰,就在这跳跃式的思想自由驰骋中,展现了作者无穷的智慧和奇特而绚烂的画卷。难怪黑格尔说:"如果谈到本领,最杰出的艺术本领,就是想象。"

想象不是胡思乱想,要有实实在在的内容。想象的内容来自现实生活,想象是以生活和知识为基础的。如上面引述的"地的东南角何以倾塌"就来源于生活,因为我国地貌状况是西北高,东南低,大河大江由西流向东南,最后归入大海。又如"十二区如何划分",也不是凭空而来,因为古代天文学家把天上星宿方位划为十二个大区。有这方面知识作基础,一触即发,问题就从脑中蹦跳出来。其实,上面所提出的寓含了众多神话传说的资料,是有坚实的生活与知识为基础的。

孙悟空三打白骨精的故事无人不知,生活中有猴子、猪猡,《西游记》作者吴承恩发挥想象,就创造出孙悟空、猪八戒等形象;生活中有正气,有邪恶,而邪恶总是诡计多端,变换出种种伪善面目欺骗善良,源于对生活的深刻认识与理解,于是创造出白骨精的丑恶形象,创造出孙悟空以变化多端的神力与屡施诡计的妖精反复斗争的故事,以巨大的艺术魅力吸引千千万万读者。

写作中开展想象要善于捉住"触发点"。"触发点"常常是眼前的实景,即眼前的人、事、景、物。"触发点"选得好,想象的阀门打开,就如同童话中的魔棒一样,脑中会闪现出许多奇妙的事物,许多生动的形象。郭沫若的《天上的街市》是一首抒情小诗,想象丰富,具有童话色彩。这首诗的想象的"触发点"就是"街灯",由眼前的实景"街灯"想到天上的"明星",再由天上的"明星"想象开去,创造出天上街市的美景。人间、天上,回环互比,由于想象这面折光镜的作用,诗闪发出比现实更为奇幻的光辉。

莫奈是法国19世纪著名的印象派画家,他画的伦敦威斯敏斯特教堂这幅画十分有名。画上,教堂掩映在雾中,轮廓隐约可见,而雾是紫红色的。有人看了这幅画,思想立即在历史长河中纵横,是什么缘故呢?原来是画上紫红色的雾触发了他。紫红色的雾就是他展开想象的"触发点",由此他想到伦敦环境有污染,环境污染伴随着17世纪英国工业革命而产生。通常雾是灰蒙蒙的,画上却是紫红色的,这一反常规的色彩具有新奇性、刺激性,而具有新奇性、刺激性的事物最能激发想象力,是比较理想的想象"触发点"。

谈到想象,人们常常想到联想,甚至把二者混为一谈。想象和联想既有联系,又有区别。二者都是思索,而且从由此及彼开始,但联想基本在由此及彼的轨道上运行,如由井冈山的竹子联想到老乡冒生命危险冲过白匪封锁线用小竹筒给山上红军战士送饭的情景,联想到毛委员和朱军长用毛竹做的扁担带领队伍下山挑粮食的情景,联想到红军北上抗日去了,井冈山的毛竹同井冈山人一样坚贞不屈,野火烧不尽,春风吹又生,而且联想的材料都是已经有的生活经验,所以联想是已有生活经验的组合。想象是在已有生活经验的基础上进行新的创造,构成新的形象,而且是多向性的思维,不定向的,跳跃式的。如李白的《梦游天姥吟留别》写诗人在梦中漫游仙界时,忽而飞渡镜湖,月照我影;忽而身登云梯,天鸡啼鸣;在千岩万转中迷花倚石,闻熊咆龙吟,见电霹山崩;在恍惚间见云里的神仙纷纷而降。众多的形象纷至沓来,都是天马行空的想象所创造。当然,任何想象都不是凭空产生的,不可能无中生有;构成新形象的一切材料都来自生活,来自过去的经验,不过,经过了加工改造。有人说,联想是想象的基础,想象是联想的升华,这是有道理的。

梦也是一种想象,组成梦境的素材仍然是感知过的,上述李白的诗已证明。幻想是对未来的想象,同样源于生活,科幻小说就是以文学体裁来对未来科学的预测。

对青少年学生来说,爱思、多思,对未知世界充满好奇心,对知识渴求,都能激发丰富的想象力,想象力越丰富,写出来的文章越能闪发光彩。

【佳作借鉴】

好 的 故 事

灯火渐渐地缩小了,在预告石油的已经不多;石油又不是老牌,早熏得灯罩昏暗。鞭炮的繁响在四近,烟草的烟雾在身边:是昏沉的夜。

我闭了眼睛,向后一仰,靠在椅背上;捏着《初学记》的手搁在膝踝上。

我在蒙胧中,看见一个好的故事。

这故事很美丽,幽雅,有趣。许多美的人和美的事,错综起来像一天云锦,而且万颗奔星似的飞动着,同时又展开去,以至于无穷。

我仿佛记得曾坐小船经过山阴道,两岸的乌桕,新禾,野花,鸡,狗,丛树和枯树,茅屋,塔,伽蓝,农夫和村妇,村女,晒着的衣裳,和尚,蓑笠,天,云,竹……都倒影在澄碧的小河中,随着每一打桨,个个夹带了闪烁的日光,并水里的萍藻游鱼,一同荡漾。诸影诸物:无不解散,而且摇动,扩大,互相融和;刚一融和,却又退缩,复近于原形。边缘都参差如夏云头,镶着日光,发出水银色焰。凡是我所经过的河,都是如此。

现在我所见的故事也如此。水中的青天的底子,一切事物统在上面交错,织成一篇,永是生动,永是展开,我看不见这一篇的结束。

河边枯柳树下的几株瘦削的一丈红,该是村女种的罢。大红花和斑红花,都在水里面浮动,忽而碎散,拉长了,缕缕的胭脂水,然而没有晕。茅屋,狗,塔,村女,云……也都浮动着。大红花一朵朵全被拉长了,这时是泼剌奔迸的红锦带。

带织入狗中,狗织入白云中,白云织入村女中……在一瞬间,他们又退缩了。但斑红花影也已碎散,伸长,就要织进塔、村女、狗、茅屋、云里去。

现在我所见的故事清楚起来了,美丽,幽雅,有趣,而且分明。青天上面,有无数美的人和美的事,我一一看见,一一知道。

我就要凝视他们……

我正要凝视他们时,骤然一惊,睁开眼,云锦也被皱蹙,凌乱,仿佛有谁掷一块大石下河水中,水波陡然起立,将整篇的影子撕成片片了。我无意识地赶忙捏住几乎坠地的《初学记》,眼前还剩着几点虹霓色的碎影。

我真爱这一篇好的故事,趁碎影还在,我要追回他,完成他,留下他。我抛了书,欠身伸手取笔,——何尝有一丝碎影,只见昏暗的灯光,我不在小船里了。

但我总记得见过这一篇好的故事,在昏沉的夜……

这是鲁迅先生的名篇之一,写于1925年2月24日。作者处于"昏沉的夜","石油"(点灯用的煤油)已经不多,身边缭绕着烟草的烟雾,而思想却长着翅膀飞翔,"看见一个好的故事"。

"很美丽,幽雅,有趣",是想象中故事的总貌,怎么美丽,怎么幽雅,怎么有趣呢?于是出现了众多美的形象——美的人美的事编织成的云锦,像万颗奔星般飞动,飞到遥远的地方,以至于无穷。想得自由自在,一下子把视野扩展到无穷尽。

思想跳跃,由天而地,坐小船经山阴道,于是,"乌桕""新禾""野花""鸡""狗"……一二十种形象次第展现,接着,这些形象又都倒影在小河中,诸影诸物解散、摇动、融和、退缩,复近于原形。日光,水光,闪烁晃动,诸物由静而动,由动而静,千变万化,美不胜收。

由过去所见,又一跃而写现在所见,同样是美不胜收。一切事物交织成一篇,永是生动,永是展开,而且色彩斑斓。青的天,大红花和斑红花拉长为缕缕的胭脂水,拉成的红色锦绣带织入狗中,狗织入白云中,白云织入村女中,斑红花影织进塔、村女、狗、茅屋、云里,而这一切又是发生在水中,是从水里看到的人世间的云锦,真是奇思妙想,令人神往。

两幅美景构成了一个好的故事,而这故事中的人、事、景、物都似曾相识,不过是进行了加工,进行了新的组合,创造了前所未有的绚丽的新形象。新形象不是无中生有,是以生活为基础的。

想象的内容与眼前的实景要注意衔接,要衔接得自然、巧妙,不能脱钩脱节。也就是说,要注意由眼前景渡到想象景,"渡过去",又要注意由想象景渡回眼前景,即"渡过来",如果不渡过来,文章就会像断了线的风筝乱飞无主了。《好的故事》在衔接过渡方面很精彩。身处昏沉的夜,展开美好的想象,是"闭了眼睛""蒙胧中"开始的;被无数美的人和美的事深深吸引,正要凝视他们时,"骤然一惊","睁开眼",云锦皱蹙,整篇的影子撒成片片。衔接得十分自然。尤其值得称道的是睁开眼苏醒以后还要寻梦境,趁"几点虹霓色的碎影"还在,要追回他,完成他,留下他,然而抛书取笔时,才知何尝有一丝碎影,只有昏暗的灯光。以昏沉的夜开篇,以昏沉的夜结束,基调是悲苦的,这是现实;然而想象中的世界是绚丽多彩的,令人向往的,在强烈的反差中寄寓了作者深沉的思想和无限的感慨。

鲁迅生活的时代早已过去,但他在诗文中发挥想象作用的做法在当代文学作品中仍屡见不鲜。且不说许多名著,就是作家席慕蓉的一篇短文,也可看出想象在作品中的重要功能。

贝　　壳

在海边,我捡起了一枚小小的贝壳。

贝壳很小，却非常坚硬和精致。回旋的花纹中间有着色泽或深或浅的小点，如果仔细观察的话，在每一个小点周围又有着自成一圈的复杂图样。怪不得古时候的人要用贝壳来做钱币，在我手心里躺着的实在是一件艺术品，是舍不得拿去和别人交换的宝贝啊！

在海边捡起这一枚贝壳的时候，里面曾经居住过的小小柔软的肉体早已死去，在阳光、沙粒和海浪的淘洗之下，贝壳中生命所留下来的痕迹已经完全消失了。但是，为了这样一个短暂和细小的生命，为了这样一个脆弱和卑微的生命，上苍给它制作出来的居所却有多精致、多仔细、多么地一丝不苟呢？

比起贝壳里的生命来，我在这世间能停留的时间和空间是不是更长和更多一点呢？是不是也应该用我的能力来把我所能做到的事情做得更精致、更仔细、更加地一丝不苟呢？

请让我也能留下一些令人珍惜、令人惊叹的东西来吧。

在千年之后，也许也会有人对我留下的痕迹反复观看，反复把玩，并且会忍不住轻轻地叹息："这是一颗怎样固执又怎样简单的心啊！"

这篇短文寥寥几百字，写的是极其普遍的自然小景，然而却新气扑鼻，启人深思。对贝壳的精细描写固然有特色，而使文章大为增彩不同凡响之处，却是想象的开展。上苍给短暂和细小、脆弱和卑微的生命制作出来的居所是多精致、多仔细、多一丝不苟，联想到与贝壳的生命比，自己在世间停留的时间更长，空间更多，能做到的事应做得更精致、更仔细、更加一丝不苟。文章至此，对生活的积极进取态度已有所表现，但这样表达毕竟一般化，比较平面，缺乏深度。就在此时，作者的思想突然腾飞，腾飞到千年之后可能出现的情景，两个"反复"，一个"叹息"，就把一颗固执而简单的心生动地捧到了读者的面前。与"精致""仔细""一丝不苟"比，思想升华了，意味隽永了。

想象的"线头"是怎样拉开的呢?"触发点"就是一枚小小的贝壳,尤其是它精致的花纹、复杂的图样。面对着它,仔细观察,认真感受,深入思考,思想就离开眼前景展翅翱翔。

【习作评说】

觅

测验的日子越来越近了,可是脑子却专横地不许我接触书本。窗外的雨下个不停,教人心烦。我一丝劲儿也提不起,只好伏在案上,闭上眼睛……

不一会儿,灵魂好像离开了我的躯壳,飘啊,飘啊,飘到一个不知名的地方。

我伫立观望,只见村屋寥寥可数,阡陌整齐地把田地分割开来。农民背着太阳,把着耙子在犁地。老人在屋前的小园剪草栽花,畜栏中的鸭子和绵羊在相互嬉戏,好一幅农家乐的美景。温暖充盈在空气中,把我这孤单的人也感染了。

小溪波明如镜,水流渗出了一股清凉。清新的空气,不禁使我贪婪地吮吸起来。微风又把花香阵阵传送,我感到无比舒畅。偶尔捡起一块泥土,也是芳香扑鼻。我感到身上的每一毛孔都在享受着大自然释放的芬芳,像吃了灵丹妙药似的,全身十分受用。

我走进绿林,林里一棵棵树木上挂着累累的果实。我随手摘下数颗,放在怀中珍藏。

穿过绿林,我一口气爬上山坡,轻轻躺下,一边欣赏天地交接的壮观,一边欣赏云儿的变幻,奇趣无穷。

太阳在山坡后若隐若现,把彩霞衬托得更为绚丽。它们争妍斗丽,美不胜收。彩霞构成的图案是世界上最和谐最自然的,彩霞的颜色也是世界上最美丽最绚烂的。

"夕阳无限好,只是近黄昏。"黑夜从四周静悄悄地压过来,大自然依然弥漫着令人陶醉的气息。我虽没有床和褥,但田野为床,星空为被,榕树根为枕,足以使我安然入梦。

突然,一阵风刮来,把我吹醒。啊!身边的美景已无影无踪,我又返回到现实的繁华世界。

雨点把我的书本沾湿了,我把窗子关上。这一关,虽标志着梦中旅程的结束,但毕竟寻觅到向往已久的美妙世界。

我振奋精神,专心致志地复习功课。

陈淑华

这是一篇中学低年级学生的习作,内容是寻觅美妙理想的世界。作者寻觅的理想世界是风景优美的农家乐的清凉世界。

发挥想象,在头脑中开辟广阔的天地,是本文的明显特点。作者神游不知名的地方,看田舍风光,观小溪流水,嗅空气中芬芳,摘果实珍藏,赏天地交接的壮观、云儿变幻的奇趣,一个个具体、生动的形象纷至沓来,构成了美丽的画面,表达了喜悦的心情。

想象不受时间、空间的限制。文章从白天的欣赏自然风光写到夜晚的安然入睡,时间跨度大;由村落而小溪,而绿林,而山坡,而天地为被褥,空间不断转换。事实是:作者身在小屋,纹丝不动。很显然,想象比观察、感受更能扩展取材的领域。想象是以生活和知识为基础的,如果作者平时对田园风光不注意观察,不具备有关的知识,不管怎么想,也想象不出文中的众多形象,当然也不可能选择它们作为写作材料。

文中注意了想象景与实景的衔接。开头用"伏在案上,闭上眼睛"过渡到神游大自然;思想张开双翅翱翔后,又要妥帖地收回。结尾用风把自己吹醒,返回现实,目的就在于把梦境和实境衔接起来。

用梦境表现奇思幻想是文中展开想象的常用方法,但不用梦境同样可以充分想象,神话、传说、童话等,想象色彩都无比浓郁,许多真知灼见都是通过精彩纷呈的新形象表达出来的。文学作品如此,一般习作也可向这方面努力。下面是一篇习作:

假如我是一个可以同时生活在人间、仙境和地狱的人,那就好了,因为可以在不同的世界生活,看看不同世界的事物。

在人间可以过着繁荣、热闹的生活,可以结交不同个性的人,可以去许多地方游览,又可以有很多消遣,例如:逛街、看电影、游泳、旅行等,自由自在。

当烦恼时,可以到仙境,那里不会有烦恼,生活宁静安逸,所以人也特别快乐。

当自己想做坏事时,可以到地狱看看,看那些做了坏事的人,死后要受到怎样痛苦的惩罚,警惕自己不要这样去做,否则就会遭受同样的痛苦。

当然,这些地方也有各自的缺点。在人间,虽然可过着多姿多彩的生活,但是和人相处久了,不免会发生磨擦,会弄得自己很不开心。在仙境住久了,慢慢会因为太安逸而感到厌倦。在地狱,虽然可警惕自己,但目睹那种恐怖场景,心中十分恐惧。所以,住在哪处都有缺点。

我更希望有一处地方能汇集它们三处的优点,三处的优点是——繁荣、安宁、有警惕性。虽则繁荣,但不会有斗争;虽则安宁,但不会令人感到沉闷;虽则有警惕性,但不会令人惊慌。我想这样的地方会十分难找,因为没有一处地方是十全十美的。

人间、仙境和地狱,如真的要我选择,我当然会选人间,因为我居住在人间已十多年,对这里的环境已经适应。

不过以上只是一些幻想,我们应该要面对现实,不要只追求幻想,应当珍惜求学时光，勤奋学习，努力创造自己美好的理想。

戴恩霞

  这篇习作是香港一名中学生所写。《假如我是……》是近几年流行的作文题，这一类作文题给习作者自由思考的余地很大，习作者能充分发挥想象，超越自身的条件，超越时空的限制，写出动人的文章。

  常见的《假如我是……》，往往是把自己调换一个位置，或是教师，或是医生，或是营业员，等等，总是在人间，在地球上。这篇习作与众不同，习作者大胆想象，把自己设想为可以遨游于人间、仙境和地狱的人。既体会到这三处的特点，又看到它们的不足；既放开来大胆幻想，又收束到面对现实，落脚在及时努力的基点上，不落窠臼，给人以新鲜感。

  文章一起笔就引人注目。"一个可以同时生活在人间、仙境和地狱的人"，这明明不可能，但加上了假设的前提，这句话就无可置辩地站立起来，文章由此而展开。

  习作者用三段文字简述人间、仙境和地狱各自的优点和缺点，除对人间生活有粗浅感受外，仙境与地狱的情况纯属想象所得。习作者上赴仙境，下入地狱，为文章蒙上奇异的色彩。

  "选择"是从幻想回到现实的关键词，想象的翅膀收缩得比较巧妙。

  文章结尾拖沓无力，与全文思维的活跃情况大不协调。

【要语一束】

  广泛的取材来自作者丰富的想象。作者的思想插上双翅在天地之间遨游，就能创造出一个又一个美丽生动的形象。

  想象不是胡思乱想，想象的内容来自现实生活，生活和知识是想象的基础。

  要善于选择想象的"触发点"，从眼前的所见所闻出发，拉开想象的线头,"思接千载""视通万里",浮想联翩。

眼前的实景与想象中的虚景要注意过渡、衔接,既巧妙地渡过去,又妥帖地渡过来。

想象和联想有联系,又有区别。联想基本在由此及彼的轨道上运行,而想象是不定向的、跳跃式的、自由自在的。联想是想象的基础,想象是联想的升华。

想象力的提高靠生活材料的积累、知识的储存与运用,以及想象的训练。

六　情真意切，语重心长
——用真情浇铸

"起来，不愿做奴隶的人们，把我们的血肉，筑成我们新的长城……"每当唱这首国歌时，我们就热血沸腾，热爱祖国的感情充盈胸际。半个多世纪以来，这首歌教育和动员了亿万人民，抗击侵略者，建设新中国。为什么它有如此惊人的号召力和巨大的凝聚力？那是因为词、曲的作者田汉与聂耳对日本侵略者满腔愤恨，对祖国对人民满腔深情；词、曲是内心情感的喷射，是用真情浇铸而成。

"感人心者，莫先乎情。"没有情，就没有感动人的诗，没有感动人的歌，同样，也就写不出好文章。文章不是无情物，任何一篇佳作都是作者情动于中的产物。

【文心絮语】

文章是客观事物的反映。写作的人要反映大千世界中纷繁的客观事物，必然在观察、感受、思考的基础上有自己鲜明的态度。或爱，或恨，或悲，或喜，或赞扬，或批评，或同情，或厌恶……把这些用文字真实地表达出来，就是有真情实感的文章。这样的文章就有生命力，就能引起读者的共鸣。

情要真。虚情假意犹如剪刻的纸花，没有生命的活力。情真意切的文章，流传千古仍能熠熠发光彩。诸葛亮的《出师表》就是语重心长、真挚感人的典范。后主刘禅昏暗不明,诸葛亮出师之前上奏表要后主实行明智治国,有所作为。从分析形势到进言劝谏,到出师明志,到临别寄情,全文624个字,句句恳切,字字真诚,感人至深。"亲贤臣,远小人,此先汉所以兴隆也;亲小人,远贤臣,此后汉所以倾颓也。先帝在时,每与臣论此事,未尝不叹息痛恨于桓、灵也。侍中、尚书、长史、参军,此悉贞良死节之臣,愿陛下亲之信之,则汉室之隆,可计日而待也。"作为刘备临崩托孤的老臣,对受托辅助的幼主激励、启发,期望之殷殷,情意之恳切,在字里行间洋溢。前人说,读《出师表》而不流泪的不是忠臣,可见"情"在文章中的重要作用。

这是大而言之就国事来谈"情",小而言之,乡情、亲情、师情、友情等,无不如此。白居易说:"根情,苗言,华声,实义。""根情","情"是文章的根本,是写文章的基本要求,作者内心有饱满的感情,由衷地倾吐,笔端就会情满青山,情满大海。香港作家黄河浪在《故乡的榕树》一文中饱含的游子思乡之情十分感人。久居异乡的作者围绕故乡的榕树描述有关的人和事、景和情,抒发了长期积蓄在心头的怀念、眷恋故乡的深情。特别是:

苍苍的榕树啊,用怎样的魔力把全村的人召集到膝下?不是动听的言语,也不是诱惑的微笑,只是默默地张开温柔的翅膀,在风雨中为他们遮挡,在炎热中给他们阴凉,以无限的爱心庇护着劳苦而淳朴的人们。

……

"爸爸,爸爸,再给我做几个哨笛。"不知什么时候,小儿子也摘了一把榕树叶子,递到我面前,于是我又一叶一叶卷起来给他吹。那忽高忽低、时远时近的哨音,弥漫成一片浓浓的乡愁,笼罩在我的周围。故乡的亲切的榕树啊,我是在你绿荫的怀抱中长大的,如果你有知觉,会知道我在这遥远的异乡怀念着你吗？如果你有思想，你会像慈母一样，思念我这漂泊天涯的游子吗？

从这两段文字中，我们能清晰地感受到作者的思乡恋情如潮水一般往笔端涌。先是竭力赞颂苍苍榕树对故乡人的爱心和功绩，把"默默地张开温柔的翅膀"的形象展现在读者的眼前，赞的是苍苍榕树，寓含的是思乡情意。乡思、乡情、乡恋，只靠榕树还难以承担，于是借哨音进一步倾注，进一步渲染。哨音由榕树叶子派生而出，而恋乡之情的种子也就随着哨音的飘扬播种到下一代的心中，情往纵深发展。怎样才能尽情地吐露衷肠呢？作者对榕树细语，巧妙在不是对榕树抒思念之情，而是设想树有情有意，既像慈母一样思念天涯游子，又知道天涯游子思念母亲。游子恋故乡，故乡思游子，心心相印，眷恋故土的感情推向高潮。

有些文章语言平实，但寓含的情意非常深厚，认真咀嚼，意味无穷。毛泽东1939年1月30日给徐特立的信，一开始就浸透了真挚的师生情谊。信上说："你是我二十年前的先生，你现在仍然是我的先生，你将来必定还是我的先生。"毛泽东是中国人民的伟大领袖，对教过自己的老师尊重、敬佩的深情，通过极其朴实而深沉的语言表露出来，具有广大而深远的教育意义。

感情的抒发有种种不同的方式，有直接倾吐，有间接表达。采取什么方式，由写作内容和写作目的决定。

直接倾吐是作者胸中激情难以遏制，直接从心底喷涌而出。采用这种方式，往往是感情极度强烈，不抒发难以平抑胸中的波涛。闻一多《最后一次讲演》就是如此，如岩浆迸发，愤怒的火焰直射国民党反动派。现摘引两段来看：

这几天，大家晓得，在昆明出现了历史上最卑劣最无耻的事情！李先生究竟犯了什么罪，竟遭此毒手？他只不过用笔写写文章，用嘴讲讲话，而他所写的，所说的，都无非是一个没有失掉良心的中国人的话！大家都有一支笔，有一张嘴，有什么理由拿出来讲啊！有事实拿出来说啊！（闻先生声音激动了）为什么要打要杀，而且又不敢光明正大地来打来杀，而偷偷摸摸地来暗杀！（鼓掌）这成什么话？（鼓掌）

今天，这里有没有特务？你站出来！是好汉的站出来！你出来讲！凭什么要杀死李先生？（厉声，热烈地鼓掌）杀死了人，又不敢承认，还要诬蔑人，说什么"桃色事件"，说什么共产党杀共产党，无耻啊！无耻啊！（热烈地鼓掌）这是某集团的无耻，恰是李先生的光荣！李先生在昆明被杀，是李先生留给昆明的光荣！也是昆明人的光荣！（鼓掌）

这两段话句句铿锵，掷地有声，是因为发自讲演者的肺腑，是因为爱国心的驱使，是因为对反动派刽子手极端的愤恨。正是有凛然的正气，火一般炽烈的感情，所以语言一泻而下，势如破竹，把敌人卑劣无耻的行径昭示天下，博得了广大听众的支持和共鸣。以情激情，有巨大的感染力。由于激情往外涌，故多用短句，多用带有感叹词语的句式来表示。

直抒胸臆可以高亢，雄壮，言辞激烈，也可以舒缓，优美，语言如小河淌水。如德国大文豪歌德在《浮士德》诗剧中写的抒情小诗《纺车旁的格蕾辛》，至今流传不衰。小诗开头几节是：

<blockquote>
我失去安宁，
内心烦闷；
要找回安宁，
再也不能。
</blockquote>

> 他不在身旁，
> 到处像坟场，
> 整个世界
> 使我伤怀。
>
> 我可怜的头
> 疯疯癫癫，
> 我可怜的心
> 碎成万段。

这些诗句完全是倾吐心声，直抒胸臆的。少女格蕾辛邂逅浮士德，一见钟情，回家以后纺织时思念浮士德，用诗句直接抒发烦闷的感情。这首小河淌水般的细细诉说的诗，在德国几乎是无人不知的。

间接抒情是作者不直接吐露感情，而是有所假借，把要表达的感情依附于景、物、人、事，曲折含蓄地加以抒发。常用的方法有：

触景生情，借景抒情。作者把内心的感情通过眼前景抒发，胸中有动情之景，笔下就有动情之文。如鲁迅在《故乡》一文开始时的景物描写，就是情透纸背，令人悲凉。"我冒了严寒，回到相隔二千余里，别了二十余年的故乡去。时候既然是深冬，渐近故乡时，天气又阴晦了，冷风吹进船舱中，呜呜的响，从篷隙向外一望，苍黄的天底下，远近横着几个萧索的荒村，没有一些活气。我的心禁不住悲凉起来了。"作者用白描的手法绘出眼前的景物。天色苍黄，冷风呜响，荒村萧索，一片凄苦、荒凉景象。见到这肃杀景象，心底涌上悲凉，触景生情；返回故乡，见故乡衰落、破败，心情悲凉，不能自已。作者借荒凉之景抒悲凉之情，淡淡的笔触传出压抑的情感。

情景交融，物我双会。清初大学者王夫之曾这样说："情、景名为二,而实不可离。神于诗者,妙合无垠。巧者则有情中景,景中情。"这就告诉我们,情与景是分不开的,景中有情,情中有景,物中有我,我中有物,交融在一起,给人以美的享受。如描绘"紫藤萝瀑布"有这样两段文字:

每一穗花都是上面的盛开、下面的待放。颜色便上浅下深,好像那紫色沉淀下来了,沉淀在最嫩最小的花苞里。每一朵盛开的花就像是一个张满了的小小的帆,帆下带着尖底的舱,船舱鼓鼓的;又像一个忍俊不禁的笑容,就要绽开似的。那里装的是什么仙露琼浆?我凑上去,想摘一朵。

但是我没有摘。我没有摘花的习惯。我只是伫立凝望,觉得这一条紫藤萝瀑布不只在我眼前,也在我心中缓缓流过。流着流着,它带走了这些时一直压在我心上的焦虑和悲痛,那是关于生死谜、手足情的。我沉浸在这繁密的花朵的光辉中,别的一切暂时都不存在,有的只是精神的宁静和生的喜悦。

作者着力描绘藤萝盛开的景象,人在花中立,花在人心上。花舱鼓鼓,装的哪里是什么仙露琼浆,分明是作者满腔喜悦里面藏;紫色的藤萝瀑布流淌,既是眼前实实在在的美景,又是清除心中焦虑和悲痛的神浆。花本无情,作者把自己的感情注入花的身上,使得花也解人意、通人情。情与景交融,是写景的语言,也是写情的语言,一切景语都是情语。"我沉浸在这繁密的花朵的光辉中"一句,写景抒情境界全出。其他一切都忘却,都不存在,只有"精神的宁静和生的喜悦",是"我"的,也是"花"的,物我双会,情景交融。

即事抒情,寓情于理。叙事、记人、说理、议论,同样需真情浇铸。作者不直接吐露感情,而是寓感情于所叙、所记或所议的对象之中,在字里行间自然地流露。法国19世纪伟大作家雨果在《九三年》这本小说中有这么一段话:"我的想法是:永远前进。如果上帝要人后退的话,他就会使人的脑后长着眼睛。我们必须永远朝着黎明,朝着青春和生命那方面看。倒下去的正是鼓励站起来的,一棵老树的破裂,就是对新生的树的号召。"这段议论文字,情寓其中,作者对生活的热爱,对生活积极奋进的态度,通过形象的议论表达出来。

抒情不能无病呻吟,矫揉造作。古人说:"为情而造文。"情动于中而言溢于外,才能写出情意双佳的好文章。千万不能"为文而造情",为了写文章而造感情。《庄子·渔父》中对这个问题曾有精辟的论述:"不精不诚,不能感人,故强哭者虽悲不哀,强怒者虽严不威。"写文章贵在至诚,用真心去写,用真情去写。只有自己投入,自己为景为物为人为事所感动,写出来的文章才能感动人;勉强装哭装笑装喜装怒,除了令人捧腹乃至作呕外,别无好效果。须知:虚情无根。

文中表露的情感应健康、向上、积极、明朗、高尚,应有自己的独特性。同是玫瑰花,热烈、绚丽是它们共同的特点,但每一朵又有它各自的美姿,捉住了这独特的美姿,才显示个性特征,分外感人。鲁迅在《故乡》中抒发的感情和黄河浪在《故乡的榕树》中抒发的感情,尽管都是眷念故土,但由于时代不同,个人经历与处境迥异,抒发的感情个性鲜明,有各自的独特性。正是这种独特的感情使文章闪发光彩,打动读者的心。

情感不是凭空而来。丰富的情感来自生活,来自积累。生活是情感的源泉,情感的基础。热爱生活,深入生活,了解生活的人和事,景和物,对改革开放大浪潮中涌现的新事物有感受、体验,情思就会绵绵不断,写出情真意切的好文章。

【佳作借鉴】

雨 果 的 信

先生,您征求我对远征中国的意见。您认为这次远征是体面的、出色的。多谢您对我的想法予以重视。在您看来,打着维多利亚女王和拿破仑皇帝双重旗号对中国的远征,是由法国和英国共同分享的光荣,而您想知道,我对英法的这个胜利会给予多少赞誉。

既然您想了解我的看法,那就请往下读吧:

在世界的某个角落,有一个世界奇迹。这个奇迹叫圆明园。艺术有两个来源,一是理想,理想产生欧洲艺术;一是幻想,幻想产生东方艺术。圆明园在幻想艺术中的地位就如同巴特农神庙在理想艺术中的地位。一个几乎是超人的民族的想象力所能产生的成就尽在于此。和巴特农神庙不一样,这不是一件稀有的、独一无二的作品;这是幻想的某种规模巨大的典范,如果幻想能有一个典范的话。请您想象有一座言语无法形容的建筑,某种恍若月宫的建筑,这就是圆明园。请您用大理石,用玉石,用青铜,用瓷器建造一个梦,用雪松做它的屋架,给它上上下下缀满宝石,披上绸缎,这儿盖神殿,那儿建后宫,造城楼,里面放上神像,放上异兽,饰以琉璃,饰以珐琅,饰以黄金,施以脂粉,请同是诗人的建筑师建造一千零一夜的一千零一个梦,再添上一座座花园,一方方水池,一眼眼喷泉,加上成群的天鹅、朱鹭和孔雀,总而言之,请假设人类幻想的某种令人眼花缭乱的洞府,其外貌是神庙,是宫殿,那就是这座名园。为了创建圆明园,曾经耗费了两代人的长期劳动。这座大得犹如一座城市的建筑物是世世代代的结晶,为谁而建?为了各国人民。因为,岁月创造的一切都属于人类。过去的艺术家、诗人、哲学家都知道圆明园;伏尔泰就谈起过圆明园。人们常说:希腊有巴特农神庙,埃及有金字塔,罗马有斗兽场,巴黎有圣母院,而东方有圆明园。要是说,大家没有看见过它,但大家梦见过它。这是某种令人惊骇而不知名的杰作,在不可名状的晨曦中依稀可见。宛如在欧洲文明的地平线上瞥见的亚洲文明的剪影。

这个奇迹已经消失了。

有一天,两个强盗闯进了圆明园。一个强盗洗劫,另一个强盗放火。似乎得胜之后,便可以动手行窃了。对圆明园进行了大规模的劫掠,赃物由两个胜利者均分。我们看到,这整个事件还与额尔金的名字有关,这名字又使人不能不忆起巴特农神庙。从前对巴特农神庙怎么干,现在对圆明园也怎么干,只是更彻底,更漂亮,以至于荡然无存。我们所有的大教堂的财宝加在一起,也许还抵不上东方这座了不起的富丽堂皇的博物馆。那儿不仅仅有艺术珍品,还有大堆的金银制品。丰功伟绩!收获巨大!两个胜利者,一个塞满了腰包,这是看得见的,另一个装满了箱箧。他们手挽手,笑嘻嘻地回到了欧洲。这就是这两个强盗的故事。

我们欧洲人是文明人,中国人在我们眼中是野蛮人。这就是文明对野蛮所干的事情。

将受到历史制裁的这两个强盗,一个叫法兰西,另一个叫英吉利。不过,我要抗议,感谢您给了我这样一个抗议的机会。治人者的罪行不是治于人者的过错;政府有时会是强盗,而人民永远也不会是强盗。

法兰西帝国吞下了这次胜利的一半赃物,今天,帝国居然还天真地以为自己是真正的物主,把圆明园富丽堂皇的破烂拿来展出。我希望有朝一日,解放了的干干净净的法兰西会把这份战利品归还给被掠夺的中国。

现在,我证实,发生了一次偷窃,有两名窃贼。

先生,以上就是我对远征中国的全部赞誉。

维克多·雨果

1861 年 11 月 25 日于高城居

维克多·雨果是 19 世纪法国著名的浪漫主义诗人和作家,这封信选自他的《言行录》。1860 年 10 月英法联军疯狂地焚毁了圆明园,并以此为荣耀,雨果在事情发生以后的第二年,写信给巴特勒上尉,严正地表明自己的观点。

信从头至尾充满了凛然正气。侵略者想从他那里获得"赞誉",而他义正词严,谴责英法两个强盗劫掠的野蛮行径,谴责他们焚毁了亚洲文明的奇迹,断言他们将受到历史的制裁。"我要抗议,感谢您给了我这样一个抗议的机会。""现在,我证实,发生了一次偷窃,有两名窃贼。"……一句句,一行行,浸透了对侵略者的憎恨,真是义愤填膺,洋溢满纸。

信中对东方艺术瑰宝尽情歌颂。站在东方艺术和西方艺术总体特征的高度进行比较,由衷地赞美圆明园这座世界名园的艺术价值。"请您用大理石,用玉石,用青铜,用瓷器建造一个梦","饰以琉璃,饰以珐琅,饰以黄金,施以脂粉","请同是诗人的建筑师建造一千零一夜的一千零一个梦,再添上一座座花园,一方方水池,一眼眼喷泉",运用排比、叠词等手法形成气势,使胸中热爱人类艺术珍品的高尚感情在笔端倾泻、奔腾。

信中对被损害被掠夺的中国人民寄予深切的同情。有的用反语揭露强盗的行径的同时,为中国人伸张正义,如"我们欧洲人是文明人,中国人在我们眼中是野蛮人。这就是文明对野蛮所干的事情"。有的是直接表露自己的心愿,如"我希望有朝一日,解放了的干干净净的法兰西会把这份战利品归还给被掠夺的中国"。

这封信感情真挚,爱憎分明,敢怒,敢言,敢歌,敢赞,谴责深刻,赞美至诚。这是因为:作者胸中充满了正义感,崇尚正气,憎恨邪恶;作者有广博的知识,对东西方建筑杰作深知底里;作者语言精辟,把热爱、愤恨、憎恶、同情等极其复杂的感情表达得淋漓尽致。

【习作评说】

书　房

　　我家有一座土房子,我们称它书房。

　　房子不大,多大？十几平方米。一门一窗,什么木质已看不出,也是饱经风雨,不过依然结实。门上横着一行字,"苦味书斋",半行半草,是爸爸的手迹。

　　房外树不多,所以尽管房子不高,里面却不怎么暗。正对门一张八仙桌,两把竹椅对称在两边。墙上是一幅画,是岳飞按剑的怒容,"还我河山"的劲草悬在正中。这原是一幅中堂,现在只剩下了它,年深日久,纸黄了,暗淡了。

　　临窗,也有一张桌子,条开的。一行书,竖在桌上,靠在墙上,很整齐。旁边是笔筒,几支半秃的毛笔特别显眼。如果说有香味的话,那是桌子两头的花发出的。说是花,其实是草,从盆面扶疏而上,顶上挑几朵细碎的小花。花不名贵,但的确有生气,春去秋来,不太需要照料。

　　斜对桌子的墙上,挂的是国画两幅,一幅墨竹,一幅兰花。竹子郁郁两竿,大有郑板桥的风骨；兰花斗艳几支,仿佛能嗅出香味。也有相配的对子：竹瘦骨节直,兰幽岁月久。这是爷爷的挚友赠送的,原是四幅。"文革"中失去了两幅,却没找回。

　　苍苔有忆,当记得这书房的风雨半世纪。当年,这书房是爷爷逃避富户家庭的喧闹,读书、练字以求宣泄郁闷的地方,只有当爷爷成了村里第一个共产党员时,这里便不再单单是书房。一盏古式油灯,照亮了多少人的心,产生了多少"还我河山"的大计,迎来了天安门站起的呼声。

　　书房有灵,爷爷去当学校校长后,爸爸又继续刻苦读书,青灯夜宵,寒窗几载,爸爸又考上了大学,四年后分配到县重点中学教物理。那时候,书房是加油站,给爷爷、爸爸以燃烧的信心。

恶风挟雨的十年之始,爷爷被掀翻,一夜之间竟成了"叛徒""特务",爸爸也相应地由县贬到家乡小学代课。那时候,震怒的是天,呼喊的是人。书房依然油灯不泯,相对无言的父子,多么迷惘、疑惑……寻而未竟,爷爷便与世长辞了。书房也一遍遍地受到清洗,所剩无几。不善言谈的爸爸,更加沉默,像一尊雕像。

应当感谢春天,那时爷爷名字上的污物被清洗掉,有一个人还专门来问有哪些困难,有哪些要求。那时爸爸只笑了笑(那是宽容和理解),说只要把书房原来的东西找回来,就无他求了。

爸爸也许不幸,从高中教师跌到小学一年级代课,然后又走石级一样,每年升高一级,在书房里活动,既不参加批斗,又不参加"四清"的狂热活动,他对书房有一种特殊的感情。至今,一中想调爸爸回去,他也不去了,一半是因渐渐虚弱的身子,不胜奔波,一半是对书房的眷恋。

书房,苦苦乐乐,两代人,两代教书匠。

一张书桌,爸爸在那头,我在这头。年终,看爸爸把我的荣誉证书压在他的上面,我笑,他也笑。

"高三了?!"有一天他突兀地说。

"高三了!"我轻轻地说。

"准备考的专业是什么?"

"来个冷门吧,师范?我也真喜欢它。"

"报纸上不是说了,有许多老师现在都在校园里经商了?我担心你,如果卖冰糕的话,还不都化成了水?"

"您不也没有卖冰糕吗?好多人由于'近视'而不报考师范,总会后悔的。中央说百年大计,教育为本,已说明了教师……"

爸爸开始微笑,用手抚着我的头。

"你长大了。"

是的，我长大了，是在书房里长大的。我这样想。

张立平

直抒胸臆的文章能使人热血沸腾，激情满怀，在胸中掀起强烈的震荡；借物抒情、寓情于事的文章貌似平静，而实际上感情的波涛在字里行间奔流，叩人心扉，催人泪下。

《书房》这篇习作就是后一种情况，深沉的感情附着在物上、在事上，含蓄而曲折地表达。

一间十几平方米的书房，装着半个世纪的风风雨雨，三代人的信念、苦难和希望。习作者用相当多的笔墨描绘这座土房子，从门窗的"饱经风霜"，半行半草的"苦味书斋"，岳飞按剑的"怒容"，"还我河山"的劲草，墨竹、兰花的国画，到"竹瘦骨节直，兰幽岁月久"的对子，无不寓含深意。写的是"物"，象征的是"人"，抒发的是"情"。字字写物，笔笔抒情，借书房、斋名、画像、劲草、国画、对子等物，抒发对爸爸、爷爷的怀念和敬意。

文章的后半部分着力叙事。从宣泄郁闷到油灯下产生许多"还我河山"的大计，从寒窗苦读到燃烧信心，从掀翻在地到被贬回乡，从污物清洗到家乡任教，是两代人的苦苦乐乐，也是书房的苦苦乐乐，苍苔有忆，书房有灵，书房与两代主人同命运。习作者把起伏的感情、悲喜的感情寓于事情的叙述之中，对爷爷、爸爸执着追求事业的精神，遭迫害坚强不屈的意志由衷的崇敬，含而不露，情深意长。

年终书房内一席对话，把祖孙情、父子情推向新的高度。两代人倾心教育事业的情神，撒播到第三代人的心中，生根，发芽，开花。亲情融于事业情之中，深厚沉重，地久天长。

没有认真的生活态度，没有扎实的生活积累，没有对事业、对爷爷和爸爸敬爱的真情，就写不出如此情真意切的文章。

这篇文章抒发情感以深沉含蓄见长,有的虽也是借景借物抒情,但十分显露,令人一读就受感染。

在我生长的土地上

我出生在偏僻的皖南山区,那里众多的山峰以它的粗犷、俊秀洗涤了我的童心;悠悠的白洋河以它的奔放、细腻陶冶了我的性格。12个春秋,使我在一块土地上拥有了一段一尘不染的记忆……

我们那个村叫花园沟,村旁的那小山叫花园峰。不知是村子因小山得名,还是小山因村子得名。春天时节,漫山遍野,点缀着数不清的花:花骨朵花儿、喇叭筒、小黄瓣儿……大都叫不上名,透红的、蓝紫的、淡黄的、银白的……各式各样,惹人喜爱。春末夏初,正是它们含苞竞放之时,每逢这时候,我们孩子就仨一伙俩一串儿,成群结队上山了。那火红,那金黄,挤得你满眼都是。我们忍不住喊一声"采",就满山坡跑开了。看谁采得快,比谁采得多。有的捆成一束,有的做成花环,更多的是装满小篮子。下山了,每人举着自己的收获——耀眼的鲜花,沿着山径向下跑,兜着山风,远远望去似一条美丽的花沟,蹬着绿波,荡下来,夹杂着稚趣的欢声荡下山来……采的花拿回来,摘下朵儿晒干便可炒来吃,味儿也鲜美。盛在盆里黄莹莹、红鲜鲜,是我采的,每次妈妈总要多夹几筷儿给我……爸爸常说童年的我是山的女儿,的确如此。可是人终究会长大,到了该上学时,我便不得不离开小山,离开经常往来于村边的那条小路……

家乡的小路是平凡的,时而平坦,时而坎坷,时而通直,时而弯曲。路的两边是优美的田园风光。路旁竖着两排年轻的白杨,小路上印满我求学时的足迹,洒有我辛勤的汗水。当我第一次被送上这条弯弯曲曲的小路,路边的风光令我陶醉,转过一个弯,又是一个弯。我问爸爸:"小路为什么有这么多弯呢?"爸爸笑而不答,只是领着我不停地走……

终于，小路不管怎样弯来弯去，还是把我们引到了目的地。于是，无知的我在这块土地上迈出了幼稚与探求的步伐。此时的小路似我的亲密伙伴，如果说大地是琵琶，小路是弦，那我则是弦上跳动的音符。我不停地向它炫耀新学来的公式、定理，向它讲述着美妙的安徒生童话，为它背诵着李白、杜甫的诗，向它述说着雷锋、张海迪，叙述着生命的故事……这条小路洒满了我愉快的歌声。那时，这块土地带给我的似乎只有快乐。难道生活就是这蓝天、白云和花朵？我问小路，小路无语；我问秋天的白杨，金黄色的树叶依然悠闲地纷纷飘落。

岁月像村边的白洋河淙淙流过，刚刚读了一年书的我，又有一种新的向往，站在那鲜红的队旗下举起右手，向往着胸前佩戴上美丽的红领巾。于是我努力，刻苦，终于，我被提名了，和其他三位同学一起。想到马上就能成为一名少先队员，我光荣，我兴奋，好几次都在梦中笑出声来。可是，世上有好多事往往不像想象的那么一帆风顺，正如我生长的这块土地，变化起伏。这个浅显的道理，这时我才得到印证，我不得不清醒地面对事实：第一批少先队员名单上并没有我的名字！当时，我幼小心灵中的一切希望成为泡影，我第一次尝到了失败的痛苦。

风风雨雨，日月更替，转眼我12岁了。为了追求一种新的目标，为了寻求那些这块土地上不能满足我的知识，我离开了花园沟，离开了像母亲般爱抚我的山山水水，告别了似挚友般伴我成长的弯弯小路，带上了这儿给我的欢欣和眼泪，上路了……眼泪禁不住地淌。12岁，12年了，毕竟已经懂得了留恋……

即便是如今，我仍为自己庆幸，比那些仅仅拥有洋娃娃的孩子们多了一份美好的记忆，一份可贵的财富。可得好好感谢您，抚育了我12年的皖南——我生长的土地。

读这篇习作，孩童成长中的欢乐如阵阵温馨的风迎面扑来，令人心醉。

　　山上游玩的欢乐,以漫山遍野的花衬托,以缤纷耀眼的色彩渲染,"那火红,那金黄,挤得你满眼都是",短短一句,热闹非凡。成群结队上山,满山坡采花,兜着山风荡下山,花朵晒干尝鲜美,借花的世界传递按捺不住的心头喜悦,欢乐之情在字句间跳荡。

　　情播弯弯曲曲的小路是文中最精彩的笔墨。"如果说大地是琵琶,小路是弦,那我则是弦上跳动的音符",形象而生动的比喻,不仅道破三者之间的亲密关系,而且表露了"我"在"弦"上跳动的欢乐。"音符"怎样跳动的呢?"炫耀""讲述""背诵""述说""叙述",一次次倾诉,是展示求知的收获,是吐露成长的欢欣,情注小路,小路有情,一路行走一路情。

　　情系小山,情系小路,抒发了习作者对故土的热爱,对抚育自己成长的土地的眷恋。感情是真挚的,发自肺腑的,因而也是感人的。

　　毕竟出于12岁初中学生稚嫩的手,文中有表达欠贴切之处也就不足为怪。如文章后半部分比较拖沓;有些词语用得不恰当,"洗涤""一尘不染"等;省略号用得多,有的地方没有必要用。

【要语一束】

　　"感人心者,莫先乎情。"

　　文章不是无情物,任何一篇佳作都是情动于中的产物。

　　写文章必须在"情"上下功夫,只有用真情浇灌,写的文章才有活泼泼的生命力和感染力。

　　应"为情而造文",因心中有感情的冲击波,而流入笔端,形成文章;不能"为文而造情",不能为了写文章而造假情、虚情、浮情。虚情假意,矫揉造作,只能使文章减色。

　　生活是激起感情的源泉和基础,感情来自对生活的热爱和思考,来自对理想的憧憬和追求。

即事抒情,借景抒情,托物抒情,寓情于理等,是间接抒情;直抒胸臆是直接抒情。不管采用何种方法,都应写出独特的感受,独特的感情。

七　立意高远，画龙点睛
——确立"主心骨"

阅读中我们常会碰到这样的情况：有的文章使人振聋发聩，读后或兴奋不已，或回味无穷；有的文章虽语言顺畅，但淡而无味，读后脑子里没留下半点痕迹。造成这两种迥然不同的阅读效果，原因固然很多，其中最为重要的当是"意"的差别。

任何文章都是内容和形式的统一体，思想内容是灵魂，语言文字形式为内容服务。思想内容闪光，再佐以准确、优美的文字，文章就能征服读者，给读者以启迪，以感染。

初学写作的青年学生须懂得：要写出有质量的好文章，须花大气力确立文章的"主心骨"，力求在"意"上取胜。

【文心絮语】

明末清初大学问家王夫之曾这样说："无论诗歌与长行文字，俱以意为主。意犹帅也；无帅之兵，谓之乌合。"话很简短，但极其深刻地阐述了"意"在诗文中的地位和作用。

文章的"意"，就是通常说的文章的主旨、文章的主题、文章的中心，也就是作者写文章的意图或宗旨。作者写文章总有一定的意图，无论是反映生活现象，说明纷繁的事物，还是议论种种问题，总想告诉人们什么，总有个目的意图，目的意图明确，文章就有了"主心骨"，就能站立起来。

"意"确立得如何,对文章全局起很大作用。"意"犹帅也,"意"是一篇文章中的统帅。一支军队没有统帅,士兵再多,也不过是松散杂乱的乌合之众,缺乏战斗力。写文章道理相似。缺少主旨的文章,即使材料丰富,也会杂乱无章,甚至不知所云。

"意"统率材料,决定材料的取舍。生活中、书本中可入文章的材料极多,选用什么,舍弃什么,哪些多选,哪些少选,哪些不选,唯一的依据就是文章的"意"。文章的主旨需要哪些材料来表达,就选取哪些材料。选入文章的材料一经"意"来统率,就变得有生命力,形成完整、有机的统一体。比如鲁迅的《从百草园到三味书屋》,材料十分丰富,单是百草园的景物就有碧绿的菜畦、光滑的石井栏、高大的皂荚树、紫红的桑葚,就有蝉、黄蜂、叫天子、油蛉、蟋蟀、蜈蚣、斑蝥,就有何首乌藤、木莲藤、覆盆子,就有拍雪人、塑雪罗汉、雪地捕鸟。三味书屋涉及的材料有匾、画、孔子牌位,有拜师情景;学生读先生指定的书,不准提书外的问题;打戒尺、罚跪、瞪眼;先生入神朗读,学生人声鼎沸;在指甲上做戏,描绘小说绣像,溜到书屋后面的小园里玩耍;等等。这些材料看起来似乎很散,有的几乎互不相干,但作者用"意"来统率,材料就组合成有机的整体。文章的主旨在表现儿童热爱大自然、喜欢自由快乐生活的心理,表示对束缚儿童身心发展的封建教育的不满。正是由于确立了这样的"意",百草园所有的景物才被统率起来了,有声有色有趣,百草园才成了儿童的乐园;三味书屋的种种材料也被统率起来,充分反映了私塾学习生活的单调枯燥。两相对照,喜爱什么,不满什么,十分清楚。

"意"决定文章的结构。文章是一个整体,由许多部分组成,各个部分在文中处于怎样的位置,又怎样组合在一起,须遵循一定的原则、一定的规律。这些原则与规律都离不开"意"的主宰。作者要表达怎样的写作意图,就按照怎样的意图搭文章的框架,安排详略疏密。例如:同是以老师为题材,鲁迅的《藤野先生》和魏巍的《我的老师》结构就很不相同。鲁迅怀念藤野先生,是因为藤野先生朴质正直,没有民族偏见,写作的意图是把对往事的回忆和现实的斗争结合起来,借以策励自己。出于这个意图,文章才以他的思想变化为线索,按时间顺序组织材料,表露拯救民族、弃医从文的决心。《我的老师》回忆了二十多年前的三位老师,目的在抒发自己对老师的怀念和尊敬,因此把三位老师的教学生涯的片断材料用并列的方式结构起来。其中写蔡老师的可独立成篇。

"意"指挥语言的运用。语言是表达情意的工具,有"意"才有"辞",不是有"辞"才有"意"。怎样运用语言,怎样遣词造句,都由作者的思想见解——文章的"意"调遣,离开"意",只追求辞藻,就会形成互不相干的词句的堆砌。

综上所述,文章的"意"关系文章的全局,材料的选择、篇章结构的安排、语言的运用,都受"意"的统率,"意"在文章中是发号施令的"将军"。

"意"在文中既然如此重要,写文章就必须认真立意。立意,就是确立文章的主旨、文章的中心思想。确立主旨或中心思想时应符合以下基本要求:

第一要正确。写文章是件严肃的事,无论写给谁看,都要正确地反映客观事物。列夫·托尔斯泰是俄国大文豪,他对自己写作曾作了这样的规定:"主题必须是崇高的。"要达到"崇高"的目标,首要是正确。要正确,就要锻炼自己的思考力。面对纷繁复杂的社会现象,要能鉴别,要能分析,要能区别正误,分清美丑,只有认识正确,文章的"意"才能立得正确。一般说来,青少年学生写作文不会故意颂扬错误的、丑陋的、肮脏的,文章的中心思想常是积极的、健康的、向上的,讴歌祖国大好山川,赞颂社会主义精神文明。但是由于年龄、知识水平及生活经验等种种原因,学生作文在立意时常有认识偏颇、考虑不周而发生"意"的偏差乃至错误的情况,须多加注意。比如写《开卷有益》的作文,有的学生确立的中心思想是:凡是书,读了就有益处。这显然不妥当。书籍中有好书,有坏书。好书是精神食粮,读了可以开阔眼界,增长知识,启迪思维,陶冶思想情操;坏书诲淫诲盗,读了必会侵蚀思想,吞噬心灵,有害无益。文章的"意"确立为"开卷未必有益,读优秀读物才能受到教益"就正确了。文章的"意"如果不正确,文章就倒了。如果是应考,那就全盘失分。

第二要深刻。立意切忌"庸人思路",大家都能描写的现象,大家都能说的肤浅的道理,作为文章的"意",文章等于不写,是多余之物。要锻炼自己的眼力,透过现象看到事物的本质,不能为现象所迷惑。要对所写的事物认真观察,仔细认识,反复研究,力求自己有独特的感受,独特的见解,见别人之所未见,别人浅见我深见,别人少见我多见。这样立的"意",就能切中事物的要害,醒人耳目。例如著名女作家聂华苓写的《人,又少了一个》,刻画了一个女乞讨者的形象。第一次来乞讨时,这个女乞讨者说的是:"我不是叫花子,我只是要点米,我的孩子饿得直哭……""我只要米,不要钱,我不是叫花子,我是凭一双手吃饭的人!太太!唉!我真不好意思,我开不了口,我走了好几家,都说不出口,又退出来了!我怎么到了这一天……""这怎么好意思?您给我这么多!这怎么好意思!谢谢,太太,我不晓得怎么说才好,我——直想哭!"三年后这个女人来乞讨时情况是:门内一声吆喝,"一角钱拿去!走,走,谁叫你进来的?你这个女人,原来还自己洗洗衣服赚钱,现在连衣服也不洗了,还是讨来的方便!"那女人笑嘻嘻的:"再赏一点吧,太太,一角钱买个烧饼都不够!""咦,哪有讨饭的讨价还价的?走,走,在这里哼哼唧唧的,成什么样子?"那女人的嘴笑得更开了:"再给我一点就走,免得我把您地方站脏了,再多给一点!"从以上摘引的片段可清晰地看到女乞讨者的前后语言的巨大变化，文章的"意"既非停留在对乞讨者的同情，又不是横加斥责，而是以惊人的标题"人，又少了一个"揭示问题的本质。语言的变化揭示了人格的变化，人的尊严的丧失，由此，反映生活的真实，反映世态与人情，留给读者不尽的思考。立意深刻并不是故意拔高，呼叫口号，要尊重客观事实，从客观事实中找出最本质的东西。

第三要新颖。文章主旨要有新意，要有时代气息，给人以新鲜感。时代在前进，社会在发展，新人新事层出不穷，人的认识也随之有发展。反映在文章里，主旨应新颖不俗，不因循守旧。例如《枪口》写的是官复原职的 N 省建材局杨局长和李秘书在蒿草丛生、芦荻疏落的湖边打猎的经过，仅从文章的后半部分就可看出立意的新颖。

李秘书试探地凑上前去说："他是你的老部下嘛。这次他请您批 50 吨建材物资给他……"

"你不要为他做说客。不批，半个字也不批；针尖大的洞，也会刮进斗大的风。咱党员干部，那歪门邪道不要搞。"他停了一下，朝烟波迷茫、水天一色的湖面瞧去，"好景致，可惜婷儿没有同来。"

"她今天有更高兴的事儿。"李秘书故作神秘地笑笑说，"王主任托了文化局的老马，同意把您的女儿调到省实验话剧团工作。"

"嗯？"老杨的眉毛拧了个结。李秘书只当没察觉，坐进轿车，手扶在车门上，仿佛自言自语地说："就拿这辆车来说吧，也是王主任出力调拨给您的。那回大姐犯病住院，还多亏这辆车接送。"

"该死，早把我当猎物给瞄上了。"他下意识地攥紧枪把想。李秘书一眼溜到枪上，像又想起什么，说："王主任知道您喜欢打猎，这支猎枪，就是他特意托人专程送到您家的……"

车发动了。老杨陡然一惊，不觉倒抽一口冷气：黑黝黝双筒枪口，冒着寒气，就像两只黑洞洞的眼睛，死死地瞄准了他……

在发展经济的新形势下，掌权的干部如何坚持原则，拒腐蚀，永不沾，是人们经常谈论的热点，也是干部队伍建设中的难点，作者抓住现实生活中的一个侧面加以反映，以枪口死死瞄准为喻，敲响警钟，启人深思，有时代气息。

　　第四要集中。无论写多复杂的事物，主旨不能分散。一篇文章如果想说明这个问题，又想阐述那个观点，必然目的不明确、中心思想不突出。俗话说：意多文必乱。一篇文章里包含多种写作意图，就会形成大杂烩，读了使人有不知所云的感觉。古人说的"作文之事，贵于专一。专则生巧，散乃入愚；专则易于奏工，散者难于责效"，就是指这个道理。

　　主旨专一，还要学会用精辟的话来显示，来表达。"立片言而居要"，就是用一两句或三五句十分精彩的话概括文章的中心思想，使文章高高耸立。如《岳阳楼记》的"先天下之忧而忧，后天下之乐而乐"，文天祥《过零丁洋》的"人生自古谁无死，留取丹心照汗青"。虽是诗句，道理相通。

　　立意的四个要求相互联系，不可割裂。确立文章的中心思想时，应全面考虑。对初学写作的青少年来说，"正确"是前提，在"正确"的基础上，力求意深、意新，做到立意专一、中心突出。

　　文章要在"意"上取胜，还有两点须注意。一是意在笔先。不能动笔时边写边考虑文章的主旨，如果这样，就会出现"变调"的状况，想到哪里写到哪里，主旨变而飘忽。应该在动笔前认真考虑写作的目的，从掌握的材料中提炼观点，再以提炼出来的观点统率材料。据鲁迅夫人许广平的记述，鲁迅先生"写三五百字的短评，也不是摊开纸就动手，那张躺椅，是他构思的所在，那早晚饭前饭后的休息，就是他一语不发，在躺椅上先把所要写的大纲起腹稿的时候"。二是平时注意锻炼思想，增添见识，增强认识生活的能力。客观事物林林总总，寓含无穷奥秘，平时要注意观察，积极思考，认真领悟其中真谛。生活狭窄，认识肤浅，面对再感人的材料,也难以立出好"意"。

学生很喜爱至理名言,须知至理名言的根基在生活底子极厚实,思想深刻,反复思考,不断提炼。炼文章的"意"也就应该如此。

【佳作借鉴】

石缝间的生命

石缝间倔强的生命,常使我感动得潸然泪下。

是那不定的风把那无人采撷的种子撒落到海角天涯。当它们不能再找到泥土,它们便把最后一线生的希望寄托在这一线石缝里。尽管它们也能从阳光里分享到温暖,从雨水里得到湿润,而唯有那一切生命赖以生存的土壤却要自己去寻找。它们面对着的现实该是多么严峻。

于是,大自然出现了惊人的奇迹,不毛的石缝间丛生出倔强的生命。

或者就只是一簇一簇无名的野草,春绿秋黄,岁岁枯荣。它们没有条件生长宽阔的叶子,因为它们寻找不到足以使草叶变得肥厚的营养,它们有的只是三两片长长细瘦的薄叶,那细微的叶脉告知你生存该是多么艰难;更有的,它们就在一簇一簇瘦叶下又自己生长出根须,只为了少向母体吮吸一点乳汁,便自去寻找那不易被觉察到的石缝。这就是生命。如果这是一种本能,那么它正说明生命的本能是多么尊贵,生命有权自认为辉煌壮丽,生机竟是这样地不可扼制。

或者就是一团一团小小的山花,大多又都是那苦苦的蒲公英。它们的茎叶里涌动着苦味的乳白色的浆汁,它们的根须在春天被人们挖去作野菜。而石缝间的蒲公英,却远不似田野上的同宗生长得那样茁壮。它们因山风的凶狂而不能长成高高的躯干,它们因山石的贫瘠而不能拥有众多的叶片。它们的茎显得坚韧而苍老,它们的叶因枯萎而失去光泽；只有它们的根竟似柔韧而又强固的筋条，似那柔中有刚的藤蔓，深埋在石缝间狭隘的间隙里；它们已经不能再去为人们作佐餐的鲜嫩野菜，却默默地为攀登山路的人准备了一个可靠的抓手。生命就是这样地被环境规定着，又被环境改变着，适者生存的规律尽管无情，但一切的适者都是战胜环境的强者，生命现象告诉你，生命就是拼搏。

如果石缝间只有这些小花小草，也许还只能引起人们的哀怜；而最为令人赞叹的，就在那石岩的缝隙间，还生长着参天的松柏，雄伟苍劲，巍峨挺拔。它们使高山有了灵气，使一切的生命在它们的面前显得苍白逊色。它们的躯干就是这样顽强地从石缝间生长出来，扭曲地，旋转地，每一寸树衣上都结痂着伤疤。向上，向上，向上是多么的艰难。每生长一寸都要经过几度寒暑，几度春秋。然而它们终于长成了高树，伸展开了繁茂的枝干，团簇着永不凋落的针叶。它们耸立在悬崖断壁上，耸立在高山峻岭的峰巅，只有那盘结在石崖上的树根在无声地向你述说，它们的生长是一次多么艰苦的拼搏。那粗如巨蟒，细如草蛇的树根，盘根错节，从一个石缝间扎进去，又从另一个石缝间钻出来，于是沿着无情的青石，它们延伸过去，像犀利的鹰爪抓住了它栖身的岩石。有时，一株松柏，它的根须竟要爬满半壁山崖，似把累累的山石用一根粗粗的缆绳紧紧地缚住，由此，它们才能迎击狂风暴雨的侵袭，它们才终于在不属于自己的生存空间为自己占有一片天地。

如果一切的生命都不屑于去石缝间寻求立足的天地，那么，世界上就会有一大片的地方永远死寂，飞鸟无处栖身，一切借花草树木赖以生存的生命就要绝迹，那里便会沦为永无开化之日的永远黑暗。如果一切的生命只贪恋黑黝黝的沃土，它们又如何完善自己驾驭环境的能力，又如何使自己在一代一代的繁衍中变得愈加坚强呢？世界就是如此奇妙。试想，那石缝间的野草，一旦将它们的草籽撒落到肥沃的大地上，它们一定会比未经过风雨考验的娇嫩的种子具有更旺盛的生机，长得更显繁茂;试想,那石缝间的蒲公英,一旦它们的种子,撑着团团的絮伞,随风飘向湿润的乡野,它们一定会比其他的花卉生长得茁壮,更能经暑耐寒。至于那顽强的松柏,它本来就是生命的崇高体现,是毅力和意志最完美的象征,它给一切的生命以鼓舞,以榜样。

愿一切生命不致因飘落在石缝间而凄凄艾艾。愿一切生命都敢于去寻求最艰苦的环境。生命正是要在最困厄的境遇中发现自己,认识自己,从而才能锤炼自己,成长自己,直到最后完成自己,升华自己。

石缝间顽强的生命,它既是生物学的,又是哲学的,是生物学和哲学的统一。它又是美学;作为一种美学现象,它展现给你的不仅是装点荒山枯岭的层层葱绿,它更向你揭示出美的、壮丽的心灵世界。

石缝间顽强的生命,它是具有如此震慑人们心灵的情感力量,它使我们赖以生存的这个星球变得神奇辉煌。

林希这篇《石缝间的生命》立意高远,启人心扉。它是一曲激昂的生命之歌,一曲顽强拼搏的生命之歌。"愿一切生命都敢于去寻求最艰苦的环境。生命正是要在最困厄的境遇中发现自己,认识自己,从而才能锤炼自己,成长自己,直到最后完成自己,升华自己。"这是主题的点睛之笔,闪发着思想的光芒,令人鼓舞,催人奋进,启迪人们深刻理解生命的意义和价值。

如果对石缝间顽强的生命只停留在生物学角度的理解,适者生存,"意"显然就比较肤浅。作者深知这一点,往深处挖掘,提到哲学与美学的高度来阐述,意味隽永,主题就跳了出来。说它"是生物学和哲学的统一","作为一种美学现象,它展现给你的不仅是装点荒山枯岭的层层葱绿,它更向你揭示出美的、壮丽的心灵世界"。笔触往深处开掘,揭示了事物本质,赞颂生命的顽强,讴歌敢于奋斗、敢于拼搏、敢于排除万难去争取胜利的精神世界。古哲人孟子曾说过:"故天将降大任于斯人也,必先苦其心志,劳其筋骨,饿其体肤,空乏其身,行拂乱其所为,所以动心忍性,曾益其所不能。"一个人要能担当起重大任务,在心志、筋骨、体肤、行为等方面均要经受艰苦的磨炼,这样才能增强意志,增长才干。如果贪图安逸、享乐,生命也就死亡。这是亘古以来的深刻的生活哲理,被无数事实所证明。《石缝间的生命》取这样的思想精华来立意,是正确的、积极的、向上的。

文章的"意"不是凭空拔高,而是以坚实的材料为基础的。作者先描写不毛的缝隙间丛生的"一簇一簇无名的野草",显示生命的本能,只要能寻求到一丝立足之地,小草就能生存、生长。接着描写"一团一团小小的山花",为了生存,苦苦挣扎,既被环境改变,又做战胜环境的强者,以此来显示生命就是拼搏的真理。最后描写"参天的松柏",它的躯干,树衣上的疤痕,盘结在石崖上的树根,爬满半壁山崖的根须,无不记录它生长的艰难、生命的拼搏。大自然出现的这些惊人的奇迹来自何处?生命的本能,生命的拼搏。作者洞悉其中的奥秘,托物寓意,揭示生命的意义和价值。

"意"一经确立,就统率材料,统率结构,统率语言的运用。"野草""山花""松柏"三个材料都为表现文章的主题服务,都在讴歌生命的顽强,但三个材料又不完全在一个平面上,有轻重之分、详略之别。石缝间生长的小草是赞颂生命的基础,由生命的本能,开掘到生命的拼搏,再开掘到生命的崇高体现,层层推进,深邃的"意"一步步展现在读者面前。松柏是毅力和意志最完美的象征,故而铺展开来详写。这方面内容写具体、写充分,文章的中心思想就能突显。

文章先选三个材料正面描写,接着又从反面论述,如果一切生命不屑于去石缝间寻求立足的天地,世界就会有地方"永远死寂""永远黑暗",然后又与沃土中的生命作比较。如此一正一反一比较,使生命须拼搏的主旨表达得更为充分、有力。因此,采取怎样的写法,也是受

"意"统率的。

文中不少语句言简意赅,言简意深,之所以如此,同样受文章主旨的调遣。如:"如果这是一种本能,那么它正说明生命的本能是多么尊贵,生命有权自认为辉煌壮丽,生机竟是这样地不可扼制。"一般说,本能是不值得推崇的,而作者却用"尊贵"加以形容,石破惊天,显示生命存在的艰难,生命的本能寓含不同凡响的深意。石缝间一丛一丛野草,三两片长长细瘦的薄叶,美在何处?作者却用"辉煌壮丽"来刻画。是不是言过其实?不是。不美是现象,现象背后隐藏着辉煌壮丽的本质。种子在不易被觉察到的石缝间发芽,倔强地吐出瘦叶,生命还不辉煌?还不壮丽?"有权""自认为"的用法充满自信,充满自豪。生机不可"扼制",通常我们用"扼杀""遏制",文中为何用"扼制"呢?"扼"是用力压住,"遏制"表达小草生长的艰难分量还不够,用"扼"更能显示生命的不可抗拒的勃勃生机。遣词造句都是为准确地表达主旨,使主旨显豁服务。

古往今来论述生命的意义和价值的文章可说是车载斗量,要写出新意是十分不易的。作者选取了人们易疏忽的"石缝"做文章,把生命放在特定的极其艰苦的环境中去摔打,使生命的本质特征显露无遗。这一点也很值得借鉴。

【习作评说】

丢

垃圾筒边的残物在寒风中低泣:明天我们的命运将如何演变?世世代代没有结局的悲剧上演着,那是我们看不见的世界背后的阴影。当我们"丢"的一刹那,不知就成为多少生命的导演?

走过河堤,残红掩映下,可怜兮兮的垃圾挤在一堆,高过"禁倒垃圾"的木牌。有些飘扬在令人窒息的空气中,有的随恶臭的小溪流向茫然的天边。这些苦无葬身之地的"垃圾",在我们漫不经心地一抛、不屑一顾地离去后,造成了大家关心的"垃圾问题"。我仿佛看到它们痛苦地挣扎后,无力地垂下头,任随时空摆布,载着"刽子手"的指纹,冷冷地望向摄影镜头。

考古学家谨慎挖掘、苦心研究的化石,被众人视为布满历史轨迹的文化宝藏;但几十世纪前,它是原始人啃完肉顺手一丢的骨头。我们悉心栽培、爱不释手的美丽花朵,也许曾是鸟蝶们在运送旅程中不小心丢掉的一粒种子。我们称颂的大自然奇迹——顶天立地、枝繁叶茂的大树,或许多年前是个啃着水果的过路人从口中吐出的果核。这是"丢者"与"得者"都不曾想到的"化腐朽为神奇"。

孩提时,我同古今中外的孩子们一样,有一个"百宝箱"。那是一个破掉的饼干盒,里面装的却是在我心中胜过所罗门王的宝藏:有我的化学实验——瓜子汁,我的胃受尽折磨换来的代价——各式药罐,还有针筒、弹珠、回形针项链、花生耳环、广告单及从百货公司偷渡来的标签……后来瓜子尚未融化为汁就被妈妈丢掉了,许许多多宝藏相继失踪,我知道它们的命运是——被丢了。上了小学,多得塞不下的参考书,迫使我丢了那曾陪伴我共度无数孤寂日子的百宝箱及寥寥无几的宝物。虽然,那些参考书在消磨我许多青春欢笑后也被丢了。

我算不清丢了多少东西,只知道一批走了,新的一批又来了。随着年龄增长,送走的"废物"愈多,心中怅有所失的空虚便逐渐加浓。当然,百宝箱中的宝物我永远不会承认它们是废物,它们在我心中的价值和幼时仍相同。我却能理智地面对丢的事实,有丢的勇气。我不知是否由丢而失去了"珍爱""怀念"的感情,抑或许多次丢的感伤使我麻木了?悠悠人生路,我们每每徘徊于"丢"与"不丢"的十字街口,当我们毅然决然作明智抉择时,不正也一次又一次地醒悟、成长?

丢开无关紧要的事物,也是现代人难以做得完美的一项"生活艺术"。如果为了"舍不得",而让一堆堆杂物琐事阻挡自己的去路,甚至自栽跟斗,实在得不偿失。狠下心来,丢掉自己不堪回首的过去,丢开缠在心中不实际的梦想,才能塑造全新的自我,勇敢地面对现实挑战。同样的,机关办事如能坚守原则而抛开人情、面子,不是能清爽地办好事吗?丢掉该丢的事物,是常理,但也需要勇气、魄力。如果为了"丢"而长期沉沦于回首凭吊的哀愁与悔恨中,那宁可留在身边,当作自己甜蜜的负荷。

然而,现代人丢的东西实在太多了,而且都是不应当丢的:年轻快乐的心境、恬静自得的生活、悠闲安然的态度……这些不管是被我们丢掉,还是已在染缸中蒙尘,都难再追回。科技文明的脚步迫进,我们享受着社会工业化、全自动生产、电脑作业……却因此失去了一望无际的油绿清澈的小溪、干净的空气、环境的安宁……"有得必有失",本是万物变迁的原则,但唯有得的有价值、丢的无遗憾,才能在得失之间获得协调。如今,我们却借"经济发展"之口,为了贪图眼前的利益、便捷,甚至只打算盘而不考虑长远之计,破坏了亿万年才能形成的天然景观。这些丢掉的能再用钱修补吗?我们应该扪心自问:这些到底是在不知不觉还是有知有觉中,永远地丢掉了?以后——不要再轻易地丢了。并不是怕受人谴责,而是我们的良心对不起后代子孙,他们会站在癞痢头似的山、干枯的小溪、冒臭气排污水的工厂、污浊的空气及没有虫鸟的秃树林前向地狱质问:"你们把美好丢到哪儿去了?"那么,我们为了"建设"而丢掉了自然生趣,有意义吗?能使子孙幸福吗?

朋友,让我们舍有余补不足,三思而后"丢"吧!

这篇习作的作者是台湾高中学生赵如蒨。她以"丢"为论题,展开了生活哲理的论述,立意正确,有一定的深度。

作者从日常生活中丢垃圾的现象说起,揭示"丢"与"不丢"中寓含的哲理，告诫人们要权衡利弊得失，丢弃该丢的，丢了无遗憾的，不能丢弃有价值的。一般性的泛述不足以表达深刻的主旨，习作者把这个问题定格在人的生存环境变化的大背景上来考察，文章的"意"就往深处开掘。一是切中时弊。一些人只顾眼前建设的便捷，肆意破坏大自然而毫不痛惜。二是敲响警钟。人们不重视生存环境的保护，必将受到大自然的惩罚，必将殃及后世子孙。主旨论及人类生存环境的大问题，有现实意义。

为了使文章的中心思想显现，习作者谈古论今，运用了丰富的材料。从"垃圾"的丢弃谈到"化石"，谈到"美丽花朵"，谈到"顶天立地、枝繁叶茂的大树"，引出"丢"与"得"的关系；从孩提时代宝物的"收藏"与"丢弃"，参考书的"塞"与"丢"，引出在悠悠人生路上，对"丢"与"不丢"应毅然决然地作出明智的抉择；从现代人为人、处事的"生活艺术"，引出不能为丢而丢，须有勇气与魄力丢掉该丢的事物。一个个具体、生动的事实把人们该丢什么、不该丢什么的问题，既从理智上又从感情上进行剖析，为文中现代人"有知有觉"地把不该丢的东西丢得太多的看法做铺垫。这样，习作者认为在现代建设中不该丢弃、不该破坏优良的生态环境的主张就水到渠成，激人深思，撼人心灵。

材料充实，才能议而不空，"意"才有坚实的基础；只注意某些生活现象，而不注意深入分析，就难以抓住其中的实质，"意"就难以新颖、深刻。从这篇习作看，习作者平时注意知识的积累、生活的积累，注意锻炼眼力，锻炼思考问题的能力；对炼"意"来说，这些至为重要。

有些语言还须推敲。如篇首的"我们"，一是指代"垃圾筒边的残物"，一是指代丢弃残物的人，指代混淆，意思不明确。又如篇末"站在癫痫头似的山……前"中"污浊的空气"用得不妥，"山"前可"站"，"小溪"前可"站"，"污浊的空气"应以"充斥""迷漫"刻画，怎能说"站"在它的前面呢？就通篇语言来说，尽管是小小瑕疵，但也须注意。

【要语一束】

文章须有"主心骨",有明确的写作意图、鲜明的中心思想。

任何体裁的文章都以"意"为主,"意"是文章的灵魂、文章的主宰。文章的材料、结构、语言都受它的统率。

下笔之前先立"意"。围绕立意,反复思考,苦心经营。立意的要求是:正确、深刻、新颖、集中。

文章的"意"不是凭空冒出来的,而是平时锻炼思想、积累知识和增添生活阅历的结晶。炼"意"要炼"识",要着力提高自己对事物的认识能力和思想水平。

要学会"立片言而居要",用点睛的笔表达高远的意,即用几句精辟的话概括文章的中心思想或体现文章的基本精神。

八　独具慧眼，别有洞天
——精选角度

苏东坡《题西林壁》中有这样一句名句："横看成岭侧成峰，远近高低各不同。"说的是同一景物，由于观察的角度不同，所见的景色就迥异。观景如此，写文章又何尝不是这样呢？同样的人、事、景、物，在不同的作者笔下，神态必然各异。有的文章读来可能似曾相识，人云亦云，索然无味；有的却生动活泼，醒人耳目，开人心窍。其中原因固然很多，但是否独具慧眼，善于精选表现事物的角度，至为重要。角度选得新、选得巧，就能给读者以别有洞天之感，读起来就会增长见识，兴味盎然。

【文心絮语】

表现事物的角度要精选，那么什么是角度呢？又怎么精选呢？

学生都有这样的经验：人像摄影大有讲究，有的人拍正面像，脸似乎宽了点，眉毛有点往下，不好看；拍侧面照，鼻子挺直，轮廓清晰，很有几分美。显然，拍摄时角度不同。有眼力的摄影师善于研究拍摄的对象，从不同的视角观察，或正面，或侧面，或左面，或右面，或由下往上，或由上而下，从而选取最佳角度，创造最佳的艺术效果。

从人像摄影中我们可得到启发：观察生活中任何一个事物，不应定在一个点上，应该转换视角，正面、侧面、反面、左面、右面、上面、下面等,多角度观察,把事物看真切,看具体,看深入,要写文章表现某个事物时,就可从众多角度观察所得中选择最恰当最精彩的加以定位,表达写作意图。

精选写作角度力求小、新、巧。

生活是海,文章是浪。生活中题材广阔无垠,而写作时入文章的仅是浪花。浪花虽小,但一滴水也能反映太阳的光辉,小角度能够表现大主题。这就是我们通常说的选材时切入的角度要小,要以小见大。

写作离不开大自然景物,离不开社会生活,对青少年学生来说,要写生活中的重大题材,无疑似老虎吃天,因此,选取小的角度写更为重要。其实,许多名家名作在这方面都是很有建树的。例如反映辛亥革命是一个很大的主题,辛亥革命前后反动统治阶级镇压革命与毒害人民,罪行累累,旧民主主义革命严重脱离群众,空想依靠少数人的力量代替群众的革命运动,教训深刻。表现这样重大的主题如果从正面写,长篇巨著也难以全部包容。而鲁迅先生的《药》仅以短短篇幅就揭示得十分深刻。他选取了"人血馒头"这个小角度来写,通过对人血馒头这副"药"的买、吃、议以及效果,表现了作者对辛亥革命这副"药"不能治愈患痨疾的旧社会重病的鲜明观点,以小见大,引人深思。又如茅盾的《白杨礼赞》也是以小见大的力作。1941年正处于抗日战争的相持阶段,作者身处在国民党统治区的白色恐怖之中,要表现解放区军民在中国共产党领导下进行艰苦卓绝斗争的重大主题是十分不易的。作者选取了白杨树这个极小的东西,用象征手法写,形象鲜明,寓意深邃。

平时习作中写人写事,要学会选取小角度。如写一个你所尊敬的人,千万不能写成人物介绍,什么都写一点,又好像什么也没写。要从不同角度理解、认识为何这个人受尊敬,然后从中选取某一个小角度加以表现,写出个性,写出特点。写"小"不是说尽写些芝麻绿豆的事,关键在这个"小"能不能见"大",能不能从中获得发现而把它写透。因为文章是讲究单位面积产量的,"小"中要容纳下相当数量的"大"。

角度要新,不落别人窠臼。请你们读一读《我的"她"》,在阅读过程中,请你们猜一猜"她"是谁,"她"为何对"我"有如此大的魔力?读完以后又有哪些想法?

我的父母和长官非常肯定地说,她比我出生早。我不知道他们说的是否正确,只知道我的一生中没有哪一天我不属于她,不受她的驾驭。她日夜都不离开我,我也没有打算立刻躲开她,因此,我们之间的关系是紧密的、牢固的……但是,年轻的女读者,请不要忌妒……这种令人感动的关系给我带来的只是不幸。首先,我的"她"日夜不离开我,不让我干活。她妨碍我读书、写字、散步、尽情地欣赏大自然的美……我写这几行时,她就不断推我的胳膊,像古代的克娄巴特拉对待安东尼一样,总在诱惑我上床。其次,她像法国的妓女一样,毁坏了我。我为她、为她对我的依恋而牺牲了一切,前程、荣誉、舒适……多亏她的关心,我穿的是破旧衣服,住的是旅馆的便宜房间,吃的是粗茶淡饭,用的是掺过水的墨水。她吞没了所有的一切,真是贪得无厌!我恨她,鄙视她……我早就该同她离婚了,但是直到现在还没有离掉,这并不是因为莫斯科的律师要收四千卢布的离婚手续费……我们暂时还没有孩子……您想知道她的名字吗?请您听着……这个名字富有诗意,与莉利亚、廖利亚和奈利亚相似……

她叫"懒惰"。

这是俄国著名短篇小说大师契诃夫的作品,读了令人耳目一新,拍案叫绝。这篇短文实际上是讨伐"懒惰"的檄文,列数懒惰的罪状,痛斥懒惰的危害,表明不与懒惰决裂必然断送前程的观点。然而,作者没有板起面孔来进行议论,而是选取了"我"和懒惰之间的关系这个角度,用拟人化的手法来写。把"我"和"她"之间的关系描绘得如胶似漆,难舍难分,既心头恨,又无力抗拒她的诱惑,又不打算立刻躲开她。在断断续续的述说中,曲曲折折表达了憎恨懒惰的观点和欲弃不能的复杂的感情,使人如入新的天地,大开眼界。写议论文,须注意思想性和形象性的结合,把思想富于如此高明的形象之中,确实是别出心裁。语言诙谐风趣,比如要读者猜"她"的名字时,举"莉利亚、廖利亚和奈利亚",那是因为俄语"懒惰"一词的发音与这些名字的发音相似。又如刻画懒惰的诱惑力时,以克娄巴特拉的事为喻。克娄巴特拉是公元前51年—前30年古埃及的最后一个女皇,她的丈夫是安东尼。以此为喻,增添文化色彩。

新,永远是文章的生命。剖析懒惰的危害,如果只是从一般常见的角度论述,就会味同嚼蜡,犹如吃别人的残羹剩菜。而今跳出常人的思维框架,另辟蹊径,独树一帜,文章的效果就与前者大相径庭,能牢牢抓住读者,且会留在记忆里经久不忘。

角度还要选得巧。要反映比较广阔的生活面,如果平面展开,往往啰唆累赘,不会有良好的效果。因此要巧选角度,使表达的主旨浓缩、集中,使人读了能举一而反三。例如新加坡女作家尤今,先后游览过亚洲、非洲、欧洲、美洲、澳洲等的五十多个国家,写了大量的游记。她把旅游好些国家的观感浓缩在《地图》一篇短文里,角度选得十分巧妙。文中有这样一些描述:

地图,是越看越有韵味的。

有趣的是:每一个国家的地方,看得久以后,便会慢慢地幻成另一样东西。

印度,是飞在空中一个菱形的风筝。

奥地利,是一支横放的小提琴。

日本,是太平洋与日本海之间一条优哉游哉的鱼。

乌拉圭,是不小心滴落在地上的一滴水。

阿根廷是美味的蛋卷冰激凌。

智利是一长条被绞干水分的布。

只要运用一丁点儿的想象力,地球上的每一个国家,都可以让你随心所欲地转换成一个有趣的"物体"。

……

一踏进你护照签盖的那个国土,你便惊喜地发现:原本平平地躺在背囊里的那张"地图",蓦然放大了无数倍,生龙活虎地在你的面前站了起来。

远远近近的山峦,含情脉脉地看着你,相看两不厌;波光粼粼的河流,以潺潺的水声向你表达它热诚的迎迓,百听百不厌。

曾经被你用红笔圈着的那个大城那个小镇,全都奇迹般地活现在你面前……

住在这个立体的"地图"里,你耐心地印证书本所给你的知识,你细心地发掘书本所不曾给你的资料。你探索、你思考、你咀嚼、你消化。当你背起行囊离开时,你挥别的,再也不是一块陌生的土地,它已成了你记忆之库中无法磨灭的一位"贴心老友"了。

这时,谈起了这个国家,你已有了属于自己的独特观感。

印度的确像风筝,但是,它像一只飞不起来的风筝,它很努力地在挣扎,然而,众多的人口沉沉地压在风筝上面,它挣扎得再辛苦,依然还是起飞不了。

奥地利呢,不折不扣的,就是一只小提琴。整块土地,布满了琴弦,人们轻轻地踏上去,美妙琴音处处飘。

乌拉圭果真像水,晶莹剔透,玲珑可爱。无论是民风、国情,都叫旅人眷念又怀念。

说阿根廷像蛋卷冰激凌,它名副其实。表面上一派歌舞升平的繁华气象,然而,日日贬值的货币,却是人们生活里挥之不去的阴影。正像溶化以前的冰激凌,美丽又美味,一旦开始溶化,口糊,手黏,狼狈不堪。

将平面的地图和立体的地图互相参照而后得出一个新的观感,是我旅行时百玩不厌的一项游戏。

旅行者离不开地图,然而在众多的游记中,无论绘自然景观,无论写风土人情,很少出现"地图"的字样。这篇文章巧妙在把平面的地图与立体的地图参照起来写,废除烦琐的旅途记述,把在立体地图中实地考察的独特感受填入平面地图的形象之中,有切中要害的议论,有潇洒飘逸的描绘,形式精巧,分量厚重,给人以与众不同的感觉。

巧,不是故弄玄虚。它需要艰苦的思维劳动。它不仅需要对每一个观察事物的角度一一过滤,而且要善于把角度与角度之间联系起来思考,寻求新的发现。一旦形成新的角度,文章往往就会跃上新台阶。

小、新、巧这三者不是割裂的、排斥的,角度选得好,可以是既新又小,还很巧,通过某一面多棱镜折射出纷繁的生活现象,揭示事物的本质。

角度能否精选最为重要的是锻炼眼光的敏锐度,事物外在的和内在的,实的和虚的,整体的和局部的,看得明,识得真。敏锐的目光又要与深入的思维结合起来,只有写作的人自己进入别有洞天的境地,笔下才会呈现出别有洞天的境界。要做到这一点,须对生活中的事物发生浓厚的兴趣,耐心地听,仔细地看,百听不厌,百看不厌,生活的潮水就会催开智慧的火花,使你会多生一双新眼睛,看到许多新奇的原来看不到也想不到的写文章的好角度。

【佳作借鉴】

河 弯 村 的 桥

　　河弯是故黄河湾里不起眼的一个小不点儿村庄,三五十户人家,倚堰而居。男孩女孩们大了,不再像憨厚淳朴的父辈,安分在祖遗的一方热土上生养生息,都想到外面的天地里去闯一闯。

　　绳一样的小路从村里牵出来,曲曲弯弯,刚好够走下一辆平板车,伸延到村外,便齐齐被一道横沟切断了。沟对面是一条宽宽的柏油路,东可以到县城,西可以到州府。在庄稼地里劳作的村民们,挂锄歇息时尽情遐思,就成了一幅风景。想那城里的人活该享福,厕所盖得像小洋楼一样,还贴着照人影的瓷砖片。那城里的女孩最会迷人,单眼皮儿会割成双眼皮儿,笑声里满是香粉味儿,高挺着胸脯,走起路来一耸一耸的。到了夜晚,更有那五光十色,闪闪烁烁。但让人遗憾的是,河弯村比城里可差得远了。就说那连接柏油路的沟面上吧,只架着一扇土改时从富农家拆来的门板。风吹雨淋日晒,作桥的门板已朽烂了。小村的人从上面走过到县城、州府去开眼界的,那可是数得清的有数几个。

　　这年春天,气候是特别特别的好。十来个从联中毕业的男孩女孩,常常聚在一起嘀咕。有一天,回家把行装打成了一卷,背上一摞煎饼,还不忘在煎饼里塞进一包干干的盐豆儿,走过门板桥闯天下去了。那时正值早晨,暖风荡漾,遍野生机,烂漫的云霞染红了大半个天际。

　　一行年轻人走得义无反顾,很悲壮。

　　一村的人都出来,站在各自正冒着袅袅炊烟的房舍前观看,指点。

　　一个老头追到桥边就蹲下了,手拿着杆滚烫的旱烟袋,把露出两根脚趾头的青布鞋鞋帮敲得很响。叹气声也很响。

　　不久,就下雨了。

　　雨停的时候,沟满河平,一派泥泞。村民们惊奇地发现,门板不见了,顺沟左右找了二里多路没找到,村民们就回家了。

从此,进村的人要挽起裤管,把一双鞋举在头顶上,蹚水进村;出村人要挽起裤管,把一双鞋夹在腋下,蹚水出村;白天滑倒过人,黑天跌进过人。一时间,出去进来的人没有了,河弯村和外界的联系就断了,冷落了。

这时,村民们也就常常念叨起那扇门板的好处了。

又是一年春天,出去的男孩女孩们回来了。说是下海了。腰粗的腰细的都穿着一身挺括的西服,打着领带,蹬着黑亮亮的皮鞋,个个很精神。人群里多了两个戴眼镜、撇京腔,有着白皙皙皮肤的城里人。一男一女,把村民们的眼睛都看直了。

不久,河弯村绳一样的小路拓成了宽阔的大道,尽头上来了一伙石匠,叮叮当当地凿石头,砌石头,不几天工夫,一座大拱桥连接上了宽宽的柏油路。

又不久,河弯村有了一个"河弯水产品养殖开发区",接着又有了一个"河圳农贸产品生产总公司""河港蒲芦包装研究中心"。远处的男孩女孩们都跑到河弯来了。河弯里多了一片新崭崭的屋舍,还有楼房和那冒着青烟的高高烟囱……

河弯村红火起来了,也热闹起来了。领头的就是那群出去闯天下说是下海了的男孩女孩们!

一个老头倚着桥头问:"外面的天地是什么样子?"

一个男孩扶着桥栏答:"外面的天地大着呢!"

这篇文章发表在《解放日报》1993年4月26日《大地》文学副刊上,作者王耀。英国著名诗人威廉·布莱克有一首充满哲理的小诗,诗句是这样的:"一沙见世界,一花见天堂。永恒寓瞬息,无际掌中藏。"从一颗沙粒中可以见到整个世界的纷繁,从一朵花中可以见到天堂的模样,可见这个"一"是多么重要。

　　写改革开放中华大地的巨大变化、勃勃生机,是关系社会全局的大题材,可从工业、农业的角度反映,可从商业、外贸角度反映,可从城市建设角度反映,可从科技、教育、卫生等角度反映。然而,如果定"格"在某一个"面"上,反映起来就十分不易。因为任何一个"面"都是情况错综复杂,材料众多,即使能驾驭得有条不紊,也会头绪纷繁,远非青少年学生所能胜任。因此,高明的作者总是精选反映的角度,定"格"在一个小"点"上,以"点"来反映"面",反映整个大千世界。

　　《河弯村的桥》这篇文章的角度可说是小而又小。首先选的是一个极不起眼的小不点儿的村庄,人口稀少,几乎是与世隔绝。这个角度已经是够小的了,然而作者还要发挥眼睛的敏锐力,再从这小村庄中选取更小的角度,于是村庄通往外界的唯一通道——桥被选中了。

　　选取"桥"这么一个小角度写,如果只停留在原来只是块门板,如今修起了大拱桥这个水平上刻画,"小"就没能发挥作用。写"小"必须有远见,必须要见"大"。怎么才能见"大"呢?要把小的东西写透,开掘材料的内在潜能,表面看,选择的材料也许微不足道,但深入开掘,就能获得那个"大",显示那个"大"。

　　这篇文章虽定点在"桥"上,内容也不繁复,但稍加品味,就可发现围绕"桥"组织的事件纵横交错。从纵的方面看,时间跨度大,着力写了两代人。其实又何止两代,父辈"安分在祖遗的一方热土上生养生息",祖辈呢?再往上推呢?不言自明。从横的方面看,以"河弯村"为中心点,到远村,到县城,到州府,到整个外界大天地。如果就"小"写"小",那就越写越小,写不出新意,写不出深刻的主题,不可能使人振奋;把"小"和时代、和社会有机地或隐或现地联系起来,就能把生活写开,写出广阔的视野和深邃的意境。

　　文章虚与实结合起来写,留给读者充分想象的余地。小村庄与城市发展的差别,用门板桥实写,用村民的"遐思"虚写;年轻人离家的"悲壮"和返乡时的"精神"分别具体描写,很"实",而年轻人怎样闯荡天下,有何等的艰辛,文中全都"虚"掉。虚实结合,篇幅紧凑,文中意、文外意更为丰厚。

"桥"打开了河弯村的大门,也打开了村民思想的大门,小天地的变化反映着大天地的变化,大天地的变化促使了小天地的变化。河弯村的红火显示了中华大地改革开放的红火。结尾老头与男孩的一问一答是点睛之笔。只要你有一双慧眼,无数新洞天等你发现、描绘、颂扬。

【习作评说】

山·飞蛾·大漠

我有一个不安分的灵魂,试图在短短的历程中,找到生命的内涵。于是,有许多沉思便在灯下徘徊而来——

一

我从山里走来。我的家乡,在那遥远而贫瘠的山区。茫茫的天空下,横卧着几个古老的小村。每当夕阳西下,那层层叠叠的树呵,便将那房顶上袅袅的炊烟,将那牛背上悠悠的柳哨声,扯得好远,好远。家乡到处都是山,那些山雄伟挺拔,透着股男儿的阳刚之气,却丝毫没有小姑娘的秀气。父亲说,山就是山里人的性格。小时候,父亲常常牵着我的手,走在那坎坷的山路上,一路讲着动人的传说……

岁月悠悠,童年在父亲爱的甘露滋润下遥遥远逝。我长大了。我要走到山外面去,因为有一个更广阔的世界等待着我去了解,去探索。父亲说孩子你去吧,我等着你干大事业……爬过一道道山梁,父亲把我送出了山的怀抱。身后,父亲高大的身躯站成了一尊山的雕塑,那慈爱的目光变成了父亲给我永久的期待……一次次清幽的月光下,当我漫步在重点中学的校园里时,父亲的身影似乎总在我眼前晃动,童年的快乐时光勾起了我绵长的回忆。我忽然悟到父亲的眼睛正注视着他出门求学的游子,父亲正期待他的儿子去攀登一座更高的山。呵,我从山里来,是山赋予我一颗心灵,是山给我风骨支起一个生命,是山给我灵性造就一种性格,那就要不负山的重托,让这个生命在寻求中放射灿烂的光辉。那就迎着风雨上路吧,莫再迟疑。

二

有人说,在青春岁月里,在成长过程中,有数不清的疑问和烦恼。犹记得很久以前的一个夜晚,天空飘着细雨丝,我独自徘徊在校园的路灯下,许多天来的不快萦绕心间。那路灯发出的淡淡的光晕,在这凄冷的夜色里,让人感到分外温暖和光明。我忽然发现,一只小小的飞蛾在围绕着路灯盘旋,它向往那温暖的光,一次次扑打在灯罩上,可是一次次它都弹回来。但它毫不气馁,屡败屡战。在这凄风苦雨中,它小小的躯体披一层金色的光,那样令人同情又充满敬意。我久久凝视着它——小飞蛾啊,你不怕你薄薄的翅羽会被冷风吹折吗?你不怕纤弱的躯体会被撞得粉碎吗?可它依然盘旋着,只要一息尚存,只要灯光永在,它就这样追求下去,永不停息。我看着那小虫儿,不禁一阵愧疚涌上心头。

小小的虫儿尚知在失败中追求光明和温暖,难道一个人不更应该努力地去追求人间的真善美吗?既然已踏上远征的路,那么在这路途中碰到多少失败和挫折,有多少烦恼和失意,又怎能阻止前进的脚步?扬起远征的帆吧,何必再徘徊?

三

暑假里,别人去泉城,去泰山,游山玩水自然是一种乐趣,而我则随兄长奔赴荒凉的西北大漠。明知大漠不是风景区,我却这般向往。因为我不再是一个顽童,我要用更深的东西充实心中那尚稚嫩的天地。

啊,看到你了,西北大漠!无边的黄沙蔓延在这片无边的土地上,凭你耗尽眼力,也看不到一丝绿意,没有潺潺流水,没有巍巍高山。蔚蓝的天空,看不到大雁北飞的身影,只有一堆堆舒卷的白云,像悠悠的历史风烟,在诉说人类的沧桑巨变。的确,大漠单调、寂寞,但是它又是那样博大和豁达,任你乘着思想的野马在这广袤的空间驰骋。好久未言语的兄长挑战似的说:"在这人间,你想获得更广的世界吗?那么就向大漠深处前进吧,你会找到生命的绿洲……"我琢磨着兄长的话,心灵一阵颤动。是啊,真正的勇士是要具备勇于牺牲的精神,他的追求是无止境的。我忽然悟到了生命的责任,举步向前,在茫茫的沙漠中跋涉,再跋涉……

既然人生已找到前进的目标,既然曾背负着深厚的希望,那就勇敢地继续前进吧,何惧艰难险阻。

还有更多的事情等待我去思考和探索,更多的路需要我去走完,我会这样沉思着、追求着走完我的一生。让生命的枝头上,永远绽放灿烂的花瓣。

丁雪芹

这篇习作确立的主题很大,谈的是人生的理想、生命的意义和价值,人应该怎样为实现理想而终生奋斗。要表达这样大的主题,如果泛泛而论,说了许多别人都已说过的话,那就无特色、无个性,成了多余的文章。

习作者大概意识到了这一点,故而把大主题分解为三个角度来表现。第一个角度是家乡的"山"。由山的性格——"雄伟挺拔,透着股男儿的阳刚之气",讲述到山里人的性格,由山的形象,讲述到父亲犹如一尊山的雕塑,"山"给予从遥远而贫瘠的山区走到山外的儿女以灵性、以风骨。理想的追求,生命的价值,从山的性格幻化而出,打着山里人的烙印,载着父辈对儿女勇于攀登的厚望。山里的儿女借山言志,出山启程。

第二个角度是扑灯的"飞蛾"。飞蛾投火是波斯大诗人哈菲兹喜用的题材,如《哈菲兹抒情诗选》中有:"夜烛呵,发出你灿灿的光亮,把螟蛾吸引到灯下来!"德国大诗人歌德在《天福的向往》诗中这样写:"我要赞美那样的生灵,它向往投入火中焚死。"因此,飞蛾扑灯常被用来比喻向往光明。习作者选此与自己在征程中的徘徊进行比较,坚定永不停息追求光明的信念,征途中的失败、挫折、烦恼、失意,均不能阻挡前进的脚步。

第三个角度是"荒凉的西北大漠"。舍弃游山玩水的乐趣,奔赴黄沙飞天的大漠,是自觉的追求,是人生的跋涉。兄长挑战似的话是树人生奋斗的高标,借这点睛之笔彰显为实现理想勇于牺牲的斗志。

三个角度都在叙说人生的追求,但它们又同中有异。首先是肩负父辈的期望,胸怀山的性格,步上生命的征程,起程的目的是让生命"在寻求中放射灿烂的光辉";第二部分着眼于百折不回,永不停息地追求美好的理想;最后寻求艰苦,锻炼意志,勇于牺牲,造就博大而豁达的胸怀。三个角度穿在一个"志"上,上路,途中,求索,层层推进,设计得比较巧,有新意。

文章开头"我有一个不安分的灵魂,试图在短短的历程中,找到生命的内涵",总领全文,三个部分内容均由此生发开来。结尾"让生命的枝头上,永远绽放灿烂的花瓣",与开头呼应,突出文章主题。

这篇习作尽管有斧凿痕迹,但初学写作的青少年学生宁可稍有堆砌而写得有气势,也不能干枯。

环 境 与 人

随着工业生产的飞跃发展,环境问题日益成为全球性问题。工厂不断通过排放有毒或有害的气体、废渣或废水来污染我们的空气、水和土壤。在很多工业化的大城市里，人们在吸进氧气的同时，已经无法"拒绝"其他有害气体的混入。人们不得不饮用严重污染的水质很坏的水。这些都将对人的健康带来很大危害。而问题的根子在于很多地方在发展工业时没有全面考虑各方面的因素，从而受到了环境的惩罚。目前，这种情况正在改观，瑞典斯德哥尔摩在扩建城市时，特别注意了城市环境的绿化工作，在各建筑群之间，林木苍翠，绿草如茵，水域广阔，环境优美，对那里的空气、水质的净化都起了很好的促进作用。上海黄浦江上游的引水工程又是一个例子。当这个引水工程交付使用时，我们的环境能有更大改善。

这可说是一篇无角度的文章，东说一点，西说一点，泛泛而谈，但什么也没说明白。一会儿说环境问题是全球问题，一会儿说工业"三废"对人们的危害，一会儿说环境正在改观，究竟要说明环境与人怎样的关系，不得而知。

"环境与人"是个极大的题目，可写成长篇巨著，如果全面论述，可写洋洋数十万言，数百万言。一篇短文只能说明其中一个问题，要说明这个问题必须寻找一个角度，这个角度应该很小很小，以这个"小"反映实质性的大问题。比如，可从一家工厂的兴办不重视"三废"的处理以致污染环境、危害人体健康的事实说开去；又比如，可从废水化验的数据说开去；再比如，可从某地某街原来树木葱茏，而今树木枯死的变化说开去，说明人生活在环境之中，不懂得保护环境的重要，不采取保护环境的切实措施，必将受环境的惩罚。也可从另一方面论述——重视环境保护，人们深受其益。总之，无论从正面论述，还是从反面论述，都可以选择"小"角度，"点"定得小，把这个"小"写深写透，就能展示大道理。

不确立明确的写作意图，不围绕写作意图精选写作的角度，想到哪里,写到哪里,任笔游来游去,必不能写成像样的文章。

【要语一束】

　　写文章必须精选角度,角度精选与否关系到文章的成败。

　　写作角度力求小、新、巧。

　　弄清"小"与"大"的关系,把"小"的写透,就能以小见大。角度新,不因循守旧,才能写出新意。善于把观察事物的每一个角度进行过滤,巧选其中最佳的。

　　角度精选靠的是敏锐的眼光和对生活的浓厚兴趣。

九　用意绵密，一片浑成
——缜密构思

有这样一个故事，不知青年朋友听到过没有？意大利佛罗伦萨的大公请名画家画幅油画，主题是佛罗伦萨人怎样勇敢地反抗巴比伦侵略军入侵的。请的画家确实很有名，一位是艺术大师达·芬奇，一位是小有名气的年轻人米开朗琪罗。按当时的情况看，当然达·芬奇超过米开朗琪罗，在艺术功力、艺术造诣方面达·芬奇举世公认。然而，两幅画展出以后，竟然米开朗琪罗的画胜达·芬奇一筹。这是什么原因呢？原来达·芬奇画的是两军对垒，刀光剑影，而米开朗琪罗只画了佛罗伦萨一方，画正在亚诺河里洗澡的战士听到军号声，立刻跳出水面拿起武器的动人场景，画出了战士斗志高昂的精神状态，在画的构思上别出心裁。这个故事是绘画史上的一则佳话。文学艺术许多方面相通，写文章也是如此，不缜密构思，是出不了佳作的。

【文心絮语】

我国古人论写作很重视文章的构思。刘勰在《文心雕龙·神思》一篇中指出构思是"驭文之首术，谋篇之大端"，他认为构思是写文章头等重要的事。为什么头等重要呢？什么叫构思呢？怎样构思才能取得"一片浑成"的良好效果呢？

构思，顾名思义，在思想上构造，在写文章前对准备写的文章作总体设计。写文章切忌想到一点就动笔,或者边想边写,像挤牙膏一般。要构造好一篇文章,须对文章的方方面面通盘考虑,力求周到绵密。从确立写作意图,到材料的选择与剪裁;从主题的开掘,到表达方式、表现技巧的选定;从篇章结构的安排,到词句的遣造;从标题的确立,到标点符号的选用,等等,一系列的思维活动须认真切实地进行。凡是有成就的作家,在这方面都有过人的做法。列夫·托尔斯泰是三大传世之作——《战争与和平》《安娜·卡列尼娜》《复活》的作者,他在创作小说时,为了组织情节,塑造人物,苦心构思,常常到废寝忘食的地步。他走路想着作品里的人物,说话时也想,睡觉到半夜,醒过来还想。可见构思到了何等的程度,真是殚思竭虑。构思的程度如何往往决定文章质量的高下,所以不能掉以轻心。

构思最为重要的是善于发现,善于开掘,从总体上反反复复酝酿。在生活中感觉到的东西,有时觉得很新鲜,甚至引起内心的激动,但感觉到的东西并不能够真正理解,真正认识。要真正认识,深刻理解,非经过深思、精思不可。

怎样才是深思、精思呢?用人们赞扬俄国短篇小说大师契诃夫的话来说,就是"把日常生活的矿石变成宝贵的金子"。先要在生活中发现多种多样的矿石,然后善于开掘,从中提取出十分有价值的金子。怎么才会"变成"?那要下功夫占有材料,对材料进行分析、比较、归纳、综合,从中提炼出文章的"意"。然后再根据写作的主旨,选择最佳的表达方式表达。深思、精思的过程就是认识不断深化的过程,也是认识飞跃的过程。

例如作家金马有这样一篇小品:《"凌绝顶"也是起点》。"会当凌绝顶,一览众山小"这一名诗句,生动地形容当人们登上千仞顶峰时拥抱一览无际的天空,俯视山腰游荡的白云的豪迈情怀。可是有些人登上顶峰后,反而有一种莫名的惆怅,包括乘阿波罗号登月飞行成功的埃德温·奥尔德林。他获得了超越常人的巨大成功后,反而精神崩溃,觉得生命有价值的活动已经到了终点。作家发现和占有了这些生活的矿石,深入地分析、研究,发现并开掘出其中闪光的东西。那就是"凌绝顶"绝不是事业的终点,而是生命"下一站"的起点,要警惕"顶峰意识"的困扰,要注意"攀登意识"的不断更新,不断强化。

发现、开掘,准确地找到"宝贵的金子",是构思的重要成果,但不能就此止步,还须从总体上反复酝酿、斟酌。选用最典型的材料,确立最能表现写作意图的思路,使用最恰当的语言,等等,均要在思想上精心构造。如《"凌绝顶"也是起点》一文并不是开门见山就亮出观点,登"绝顶"从来令人向往而敬佩,突然一下子变成"起点",就会给人以丈二和尚摸不着头脑的感觉,影响阅读效果。作者采用了步步诱导的方法。先考虑"凌绝顶"的心理佳境——"一种空前的满足",再考虑产生的奇怪心理——"莫名的惆怅",然后思索产生"惆怅"的原因——"顶峰意识"的困扰,以典型事例证明,最后指出解决问题的出路——"顶峰"也是"始端"。表现主题的构思常见的有:

直言奉告。按事情发生的前因后果及进程,按物体的现象与实质,从正面述说,把自己的认识、想法、感情直接向读者吐露。按照生活的本来面貌记叙、描写、说理,平实朴素。如朱德同志的《回忆我的母亲》一文,按时间的先后顺序,记叙了母亲一生中的主要事迹,如退佃搬家、送我读书、同情革命、热爱劳动与支持革命等,表现母亲坚强不屈的性格。这篇悼念母亲的叙事散文,开头由情入笔,总领全文,"得到母亲去世的消息,我很悲痛。我爱我的母亲,特别是她勤劳一生,很多事情是值得我永远回忆的";结尾表达对母亲的深切悼念——"我用什么方法来报答母亲的深恩呢?我将继续尽忠于我们的民族和人民,尽忠于我们的民族和人民的希望——中国共产党,使和母亲同样生活着的人能够过快乐的生活,这是我能做到的,一定能做到的"。写得十分感人。

这种构思最为平实,也最为基本,对初学写作的人来说,学会这种构思尤为重要,因为它是表现主题最基本的方法,是基础。采用直言奉告,容易把事情说清楚,但不容易醒人耳目,不容易感人,常使人觉得平淡无奇。采用这种方法表现主题,构思时要在感情真挚、思想深刻上下功夫。犹如某种商品,样式平常,但质量超群。平中寓深意,平中见真情,文章的分量就厚实了。

旁敲侧击。不是直接表达写作意图,而是采用迂回战术,从事物的不同侧面,曲曲折折地表达。这种构思往往以奇取胜,出乎读者意料。鲁迅的讽刺小品《立论》就是这方面构思的典范。

我梦见自己正在小学校的讲堂上预备作文,向老师请教立论的方法。

"难!"老师从眼镜圈外斜射出眼光来,看着我,说:"我告诉你一件事——

一家人家生了一个男孩,合家高兴透顶了。满月的时候,抱出来给客人看——

一个说:'这孩子将来要发财的。'他于是得到一番感谢。

一个说:'这孩子将来要做官的。'他于是收回几句恭维。

一个说:'这孩子将来要死的。'他于是得到一顿大家合力的痛打。

说要死的是必然,说富贵的许谎。但说谎的得好报,说必然的遭打。你……"

"我愿意既不谎人,也不遭打。那么,老师,我得怎么说呢?"

"那么,你得说:'啊呀!这孩子呵!你瞧!多么……阿唷!哈哈!Hehe! he,hehehehe!'"

这种构思绝妙。老师好像回答了学生的问题,但又好像没有回答,要表达的意思尽在不言中。文章一箭数雕,既鞭挞了说谎者,又称赞了说真话的老实人,更矛头直刺不表任何态的圆滑的"聪明人"。主攻对象是圆滑的"聪明人",可以指文坛上立论模棱两可的圆滑者,可推及社会上各行各业各个阶层中的此类人,社会意义极为深刻。鞭挞、斥责圆滑者,作者未直说,而是采用旁敲侧击的办法,放在一个故事中充当角色,在比较中揭示卑劣的灵魂。用少许笔墨勾画出如此多的嘴脸,揭示如此广泛而深刻的社会意义,非大手笔是做不到的。但是,只要认真领会,我们可从中受到启发。用旁敲侧击的方法表现主题,须注意:奇,要既在意料之外,又在情理之中;侧,要紧扣中心,不能旁而无边,侧而无当,千万不能因迂回而忘记写作主旨,用旁及的材料淹没中心。

托物言志。"借景以引真情""借物以寓其意",不直接表露写作意图,而是假借"物"来表达自己的心志。构思这种表现主题的方法,最为重要的有两点:一是"物"要选得准,选得小,选得巧;二是"物"与"志"之间要有内在联系。内在联系越紧密,"物"就选得越准,越能"以小见大",表达深沉的、深邃的思想。如韩静霆的《爱藕说》中有这样一段:"藕,自生于世间,便委身水下,不见日月,在浊泥污土的围困中生活。一旦出污泥,却洁似玉,白如雪,一尘不染。不是贞洁操守,孰能如此?它孔窍贯通,称得起虚心;它居下而有节,可谓贫贱不屈;它虽然柔嫩,藕芽儿却能穿透青泥碧水,挺起翡翠一般的绿茎,托起红花碧叶,算得上柔中有刚。"

这段文字纯是描写"物",这个"物"就是"藕",平凡的、常见的,人们经常食用的,"物"选得小。先安排藕的生存环境,围困在浊泥污土中,不见日月,再着力考虑它的内在品质。而表现内在品质时,进行多角度多方面的思考,从气质、品德、修养、性格等方面刻画它,颂扬它的贞洁操守:贫贱不屈、虚心通达、柔中有刚。作者要表达的是怎样的心志呢?"也想把真挚的感情献给千千万万劳动妇女——伟大的含辛茹苦的母亲"。"物"与"志"之间有紧密的内在联系,作者借藕言志,歌颂含辛茹苦、默默奉献的高尚品质,以小见大。文章先考虑荷花、莲叶、莲蓬和藕,四位一体,挑明自古以来诗人咏前三者,对藕却缺乏诗情;然后着力思考藕这"藏在泥水深处的诗题",多方面表现它的内在气质;再进而与荷花、莲子比较,用三个"谁知"的句子——"谁知它生于何时""谁知它年寿几何""谁知它有几多辛劳",刻画它默默奉献的精神;再插一笔它药用、食用,尤其是哺育天下幼儿的价值;最后直抒胸臆,表露热爱伟大母亲的感情和颂扬奉献的精神。构思的线索十分清楚。托物的"物"要写透,写出其本质特征,否则文章的"志"就缺乏扎实的依托。

以上所述,是就文章的通篇构思而言。不同体裁的文章具体运用时可有千差万别,在某些方面还可综合起来考虑。只要动脑筋,知其"一"也就能领悟到"三"了。

对文章的局部,构思也要精细。有的部分粗线条,一带而过,有的部分须细密,精雕细刻。哪怕是一段话、一个场景,写作者也要反复构思,苦心经营。如《记一辆纺车》中许多纺车竞赛的场景,气势之所以万千,离不开作者的缜密构思。"在坪坝上竞赛的场面最壮阔,'沙场秋点兵'或者能有那种气派。不,阵容相似,热闹不够。那是盛大的节日赛会的场面。只要想想,天地是厂房,深谷是车间,幕天席地,群山环拱。世界上哪个地方哪个纺织厂有那样的规模呢?你看,整齐的纺车行列,精神饱满的竞赛者队伍,一声号令,百车齐鸣,别的不说,只那嗡嗡的响声就像飞机场上机群起飞的气势。那哪里是竞赛,那是万马奔腾,在共同完成一项战斗任务。因此竞赛结束的时候,无论纺得多的还是纺得比较少的,得奖的还是没有得奖的,大家都感到胜利的快乐。"纺车竞赛这件事,直接叙述仅一二句,如那样写,就十分干瘪,难以动人。作者采用了极力渲染的手法,与"沙场秋点兵"比较,以万马奔腾为喻,以天、地、群山、深谷为背景,描绘规模、阵容、气势,既有"物"的展示,又有"人"的情意。作者如不精心观察,反复思考立体与背景,不多角度多方面展开联想,调动多种表现手法,不可能写得如此有声有色,不可能如此有声有色地抒发战斗豪情。

写作前的构思过程,一般说来有三个阶段。第一阶段抓住写作主旨和材料思考,究竟确立怎样的主旨,选择哪些材料,怎样表达,定方向,定规模,使文章在脑子里有个雏形。第二阶段反复酝酿,从内容到结构,从表现方法到语言运用,从文章整体到文章局部乃至细部,进行周密的思考,把一个个问题想仔细、想清楚。酝酿的过程是认识深化的过程,也是不断修改雏形、丰富雏形的过程。第三阶段瓜熟蒂落,水到渠成。反复酝酿时,思路要开阔,联想要丰富,要撒得开,但在广泛思考的基础上要敢于收拢,善于取舍,最终确立文章的主旨、框架、写法、语言,犹如瓜熟蒂落,百川归海。客观事物极其复杂、纷繁,要洞悉它们非一日之功,要生动地反映它们,构思就得狠下功夫。俄国作家车尔尼雪夫斯基说:"思索,思索,再思索,否则不值得写,没有经过深思熟虑写下来的东西,本来就一钱不值。"写文章脑子里由朦胧到清晰,由泛说到精彩纷呈,不积极思索,不用意绵密,行吗?

文前构思最常用的方式是两种。一是打腹稿。动笔之前在脑子里设计,全方位地考虑要写的方方面面。二是列提纲。用简短的文句提纲挈领地记下思考的要点。对初学写作的青少年学生来说,后者构思方式尤为重要。列提纲,明确写作主旨,搭好文章框架,然后反复推敲,进行修改。列提纲,就是对文章进行总体设计,记录构思的成果;修改提纲,也就是修改设计,促使思考问题更为清晰、更为周密。提纲列得手熟,思维的逻辑性、周密性就得到有效的训练,脱开纸打腹稿也就不困难了。

【佳作借鉴】

向中国人脱帽致敬

记得那是12月,我进入巴黎十二大学。

我们每周都有一节对话课,为时两个半钟头。在课堂上,每个人都必须提出或回答问题。问题或大或小,或严肃或轻松,千般百样,无奇不有。

入学前,前云南省《滇池》月刊的一位编辑向我介绍过一位上对话课的教授:"他留着大胡子而以教学严谨闻名于全校。有时,他也提问,且问题刁钻古怪得很。总而言之你小心,他几乎让所有的学生都从他的课堂上领教了什么叫作'难堪'……"

我是插班生,进校时,别人已上了两个多月课。我上第一节对话课时,就被教授点着名来提问:"作为记者,请概括一下您在中国是如何工作的。"

我说:"概括一下来讲,我写我愿意写的东西。"

我听见班里有人窃笑。

教授弯起一根食指顶了顶他的无边眼镜:"我想您会给我这种荣幸:让我明白您的主编是如何工作的。"

我说:"概括一下来讲,我的主编发他愿意发的东西。"

全班"哄"的一下笑起来。那个来自苏丹王国的阿卜杜勒鬼鬼祟祟地朝我竖大拇指。

教授两只手都插入裤袋,挺直了胸膛问:"我可以知道您是来自哪个中国的吗?"

班上当即冷场。我慢慢地对我的教授说:"先生,我没有听清楚您的问题。"

他清清楚楚一字一句,又重复一遍。我看着他的脸。那脸,大部分掩在浓密的毛发下。我告诉那张脸,我对法兰西人的这种表达方式很陌生,不明白"哪个中国"一说可以有什么样的解释。

"那么,"教授说,"我是想知道:您是来自台湾中国还是北京中国?"

雪花在窗外默默地飘。在这间三面墙壁都是落地玻璃的教室里,我明白地感觉到了那种突然冻结的沉寂。几十双眼睛,蓝的绿的褐的灰的,骨碌碌瞪大了盯着三个人来看,看教授,看我,看我对面那位台湾同学。

"只有一个中国,教授先生,这是常识。"我说。马上,教授和全班同学一起,都转了脸去看那位台湾人。那位黑眼睛黑头发黄皮肤的同胞正视了我,连眼皮也不眨一眨,冷冷地慢慢道来:"只有一个中国,教授先生,这是常识。"

话音才落,教室里便响起了一片松动椅子的咔咔声。

教授先生盯牢了我,又递来一句话:"您走遍了中国吗?"

"除台湾省外,先生。"

"为什么您不去台湾呢?"

"现在还不允许,先生。"

"那么,"教授将屁股放了一边在讲台上,搓搓手看我。"您认为在台湾问题上,该是谁负主要责任呢?"

"该是我们的父辈,教授先生。那时候他们还年纪轻轻呢!"

教室里又有了笑声。教授先生却始终不肯放过我:"依您之见,台湾问题应该如何解决呢?如今?"

"教授先生,我们的父辈还健在哩!"我说,"我没有那种权力去剥夺父辈们解决他们自己的难题的资格。"

我惊奇地发现,我的对话课的教授思路十分敏捷,他不笑,而是顺理成章地接了我的话去:"我想,您不会否认邓小平先生该是你们的父辈。您是否知道他想如何解决台湾问题?"

"我想,如今摆在邓小平先生桌面的,台湾问题并非最重要的。"

教授浓浓的眉毛好像一面旗子展了开来,向上升起:"什么问题才是最重要的呢,在邓小平先生的桌面上?"

"依我之见,如何使中国尽早富强起来是他最迫切需要考虑的。"

教授将他另一半屁股也挪上了讲台,换了个更舒服的姿势坐好,依然对我穷究下去:"我实在愿意请教:中国富强的标准是什么? 这儿坐了二十几个国家的学生,我想大家都有兴趣弄清楚这一点。"

我突然一下感慨万千,竟恨得牙根儿发痒,狠狠用眼戳着这个刁钻古怪的教授,站了起来对他说,一字一字的:"最起码的一条是:任何一个离开国门的我的同胞,再也不会受到像我今日承受的这类刁难。"

教授倏地离开了讲台向我走来,我才发现他的眼睛很明亮,笑容很灿烂。他将一只手掌放在我的肩上,轻轻说:"我丝毫没有刁难您的意思,我只是想知道,一个普通的中国人是如何看待他们自己国家的。"然后,他两步走到教室中央,大声宣布:"我向中国人脱帽致敬。下课。"

出了教室,台湾同胞与我并排走。好一会儿后,两人不约而同看着对方说:"一起喝杯咖啡好吗?"

一堂对话课绝非一般的师生对话,而是斗语言艺术的课,斗智慧的课,斗民族志气、民族自尊的课,构思很有特色。

文章的"意"是经过深思熟虑的,振奋人心。教授发问的刁难,实际上是思想上的不尊重,如果作为记者的"我"唇枪舌剑一番,貌似长了自己的志气,但落入了人云亦云的窠臼,缺乏新意。由"刁难""我"的教授大声向学生宣布"我向中国人脱帽致敬",不是向一个学生,而是向"中国人",不仅"致敬",而且要"脱帽"以表示真诚,话音骤响,中国人的尊严得到了应有的尊重。在众多国家的学生面前,经过一番智斗、苦斗,中国人捍卫国家尊严、大义凛然的气概征服了所有在座者,从根本上大大长了中国人的志气。这是文章最为闪光的地方。

文章表达主题采用了直言奉告的方法。表面看平平实实,先发生的事先说,后发生的事后说,最后揭示主题;稍加探究,就可知道作者构思是何等细密,平中有巧,平中出新。

第一,材料的组合环环紧扣,步步进逼。教授问了一系列问题,这些问题分为几组,由问工作入手,进而问来自哪里,再进而问中国富强的标准,每一组又有若干小问题,特别是对台湾问题揪住不放。这些问题怎么问,又怎么答,如不深思熟虑,精心构思,就不可能问得"刁钻古怪",答得义正词严。而且起始的答问比较平和;发展进程中犹如"拉锯战",几度纠缠,气氛开始紧张;触及国家尊严是问题的实质,紧张气氛加剧;最后气氛急转,由紧张而缓和而轻松。正因为问答的内容、问答之间的关系与衔接作了极其精细的设计,故而如水下泻,一气呵成。

第二,人物的配置也做了精心安排。文章写的是一场对话的场景,有主要人物,有众多的"配角"。主要人物之一——教授,不仅写其声,而且绘其形,连"坐"的细节都精心设计了,真是栩栩如生。如果把教授写成敌视中国的,对话的深刻含义就大为削弱。教授以教学严谨闻名全校,以问题刁钻古怪在学生中流传,曾使几乎所有学生因窘于回答而难堪,有这样的铺垫,教授的一连串发问就有了基础。教授的"问","我"的"答"不时引起课堂上同学的反应,人物活动主次分明,又浑然一体。如文前不细心筹划,不可能如此天衣无缝。

第三,语言运用也费一番斟酌。对话当然要以语言取胜,所以通篇语言都比较简洁、精彩,有的显然作了推敲。如教授"穷究""我",意图造成"我"更大的难堪时,"我突然一下感慨万千,竟恨得牙根儿发痒,狠狠用眼戳着这个刁钻古怪的教授",这个"戳"用得极好,把此时心中的恨十分形象地表达出来。

钟丽思同志写的这篇文章发表于1992年第12期《读者文摘》,在立意、组材、语言、表现方法等方面的构思值得借鉴。

在联邦德国海姆佗市市长接见仪式上的答词

尊敬的市长先生，尊敬的S基金会理事先生；女士们，先生们：

由于景慕海姆佗的大名——我们早就从优美的德国民间故事里熟悉她了——中国作家代表团提前半小时到达贵市。

在进入这座市政大厅之前，我们已经漫游过广场，在街心露天咖啡馆喝了饮料，并且欣赏过几乎任何商店橱窗全都陈列着的大大小小的老鼠，棕黄色，安了胡髭，既像是皮革缝制的，又像是泥巴捏成的可笑的老鼠。最重要的是，我第一个发现了那位花衣吹笛人（这使我不禁有点得意了），于是，我赶紧挎着照相机过去同他攀谈，同他合影留念。（会场活跃，笑声）

我和花衣吹笛人谈了一些什么呢？没有什么需要保密的，完全可以公开。（笑声）首先我招呼他："哈罗！穿花衣服的先生，您好哇！原来，您藏在人群中，叫我好找！"他似乎抱歉地耸了耸肩膀（笑声），接着，我就对他自我介绍："我是一个中国作家，在那遥远的东方，我读过你们德国作家写的关于你的书。我了解您，您是一位本领高强的魔法大师，您有一支魔笛，这会儿，它就捏在您的手中，不是吗？"可是，花衣吹笛人既不点头，也不走开，只是一个劲儿地瞅着我，眼珠子眨也不眨，仿佛在打量我说的到底是不是真话。（笑声）我不管这许多，便开始求告他："喂，伙计！自打我来到联邦德国，就听到人们在抱怨，说是如今有不少德国青年，只顾个人轻松快活，不愿结婚成家，因此……（全场活跃，交头接耳）儿童越来越少了，人口结构也出现了老化的趋势……（热烈鼓掌，欢呼，跺脚）我很同情德国人，喂，先生，您听明白了没有？我很同情德国人，先生，请您再也不要把海姆佗的孩子带走了，行吗？"（热烈鼓掌，欢呼，跺脚）我见这位魔法大师动了心，便又趁热打铁，对他解释：

"过去统治海姆佗的那帮该死的贵族老爷,早就完蛋了!他们说话不算数,又愚蠢,又小气,如今的海姆佗市长先生和他的同僚先生们,可是一些信守诺言的好人!(欢呼,鼓掌)假如他们应许了您什么,只管伸手向他们要好了!他们会给的,一定会给的,我知道,现在的德国人有的是钱……(哄堂大笑,鼓掌)因为,联邦德国是一个工业发达的国家。"不过,听了我这一番话,花衣吹笛人是怎样考虑的,我可来不及讨个回音,因为接见的时间到了,我们的司机 Uwe Laue 先生催我上车了,我只来得及最后大喊一声:"行行好吧,先生!"(大笑,跺脚,热烈鼓掌)便直奔这座大厅。

上面这一席话,可以当作我们中国作家代表团对海姆佗建城一千年庆典的贺词,也是我本人和我的同事们对诸位如此热情动人的欢迎仪式的报答。(热烈鼓掌)

只要从括号里记录的听众的强烈反应,就可知道这篇讲演稿写得多么成功。作者是公刘,当代著名诗人,1987年4月率中国作家代表团赴联邦德国访问,在联邦德国海姆佗市市长接见仪式上讲这番话的。

讲话的目的很明确,在表达对海姆佗市市长及德国人民赞美之情的同时,指出德国存在的一个社会问题,并深表同情。这样的主旨如果平铺直叙,直言奉告,对方不一定能接受,效果不一定好。作者巧妙构思,用旁敲侧击的手法来表现主题。

德国有一个家喻户晓的民间故事:过去,海姆佗市曾鼠害严重,一个从外面来的花衣流浪汉声称能用魔笛除鼠。当地贵族应允待祸患除尽,就重金酬谢。花衣人吹魔笛把老鼠引入河中淹死。事成之后,贵族背信弃义,不付酬金,花衣人大怒,再吹魔笛,使这个城市的一百几十名儿童出走。作者借助故事巧妙地指出德国社会存在的人口结构老化的问题。如果作者把现成的故事复述一遍,那就味同嚼蜡了。作者以德国民间故事为依据,从总体上设计了一个蕴含深意的新故事。它的形式是访问者与花衣人的对话,核心问题是向花衣人"求情","不要把海姆伦的孩子带走",捎带谴责过去贵族的愚蠢、小气,赞美今日当政的市长的明智。构思这部分内容,有板有眼。先自我介绍身份,然后赞扬花衣人,再向他诉说德国社会上的一问题,向花衣人求情,边说边叙述描写,妙趣横生。明明是编造的故事,因为考虑得周密,语言也设计得幽默,生动形象,犹如发生在眼前。

以漫游广场,大大小小老鼠构成的商店橱窗世界,作为故事的铺垫;以大喊一声"行行好吧,先生"结束故事,强化主题,均是缜密构思的功劳。

【习作评说】

照　　片

照片上三个人。三个都是女性。

三个人的神态很不协调。左边一位刚过中年,雍容华贵;右边一位很年轻,俏丽窈窕。她们对着镜子笑着,都如天仙一般美,她们挽着中间那位矮老太太。老太太扎一块方头巾,下身穿一件很像围裙的花格肥裙子,两腮边的肉已有些下垂,拽着半张开的嘴,她的两眼就在那一刹那被定格,仿佛永远在不停地张皇回顾。她扎煞着两只手,那样的无可奈何,好像并不是在拍照,而是正遭绑架。

背景很辉煌,基调是处处闪光的咖啡色加紫色。身后是一扇玻璃转门,透过门外的树丛,能隐约辨出阳光下的海滩。

"两边的丽人是华侨,中间是从大陆去的姑妈姨妈或老表姐。老太婆有点眼花缭乱了……"我将照片带到班里去的时候,围观的同学纷纷这样猜测。

"是在日本!"——这是细心的人,因为在转门上方,能看到一行夹着汉字的那一国的特殊文字。由于这一确定的事实,于是七嘴八舌演绎出一连串的故事:日本投降后这位姨妈姑姑或表姐留在中国,直到最近才经我方帮助找到亲人,等等。

但不管怎样编来编去,大家好像存在着一种默契,有一个共同确认的前提:穷老太婆必定来自"大陆"或"内地",两位"丽人"自然是不同于"我们"的人了。这总使我的心里以及关于这张照片的故事,在本来的沉重感上又增加了一丝苦味。

"这是安阿姨。"我指着左边那位说。"右边是她的学生。她们既不阔也不是华侨,都是本市市民。老太婆倒是地道的日本人,且并不老,只比安阿姨大一岁。"

安阿姨是"舞协"会员。同她的学生等去日本的一座友好城市访问演出。照片是在她们下榻的饭店前厅拍的。从住进饭店起,她们就注意到了那位老太婆。她总是默默干活,从不抬头也不休息。一连几天,她们看到的似乎只是那块花头巾。仿佛从她身旁来往的人,以及沙滩、阳光,总之外部世界的一切都与她无关。出于我们的观念,安阿姨对她产生了由衷的关心,开始用学来的简单用语同她打招呼。她分明听到了,但从不回答,只是更低地埋下头去。

一天下午,安阿姨她们回来,正碰上她在前厅抹地板,于是走过去,要同她合影留念。她明白她们的意思后,第一个反应要逃开。她们一左一右挽住她,由同团的同志拍下了这张照片。几乎同时,她像瘫倒一样跌坐在地上,然后,竟嘤嘤地哭了起来……

夜里,安阿姨们听到门外有窸窸窣窣的声音,开门一看,她跪坐在门边。她急急膝行进屋,抱住了安阿姨的腿……

代表团的人都悄悄聚到安阿姨的房间里。

她来请求帮助,请代她去申明:拍照不是她的错,她是无辜的。不

九　用意绵密，一片浑成

然，她就会丢了这份差使。她说自己是"乞儿族"的人……

历史好像一下倒退了几个世纪。

在今天的日本人中，存在着一个阶层，一个类似印度"贱民"的阶层，被称作"乞儿族"。他们不能参与任何高级社会活动。一般日本人，连同他们谈话也觉得耻辱。他们赖以谋生的职业，只能是被一般人唾弃的行当。这个阶层形成于三百多年前日本的幕府时代。当时的奴隶，即今天的乞儿族。他们曾被严禁与一般人正面相向。直到20世纪初，在遇到社会地位较高的人时，还必须立即匍匐在地。

更为严酷的是，他们的这种地位与身份都是世袭的，永远不能摆脱或超越。今天，他们的人数已超过三百万。

"那一夜，我们都没睡。"安阿姨在讲完上面那段故事后说，"怎么能睡得着呢？心头那股压抑，使人总想狂喊几声。我久久站在窗前，望着那个城市、那片璀璨的灯海，望着望着，就掉了眼泪……我理不清自己的思绪，但有一点是强烈的：我想念我们的祖国，想念我们这个城市……后来，我们互相拥抱着，像孩子一样痛哭起来……

"按照对她的许诺，我们做了我们能做的一切，但直到回国前，却再也没有见到她……她还有两个未成年的孩子，她要挣钱养活他们……"她的声音哽咽了。我们都沉默着。

许久，安阿姨的丈夫深情地说："她保住了那份可怜差使又会怎样呢？她抚养大了自己的孩子，反会使他们陷入更深的屈辱之中……"

我陷入了沉思。

李倚天

这篇作文语言流畅，主题蕴含深意，耐人寻味。

"意"显然经过提炼。如果文章只揭露日本乞儿族奴隶生涯的悲苦，那只能博得读者的同情。习作者在这个基础上开掘，记述了安阿姨和全团同志想念祖国的激动情景,抒写了自己的同窗伙伴不知世事对照片的猜测,使我"在本来的沉重感上又增加了一些苦味"的感受。"意"往深处发展,它揭示了这样一条真理:砸碎了奴隶枷锁站起来的中国人,享受着做人的尊严,是无比幸福的。

要表达这样的主题,习作者从一张照片入笔,以小见大,设计是好的。文章开头设计了对照片中人身份的猜测,形成悬念,然后叙述事实真相,让读者在意料之外中获得启迪。

交代照片的由来,以及由照片引出的穿花格肥裙子穷老太婆的遭遇,并由此引出地位低贱的乞儿族的苦难,用了直言奉告的方法,把事情叙述得清楚明白。

然而,从整篇来说,由于构思不够精细,漏洞不少。

第一,文气不能贯通,前后两个部分缺乏必要的关联。前七段着重描绘照片,议论照片,猜测照片内容,地点是教室;从第8段开始,讲述照片由来。是习作者讲给同学听的,还是安阿姨讲给习作者听的,未作交代。当然,安阿姨不可能自己到教室对同学讲,而是习作者的转述。既然是转述,就应交代清楚。

第二,前半部分教室里出现的同学,到文章的后半部分均不见了。有关照片的故事是讲给谁听的呢?听的人有何反应呢?不清楚。学生习作中常常发生写人把人丢了的毛病,究其原因,往往是习作开头构思的功夫花得较多,写得较好,写到后面,思考得不够,就丢这忘那了。这篇习作如写几笔听众的反应,内容就比较完整,"意"也能表达得更为清晰。

第三,文末突然增添人物,也缺乏必要的交代。安阿姨的丈夫在文章结尾处突然出现,并且说了一段意味深长的话。文中可以出现这个人,但究竟是在日本,还是在安阿姨的家里,还是另外什么地方,缺乏交代。正由于缺乏交代,就显得十分突然。

有的地方考虑也欠精细,比如"穷老太婆必定来自'大陆'或'内地'","大陆"和"内地"不能并列,大陆中有沿海,大陆中有内地。

由此可见,文前构思须十分缜密。文章的全局、文章的局部乃至一些细节,都要在脑子里过几遍,力求想清楚,想透彻。构思功夫深,下笔就会如行云流水,天衣无缝。

这篇习作尽管在构思上有欠缺,但还是一篇比较好的文章。

【要语一束】

文前构思是"驭文之首术,谋篇之大端"。

构思是对一篇文章总的筹划,总的设计,是从立意、取材、谋篇到表达的整个思维过程。

构思要精细,先在脑子里搭文章的雏形,然后反复酝酿,从总体到局部到细部,并不断修改、补充,最后选择最佳方案。

构思表现主题的方法,可直言奉告,可旁敲侧击,可托物言志,可多种方法综合运用。

构思常用的形式:打腹稿,列提纲。

十　精工巧作，织锦成文
——连缀组合

文章不仅要言之有物，有充实的内容；而且要言之有理，有令人信服的道理，开人心窍的思想；还要言之有序，按照一定的规律连缀组合，织成美好的篇章。

任何一篇文章要做到表达上的"言之有序"，须在谋篇布局上精工巧作。好比盖房子，尽管砖瓦、木材、钢筋、水泥等建筑材料准备齐全，但怎么结构，怎么布局，很要一番斟酌。清朝戏曲理论家、作家李渔在《闲情偶寄》中说到结构篇章时指出："基址初平，间架未立，先筹何处建厅，何方开户，栋需何木，梁用何材，必俟成局了然，始可挥斤运斧。"动斧斤之前须考虑房子里什么地方建厅堂，什么地方开门，栋和梁各需要怎样的木材。一句话，盖房子前先要把框架结构设计好，否则丢这忘那，边盖边改，事倍功半。写文章如建造房屋，下笔前要把文章的框架结构谋划好。

【文心絮语】

谋篇布局就是按照一定的逻辑顺序，在主题的统率下，把表现主题的有关材料进行安排，先写什么，后写什么，怎么展开，怎么过渡，怎么结尾，有条不紊地组成完整的篇章。古代文章家认为"章有章法"，认真按章法办事，能使文章"首尾开阖，繁简奇正，各极其度"。当然，谋篇的方法不是一成不变的,可根据文章的内容灵活运用。

谋篇布局涉及文章的各个部分,如开头与结尾,段落与层次,过渡与照应,以及贯串全文各个部分的线索等。文章的整篇要谋划,文章的各个部分要巧安排。把握每个方面的要求,写出来的文章就能结构完整、层次清晰、条理分明、繁简得当。

谋篇布局最为重要的准则是要突出文章的主题。

在谈文章的立意时,已经谈到"意犹帅也",文章的主题、写作的主旨,是文章的将领、统帅;"兵随将转",文中的词句、篇章犹如兵卒,听统帅调遣。例如臧克家的《有的人》是首新诗,热情赞颂鲁迅"俯首甘为孺子牛"的革命精神。为了突出这个主题,诗的起始段开门见山地捧出人生哲理:"有的人活着,他已经死了;有的人死了,他还活着。"运用两组对立的概念,造成强烈的悬念,犹如奇峰突起,警钟骤鸣,提出人生的实质性问题后,诗进入第二层次。分别对虽生犹死和虽死犹生的两种人具体描写,具体写他们对人民的态度、对个人的名利和对生活的目的。第三层次写人民对这两种人的态度。每个层次又各有三个小段组合而成。这样组织材料,中心突出,条理分明,褒什么,贬什么,一清二楚。简单的诗歌、文章是如此,复杂的文章更要注意突出中心,犹如一棵大树,枝叶十分繁茂,如果不按一定的脉理组合,势必连主干也不清楚了。材料十分丰富的文章,空间转换多,时间跨度大的,更要精工细作,丝丝线线都要梳理清楚,把每个材料放在合适的位置上,安排得井然有序,千万不能材料凌乱或随意堆砌,以致淹没主题。法国大雕塑家罗丹曾这样说:"一件真正完美的艺术品,没有任何部分是比整体更重要的。"同样道理,文章要完美,整体布局十分重要。

谋篇布局要遵循的另一准则是要符合客观事物的内在规律和人思维的逻辑规律。

文章是客观事物的反映。任何事物有它发生、发展的规律,有内在因素,有外在条件,结构反映这些事物的篇章时,要深入地认识,准确地反映。例如贾祖璋的科学小品《花儿为什么这样红》,先安排说明花的物质基础的材料,然后安排从物理学原理、从生理上需要说明的材料,再安排从进化的观点、自然选择、人工选择说明的材料。从物质基础说明花儿为什么这样红的材料是文章的核心材料,所以放在文章的首要位置,这样安排符合花朵呈现红色、呈现蓝色、呈现紫色的根本原因,反映事物的内在规律。人工选择虽有许多功劳,但大大晚于自然选择,自然选择亿万年前就有,而人工选择仅二三百年,从客观事物本来面貌看,先说明自然选择,再说明人工选择是合适的。用文章反映客观事物,不可能是照相机摄像,原封不动,它需要经过头脑过滤,加工,更有条理地表现出来。如上例所说,形成和影响花儿色彩的因素——内在的、外在的很多,布局谋篇就须把这些在脑子里加工,然后分别主次,把从不同角度说明的材料编织起来,织锦成文,使读者读后留下清晰的印象。

谋篇布局须有清晰的线索。

要把众多的材料连缀组合成有机的整体,须用一条线索贯串。如果说,材料是散落在地的一颗颗珠子,而线索的作用就是把这一颗颗珠子穿起来,构成一个完整的饰物。不同体裁的文章贯串材料的线索各有自己的特点。就记叙类文章说,常以景、物、人、事、时间、空间、感情等为线索结构材料。

以景为线索,往往抓住景的特征,把材料串联起来。如老舍的《济南的冬天》,一般说,冬天寒风呼啸,雪花纷飞,济南的冬天不一样,特别是"温晴"。文中描写的阳光、小山、白雪、绿水等材料,用"温晴"贯串,济南冬天的奇景便跃然纸上。以物为线索结构全文,"物"在文中推动事件线索或情节的发展。如《七根火柴》写的是红军长征中过草地的故事。从红军战士卢进勇极度饥寒,需要火而无火,重伤的无名战士胸藏火柴而不用,牺牲前把火柴交给卢进勇,卢进勇把火柴交给组织、交给同志,无边的黑夜里,燃起一簇簇熊熊的篝火,故事的开端、发展、高潮、结局由七根火柴串联,情节紧凑,结构完整。以人的某些特征、某些细节为线索,结构全文。朱自清的《背影》写的是父子情,这种情通过对父亲形象的刻画来表现。文章以"背影"形象贯串全文,结构材料。文中四次出现"背影",由起笔的点题,造成悬念,到对"背影"的具体描绘,线索清晰,真情感人。以事为线索结构全文,在记叙文中也常见。如《多收了三五斗》写的是旧社会农民丰收反而受灾的辛酸故事。文中以旧毡帽朋友进镇粜米这件事为线索,展开故事情节。粜米时的受侮,购物时内心的矛盾,船头上表现的反抗意识的萌发,按照事件的发展有顺序地得到表达。以时间的推移为线索同样可以把众多的材料串联起来。如《海滨仲夏夜》就是以时间推移为线索,展现海滨夜色的层层变幻,把"夕阳落山不久""夕阳逐渐西沉""夜色加浓"等有关晚霞、海浪、启明星、灯光等材料串起来,成为篇章。空间位置转换也常用来作为记叙类文章的线索。如《雨中登泰山》,就是以作者登泰山的足迹为线索,随着空间位置的转换,把自岱宗坊至南天门长约十千米的中轴线上的飞瀑、祠庙、翠松、古柏、洞天、云海等景物穿起来,展现雨中泰山的美丽画卷。有些文章乍看材料似乎很散,但仔细剖析,就可发现有思想感情的线索贯串其中。如《我的老师》就是以回忆、依恋、思念蔡老师的感情为线索,把"她从来不打骂我们""她教我们跳舞""节日带我们去玩""教我们读诗""一件小事""放假时更不愿离开她""夜里迷迷糊糊找蔡老师"等材料连缀组合,构成感人的篇章。有些文章的线索就是文章的中心思想。如《人民的勤务员》,中心思想是赞颂雷锋全心全意为人民服务的精神,把文中五个故事组合起来的线索正是中心思想。

有些记叙类文章内容比较繁杂,要把材料组织得井然有序,作者常采用两条线索。有的可一明一暗,有的可一主一副。明、暗也好,主、副也好,都为了突出主题。如鲁迅的《药》就是两条线索。小茶馆业主华老栓一家的遭遇是明线,旧民主主义革命者夏瑜被害是暗线,两条线索交织的关键是买人血馒头治病。两条线索把四个场景结构起来,表达深刻的主题——揭露辛亥革命前后反动统治阶级镇压革命与毒害人民的罪行,总结旧民主主义革命者脱离群众的教训。又如,《包身工》这篇报告文学也是双线结构。记叙包身工一天的生活,以时间为顺序的线索,是主线;以包身工制度的产生、发展、趋向和结局为副线。主线与副线有机结合,表达了作者对包身工这种罪恶的野蛮制度的极端憎恨。

作家张抗抗曾说:"单线条的结构,使人一目了然,像一片小树林,优美、恬静,然而双线条、多线条的结构可以组成气势宏大的森林。"初学写作的人要学会用各种单线结构材料。学习用双线结构篇章时,要十分注意两条线索之间的内在联系,不能是毫不相干的或有矛盾的、不协调的。多线条往往是大部头著作,初学写作者力所不能及。但阅读时多加注意,能从中受启发。

议论类文章线索主要抓合乎逻辑。毛泽东同志曾指出:"一篇文章或一篇演说,如果是重要的带指导性质的,总得要提出一个什么问题,接着加以分析,然后综合起来,指明问题的性质,给以解决的办法,这样,就不是形式主义的方法所能济事。"显然,论证某一观点时,要提出问题,分析问题,解决问题;在论证过程中,有一线索联结各部分材料。不论用什么方法论述,循着最初提出问题围绕中心论证的线索不变。如《谈骨气》,这篇短文开宗明义提出"我们中国人是有骨气的",以此为红线,把富贵不能淫、贫贱不能移、威武不能屈的有关材料连缀起来,环环相扣,有说服力地论证观点。

谋篇布局须条理清楚,层次分明。

文章切忌糊成一片,乱麻一把,眉目不清。布局上杂乱无章,即使内容比较好,读者也无法理解。

要做到条理清楚,层次分明,首先要对文章进行整体谋划,也就是先搭好全篇文章的架子,处理好先后、主次、详略三对关系。明确文章的主旨以后,要审视能表达主旨的各种材料,先写什么,后写什么,哪些材料为主,哪些材料比较次要,详细写什么,简略写什么,都要紧扣主旨通盘考虑。如果说一件事颠颠倒倒,又缺乏必要的交代,别人就看不明白。通篇考虑布局,可采用横式的方法结构材料,可采用纵式,也可纵横交错。如朱自清的《春》,先总画春的轮廓,迎春;再细写"春草""春花""春风""春雨""春天的人",绘春;最后是颂春。从全文看,迎春、绘春、颂春三组材料并列;再从具体描绘的部分看,五个材料也是并列的。因而,这篇散文的结构形式是横式。纵式结构往往是以时间的推移和地点的转换为顺序,如《老山界》写红军翻山的经过:从当天下午写到天黑,地点从山沟到山脚;从天黑以后写到黎明之前,地点从山脚到半山腰;从次日黎明写到下午两点钟,地点从雷公岩到高山顶;写山顶上休息及下山,地点从山顶到山下,直至夜营地。材料按时间为线索纵向结构,脉络分明,给读者清晰的印象。有些文章时间跨度大,材料的容量大,那就要精心布局,采用纵横交错的结构。如著名话剧表演艺术家于是之写的《幼学纪事》,记述了作者艰苦求学生活的经历,从童年到十五六岁,时间跨度大,材料很丰富,为了突出主题,文章采用了纵横交错的结构形式。从纵的方面看,以时间先后为顺序,按照上学—辍学—边做事边求学的顺序依次叙述;从横的方面看,把受艰苦生活环境的磨炼、求学的曲折经历、对知识的渴求、对文学的酷爱、对良师益友的怀念等材料有机地组合起来,纵横交错,条理分明。不管采用哪种结构形式,都要注意主次、详略。如前所述的《老山界》,记翻山经过时,上山材料为主,详细记述,下山略写;记攀登上山时,又以夜行军,在半山上宿营的材料为主,详细进行描述。这样抓住重点、繁简得当地结构篇章,既能刻画红军英勇顽强、不怕困难的坚强意志和革命乐观主义精神,又避免了臃肿累赘。如果不分主次，事事详写，破坏了文章的疏密有致，表达效果一定大受影响。

要做到条理清楚，层次分明，还须精心安排文章的段落层次。段落是构成文章的基本单位，也叫自然段，它的明显标志是换行另起。一篇文章分几段，每一段表达怎样的意思，段与段之间怎样连贯，都要妥善安排。段落分得太大，包含的内容庞杂，读起来不易理清头绪，效果不好；也不能分得过碎，一两句一段，两三句一段，把完整的意思割裂开，影响条理的清晰；划分段落要注意内容的单一性和完整性。文章要有中心，不能多中心，段落也如此，一个段落可说清楚一个意思，把众多的意思、众多的问题塞在一个段落里，就会段意不明。如学生作文中有这样一段："在这迷茫的夜色中，不禁想起我的志愿，我的将来，我的理想。不过，无论怎样艰难，我一定要达到目标，实现我的理想。就在这么好的雨夜里，我向小雨细诉，我向月儿发誓，我向蓝天、云儿，还有天上的星星发誓，我要发奋努力，我要坚持不懈地奋斗。"

明明写的是雨夜沉思，突然写走了笔，增添了向月亮、星星等发誓的场景，节外生枝，段意不明。删去"我向月儿发誓，我向蓝天、云儿，还有天上的星星发誓"，段意单一了，段落也完整了。总的说，这一段写得不好，空洞。

层次，又叫意义段，逻辑段，是文章内容的表现次序。作者把文中要说的内容分成若干部分，然后一层一层梳理，把意思说清楚。层次与段落有联系，又有区别。层次靠换行另起的段落来表现，而段落又是构成层次的基础。有时一层意思要用几个段落来表现，也有一个大段落中有几个小层次。文章的条理性、层次性主要反映在段落、层次是否清晰，是否精当。如《我爱校园的小路》中有这么四个段落：

校园的小路，牵着我的手，把我领向了一个陌生的世界，崭新的生活。

　　沿着小路,我找到了一个来自五湖四海的大家庭,彼此素不相识,各自操着浓重的乡音,却一见如故,声声问候,好似同胞兄弟、亲生姐妹,难道说是小路把我们的情谊连在了一起?

　　沿着小路,我找到了我们的教室,新漆的课桌,通亮的窗户,怎不使人心旷神怡?我们都怀着一腔的抱负、宿有的理想,聆听严师的教诲,心中燃起求知的欲望。难道说,是小路使我们济济一堂?

　　沿着小路,我找到了知识的库藏——图书馆,那里真是一个书的海洋。一排排书架,载着我们的精神食粮;一叠叠索书的卡片,通向深奥的王国。我们目不暇接,流连忘返。难道说是小路把我们送到知识的海洋?

　　这里的四个段落只有一个层次。这个层次的意思是校园的小路把作者领向陌生的世界、崭新的生活。这个层次中第一个段落总述这个层次的意思,第二、三、四个段落扣住"陌生""崭新"具体叙说,条理清楚。写作时划分段落层次最为重要的是把各个部分的关系弄清楚,该并列的并列,该总分的总分,该主从的主从,有顺序地把一层一层意思说明白,不纠缠,不任意跳跃,文章就言之有序,层次井然。

　　要做到条理清楚,层次分明,过渡、照应也要巧作安排。道理十分简单,窗子要装进窗框,门要装进门框,总得有关联的东西,或枢纽,或滑轮。文章的层次之间、段落之间要衔接好,须注意过渡。由这件事的记述转到那件事的叙述,由这个景物的描写转到那个景物的描写,由这个问题的阐述转到那个问题的阐述,由这层意思转到那层意思等,均须采用过渡的方法。过渡的形式常用的有过渡段、过渡句、过渡词语。过渡段是一个独立的自然段,在结构上起承上启下的作用。如"孔乙己是这样的使人快活,可是没有他,别人也便这么过"在文中是一个独立的自然段。"这样的使人快活"紧承上文,因为上文的五个自然段写孔乙己是怎样作为人们的笑料的;"没有他,别人也便这么过"开启下文,因为下面几段文字写孔乙己最后一次来咸亨酒店肉体受摧残、精神上崩溃的情景,以及孔乙己终于不见、别人照样过的状况。这个过渡把前后两个部分紧密地联系起来。过渡句同样可把上下段或上下层的意思沟通起来,不过它不是一个独立的自然段,而是依附在某一个段落里,或者在段落的开头,或者在段落的结尾。如《事事关心》中有"为什么忽然想起这副对联呢?"一句,就是承上启下的过渡句,上文引用"风声、雨声、读书声,声声入耳;家事、国事、天下事,事事关心"这副对联,并指明出处,下文说明想起这副对联的原因。用设问句过渡,紧凑、自然。有时只用一个词语或一个词组来过渡,使上下文衔接紧密,如用"因为""但是""一般地说""总起来说"等,用怎样的词或词组来关联,要看上下文之间的关系。用关联词或某个词组时要注意:一不要乱关联,特别是转折关系的词,如"但是""可是"等不要滥用,不该用时用了反而影响条理的清晰;二要弄清楚上下文之间的关系,是因果、是转折、是总分、是递进、是次第,等等,洞悉关系,就能选准过渡词语或词组。

　　文章要条理分明,浑然一体,还须注意照应。照应就是文章的前前后后要彼此照顾。文章家十分注意文气的贯通。下笔成文要做到首尾呼应,前后连贯,有伏笔,有照应,文章才会通篇浑然一体,没有断断续续的痕迹。伏笔,就是埋伏,对文中要说的内容先作一个提示,后面说到这个问题就有"源"可寻,不会空谷来风。前面说的问题,后面要照应,前呼后应,细针密线,就能织锦成文。如《在马克思墓前的讲话》,歌颂马克思伟大的历史功绩,赞扬他为共产主义事业奋斗终生的精神。为了表达这样的主旨,除内容丰厚、见解精辟外,层次清晰、结构严谨也是很大特色。就拿前呼后应来说,文章开头部分提出"这个人的逝世,对于欧美战斗着的无产阶级,对于历史科学,都是不可估量的损失",从结构上说,这是总的提示,下文就从革命实践和革命理论两个方面论述,呼应两个"对于"。又如文章前半部分论述了马克思的理论贡献,说明他是伟大的思想家;后半部分论述马克思卓有成效的革命实践活动,说明他是伟大的革命家以后,结尾是"他的英名和事业将永垂不朽",用"英名"和"事业"照应全文。全文收束句前的"现在他逝世了,在整个欧洲和美洲,从西伯利亚矿井到加利福尼亚,千百万革命战友无不对他表示尊敬、爱戴和悼念"又是与两个"对于"呼应。全文过渡自然,前后照应,所以给人以一气呵成的感觉。

文章谋篇布局还要讲究开头与结尾。

讲究开头结尾,目的在更好地表达内容。古人对文章有个十分形象的说法,即文章要"凤头、猪肚、豹尾",文章除内容要充实外,开头要漂亮,"首句标其目",结尾要有力,"卒章显其志"。开头要响亮,"起句当为爆竹,骤响易彻"。如"山,好大的山呵!起伏的青色群山一座挨一座,延伸到远方,消失在迷茫的暮色中"是《驿路梨花》的起句,用饱含感情的感叹句起笔,既形成悬念,又激荡读者感情,还能把读者一下子领入暮色迷茫的群山之中,这样的开头醒人耳目。文章起句虽不"奇峰突兀",但言简意深,能叩击读者思维的门扉。如《窗外》的开头:"聪明人说,眼睛是灵魂的窗户。我说,窗户是房子的眼睛。"又如《另一种"拉祖配"》文章的开头这样写:"人一'阔',就有人攀附,活着的自不必说,就是死了几十、几百、几千年的,也会有人去认亲的,不是排出过杨老令公的第几代子孙么?蓝翎同志给这类社会现象取了个名字,叫作'拉祖配'。"生活中"拉郎配"人们熟知,就某种社会现象创造性地发明了"拉祖配",发人深省。但不管怎样开头,开门见山也好,形成悬念也好,激发感情也好,引人入胜也好,总要根据主题表达的需要。开头最忌绕弯子,说不到点子上。平实、朴素也是好的,平中寓情、寓理,对表达主题同样起积极导入的作用。

文章结尾犹如一首乐曲的终了,应清音缭绕,给人以深刻的印象。明朝人谢榛在《四溟诗话》中说:"结句当为撞钟,清音有余。"结尾与文章的开头一样,怎样设计,采取什么形式收尾,同样要根据表达写作主旨的需要。最常用的形式是总结全文式。例如吴晗的《说谦虚》,论证了"谦受益,满招损"这个中心论点后,结尾一段是这样写的:"总之,在任何工作中,都要记住:虚心使人进步,骄傲使人落后。"对全文进行总结,与论点呼应,加深读者印象。不少结尾含蓄深沉,留给读者思考、回味。如老舍的《小麻雀》的结尾:"我没主意:把它放了吧,它可能死;养着它吧,家里没有笼子。我捧着它,好像世界上一切的生命都在我掌中似的。我不知怎样才好。后来我把它捧到卧室里,放在桌子上,看着它,它还是那样地愣了半天,忽然头向左右歪一歪,用它的黑眼睛瞟了我一眼,又不动了。可是现在它的身子长出来一些,头挂得更低,似乎明白了一点什么了。"文中的小麻雀原本带伤,又遭猫咬,求生不得,求死不能,结尾这样处理,小麻雀究竟是死了,还是活下来了,它又"似乎明白了一点什么了",到底明白了什么呢?作者没有明说,而是用含蓄的手法,留给读者回味、想象,由小麻雀的悲惨命运想开去,可想得很多、很深。有的以议论抒情来结尾,深化主题,引起读者共鸣。有的议论文结尾是号召性的,激励读者用实际行动响应。总之,形式可多种多样。用什么形式来结尾,关键在:一要紧扣写作主旨,即使是宕开去,也必须有内在联系。二是要与全文的笔调协调,不能给人以外加之感。文章结尾最忌虎头蛇尾,尾细而弱,与"虎头"不相称,使文章趴下,站不起来。当然更不能没有结尾,使文章残缺不全。文章的开头结尾是文章的有机部分,要注意前后呼应,要与全文内容协调一致。

谋篇布局能否条理清楚,线索分明,详略得当,看起来是文字表达的问题,实质上是作者思路的问题。

文字上纠缠不清,杂乱无章,反映了作者思路不清,缺乏逻辑性。

文章要写得有条有理，层次井然，须认真地自觉地锻炼思路。

思路，就是思考问题的路子。一要锻炼思考问题的条理性，考虑问题不能东一榔头西一棒子，要顺着一定的"序"思考，或顺向，或逆向，或横向，或纵向。二要锻炼思考问题的严密性。对要表达的某个事物、某个问题，应该从不同角度、不同方面多观察，多思考，只有对它们自身内在的本质以及与其他事物之间的关系认识清楚，表达上才不会漏洞百出。三要锻炼思考问题的逻辑性。概念、判断要准确无误，推理要合乎情理。

【佳作借鉴】

有数，就有美

一

数，似乎是那么冰冷、枯燥、乏味；然而，你一旦结识了它，就会发现，它充满了情，充满了趣，充满了美。

数是度量。要寻找适度、和谐之美，离不开一定的测度与衡量。

数是秩序。数不同排列与组合，不仅会引起形的改观，而且会引起质的变异。

数是规律。庖丁解牛何以那么得心应手、游刃有余？"口不能言，有数存焉于其间。"

人体美离不开数，结构美离不开数，层次美离不开数，数里藏着优美与壮美、滑稽与崇高、喜悦与悲愁……难怪希腊人有名言曰："哪里有数，哪里就有美。"

二

"一，数之始也，物之极也。"（《广韵》）一是数的起点和终点，也是一切事物的开端和归宿。

起跑线上迈出的第一步,种子绽出的第一个芽蕾,新生儿的第一声啼哭……这个"一"虽然幼小稚嫩,但却是美的胚芽,美的根本。它充满了生命和希望。

万事开头难。"一"的诞生意味着阻力和克服。世界上第一张照片展出时,被报纸愤怒抨击为"亵渎神明"和"欺骗"。电影第一次使用特写镜头时,观众吓得夺窗而逃,也备受攻击和责难。

世界正是在对无数"第一"的勇敢独创和苦难开拓中走向进步,走向自由,走向美。

"吾道一以贯之。"(《论语·里仁》)"一"又是一切艺术创造的主宰和统帅。它像一条红线,串起千千万万颗美的珍珠。

一部小说,不论情节多么复杂,总有一条主线;一幅绘画,不论色彩多么丰富,总有一个基调。中国戏曲《坐楼杀惜》的"杀",《徐策跑城》的"跑"……几乎都可用"一字诀"道出全剧的"戏眼"。

贯一为拯乱之药。"一"可以使乌合之众化为钢铁劲旅,显示出单纯、整齐、统一与力量之美。

有了一,就有二。一生二,二生三,三生万物,万物再归一。一又生出新的东西。如此往复,生生不息,以至无穷。所以画家石涛称它为"众有之本,万象之根"。

三

"天生之物,无一无偶,无一齐者。"(刘大櫆《论文偶记》)世界上一切事物都是矛盾的统一体,这统一物的矛盾,常常体现为"二""四""六""八"之偶。

这"偶",有时表现为中轴线两边的均衡对称。如合欢树的叶,蝴蝶的翅,人的耳目手足——鼻口虽为一,但仍然有左右鼻孔与上下唇齿之分。

这"偶",有时象征着相反相成的衬托或对比:"有无相生,难易相

成,长短相形,高下相倾,音声相和,前后相随。"(《老子》)

"无独有偶"的观念几乎贯串在各种艺术创造之中。北京紫禁城的建筑是以天安门—地安门为中轴左右对称的;中国古典小说章法中有正对、反对,有一卷中自为对、隔数十卷遥为对。中国的对联、诗词更讲究对仗,如有这么一副对联:

冻雨洒窗,东两点西三点;

切瓜分客,上七刀下八刀。

既对仗工整而又拆字为数,其构思之妙令人叹为观止!

这"偶"只是相对的,并非绝对平均的"一刀切"。薛雪《一瓢诗话》曰:"诗家最忌雷同,而大本领人偏多于雷同处见长。……惟其篇篇对峙,段段双峰,却大不异而异,同而不同,才是大本领,真超脱。"

这"偶"推演到极致,便是中国宇宙观、美学观的高度概括:太极图与八卦。

《易·系辞》上:"易有太极,是生两仪。两仪生四象,四象生八卦。"太极图的阴阳"鱼",八卦的阴阳"爻",都是以"阴阳"这一基本范畴派生出种种对立因素的复杂交织与运动变化,成为中国艺术美学原理的认识基础。

在"偶"中,有一个不对称的偏正平衡。它构成一个最美的比率,那就是黄金比——1∶0.618。实验证明,这个比率正同人在最愉快时的"信塔"胸电波高频与低频的比率相吻合。

更有趣的是,葵花子的巧妙排列,牵牛花藤的缠绕生长,自然界中许多美的生长曲线,都酷似数学上的对数螺旋线。而螺旋线的级数恰好相当于黄金率。

四

"凡一二所不能尽者,则约之以三,以见其多;三之所不能尽者,则约之以九,以见其极多。"(汪中《述学·释三九》)

在文艺作品中,对"三"颇为厚爱:画树画三棵,画人画三个。尤其是戏曲,《三打祝家庄》《三顾茅庐》《三气周瑜》……

黑格尔在一定程度上看到了"三"的奥秘,把它概括为正—反—合的三段论。中国书论中也说:"初学分布,但求平正;既知平正,务追险绝;既能险绝,复归平正。初谓未及,中则过之,后乃通会。"(孙过庭《书谱》)

但这不只是平面或直线地看问题。实际上,"三"既不是对"一"的完全重复,也不是对"一"的完全否定,而是在似乎重复中有微妙的进展;在好像倒退中却向更高的层次递升——换言之,"三"是事物螺旋形上升中的一个环节,波浪式发展中的一个波段,也是艺术布局或进程中一个美的单元。

正因如此,一切事物不仅可以"一分为二",而且可以"一分为三"。时间有"过去、现在、未来",空间有"上、中、下",哲学范畴有"一般、特殊、个别"……正确认识"三分法",可以避免对"两分法"的片面理解,避免"非此即彼"地走极端。这便是美学里中和、含蓄之美的数字依据。

在文艺作品中还常用"五""七""九"表示多数或约数。其中,对"九"尤其青睐:九天九地、九流九派、九章九歌……其词之多,不可胜数!除了概示"极多"之外,九,还有自己独特的美学意义。

"日中则移,月满则亏。"九,接近十而不到十,这是矛盾最尖锐、考验最严重、决定胜负的关键时刻。把握住了九,就把握住了矛盾顶点前的最佳瞬间,就把握住了艺术魅力之所在。在这个意义上,可以说9＞10。因为10的绝对值虽然大于9,但作为"数",它不过是1的螺旋形复归,它所标志的瞬间和魅力已经开始从数的顶点跌落下来,像中而复斜的太阳、满而复亏的月亮了。

作为形式美的数学法则,除了太极八卦之外,还有一个九宫格。九宫,是八卦之宫——四方八达加上中央,合为九宫。西方称它为"魔方阵"。它横、直、斜的数字相加都是十五。根据数字的单双,可以创造出许多方形图案,同太极图式的圆形图案相伯仲。

五

错综其数,参伍以变。数字的巧妙组合,可以产生层出不穷的审美情趣。

"七八个星天外,两三点雨山前。旧时茅店社林边,路转溪桥忽见。"(辛弃疾《西江月·夜行黄沙道中》)喜悦之情,跃然纸上。

"阑干十二独凭春,晴碧远连云。千里万里,二月三月,行色苦愁人。"(欧阳修《少年游》)孤苦之思,牵人愁肠。

"三万里河东入海,五千仞岳上摩天。遗民泪尽胡尘里,南望王师又一年。"(陆游《秋夜将晓出篱门迎凉有感》)美壮之气,直冲云霄!……

我想到一帧艺术摄影——人行道上。一个妇女怀抱婴儿,在她身后依次跟着三个幼小的孩子。作者金伯谷把这盲目生育的母子抓拍下来,题为:《5|2|34|》。看着这独出心裁的幽默题目,我忍俊不禁地笑出声来。

数的规律与美的法则有着如此千丝万缕的联系。数是人们从生活中抽象出来的,它又反转来左右着人们进行新的美的创造。

是的。有数,就有美!

这篇文章发表于《艺术世界》1984年第6期,作者翟墨。这篇文章涉及的知识比较多,容量比较大,讲述的又是人们常认为是冰冷、乏味的数字,要写得形象、生动,吸引读者,除了在内容上深入浅出,通俗易懂外,在篇章结构上须精工巧作,引人入胜。

作者在文中要告诉读者这样一个观点:"有数,就有美。"把"数"介绍给读者,启发读者从多方面去结识它,从而使读者认识和体会其中蕴含的美,接受这个观点。

围绕这个中心,作者把众多的材料安排为五个部分,构成文章的总体框架。第一部分对"数"进行总说,第二部分介绍"一",第三部分介绍"偶",第四部分介绍"三至九",最后部分介绍数的错综变化。一步步展开,条理清晰。

文章的五个部分用一根红线贯串,这根红线就是文章的中心,就是"有数,就有美"。第一部分引用希腊人名言提出"哪里有数,哪里就有美";第二部分连缀有关数字"一"蕴含美的材料;第三部分连缀有关"偶"数字蕴含美的材料;第四部分连缀有关数字"三至九"蕴含美的材料;第五部分把数的错综变化展现的美的有关材料组合起来。线索一以贯之,把数的规律和美的法则之间千丝万缕的联系连缀在一起,使文章浑然一体,给人以新的认识、新的启示。

每一部分段落清楚,层次分明。如第一部分三个层次。第 1 段提出结识了"数",就会发现它充满了情,充满了趣,充满了美。第 2、3、4 段用并列的方式具体述说,是这一部分的第二层次。第 5 段是第三层次,总说"美"离不开"数",提出本文"有数,就有美"的观点。又如第二部分分四层意思,第 1 段总说"一"是数的起点和终点;第 2、3、4 段述说"一"是美的胚芽,美的根本,意味着阻力和克服;第 5、6、7 段述说"一以贯之"是一切艺术创造的主宰,还能显示出单纯、整齐、统一与力量之美;第 8 段述说"一"是开端,又是归宿,是"众有之本,万象之根"。先说开端,再说归宿,把引用的、举例的众多材料,分别纳入四个层次之中,用八个段落表达,有条有理。

在一个层次中,意思也要一步一步说清楚。如第三部分讲述"偶"数时,第二层次用了三个段落的文字来表达。先介绍"偶""均衡对称"的特点,再介绍它"相反相成"的特点,然后举三个例子说明"无独有偶"的观念贯串在各种艺术创造之中,把"表现"和"象征"的特点具体化,落到实处。

全文结构紧凑,过渡自然,前呼后应。部分与部分之间,作者引用恰当的文字巧妙地进行过渡。如第一部分结束句是"哪里有数,哪里就有美",第二部分起始句紧扣"数"字,引用《广韵》中的"一,数之始也,物之极也",过渡到对数字"一"的介绍;第二部分结束"一"的介绍,第三部分立刻引《论文偶记》中的"天生之物,无一无偶,无一齐者"起始,引出对"偶"的介绍;第二、三部分介绍了"一""偶"之后,第四部分立即引《述学·释三九》中的"凡一二所不能尽者,则约之以三,以见其多;三之所不能尽者,则约之以九,以见其极多"承接上述的"一""二",开展"三""九"的论说;第四部分关于"三""九"数字寓美的问题介绍结束;第五部分讲述数字的错综变化,以"错综其数,参伍以变"来关联。参,读 sān。参伍。交相错杂。参,就是三;伍,就是五。这就承接了上文的"三";"数字的巧妙组合,可以产生层出不穷的审美情趣"开启了下文的论述。各个部分之间可说是用细针密线缝制,达到天衣无缝的地步。尤其难能可贵的是引用得如此得当,如知识不广博,构思不精细,是难以想象得到的。

前呼后应也处理得比较妙。文章开头说"你一旦结识了它,就会发现,它充满了情,充满了趣,充满了美",提示下文内容,三个"充满",主线是谈"美",每个部分都照应到。第三部分介绍"偶"的最后一段时说:"更有趣的是……"既与上一段衔接,又与"充满了趣"照应。第五部分开头一段过渡段,既承上启下,又与开头的"充满了情,充满了趣"照应。前后呼应,脉络贯通。

繁简详略也安排得十分精彩。第一部分总说,十分简洁;第二、三、四部分展开来说,比较详细;第五部分写数字错综变化的情趣,以举例为主,比较简略。文章当中三部分是主要内容,所以详写;但三个部分比较,三、四两个部分更为详细,因为"一"是数的起始,人们接触多,说的道理容易明白。"偶"说了好几层意思。由"偶"的特点说到"偶"不能误解为绝对平均的"一刀切",再进而说到"偶"推演到极致的情况,最后介绍"偶"中有一个不对称的偏正平衡,揭示数与美之间的内在联系。由常见的建筑说到古诗文,再说到人们接触得比较少的太极图与八卦,最后说到黄金率,由浅入深,层层推进。有些内容如用简笔,一两句带过,意思就不容易说得清楚明白。第四部分介绍数字"三至九"内容丰富,也是详写。但仔细剖析,这部分材料处理同样有详略之分。重点写"三"和"九","五""七"一笔带过。这样处理符合人们用"三""五""七""九"数字的实际情况。文章表述当繁则繁,当简则简,显得绰约有致。

文章的开头和结尾也比较讲究。第一句话开门见山提出问题,吸引读者阅读兴趣。运用"冰冷、枯燥、乏味"和"情、趣、美"两组意义相反的词对照,一下子就增强了吸引力。结尾用"是的。有数,就有美"收煞全文,既是全文的总结,又与文章标题呼应,加深读者印象。

这篇文章且不说材料、语言上的特色,就从布局谋篇来说,层次清晰,繁简得当,首尾连贯,中心突出,堪为学习的佳作。

【习作评说】

丹青点点画虫鱼

国画里的虫鱼很少有人专门画它们的,而我却不惜纸墨成天画,因为我爱塑造鱼儿悠游自得的模样和虫儿活泼蹦跳的情景,画下一条曲折优美的弧,简直可以把一条鱼的意趣完全表达出来;画下一只轻巧灵活的细脚,那虫儿就简直要蹦了起来。

午后,沉闷闷的,我就会提笔来画,磨些墨,蘸些水,挥上几笔,就可以使整个草虫、花间浮出来,再点上几笔,跳出一只蝗虫,飞出一群蝴蝶,展现出一片野趣,真能够使人忘怀忧虑、忘怀尘嚣,回忆童年时在草丛里的玩耍、嬉戏和捕虫的乐趣；再不然就画上几只有力的爪、巨大的钳和浑圆的身，又成了只只螃蟹和大草虾了，真是其乐无穷。国画里的鱼可爱而富生趣，有时孤独高傲，有时热闹非凡，各有各的美，我常觉得用水墨画出来的鱼，自然就栩栩如生，而用水彩、油料画出来的鱼却好似糊上去的，死板板的，失了一股灵气。我喜欢齐白石先生的鱼，他画的鱼，形态生动逼真而有神韵，尤其他画的九条小鱼更是可爱极了，圆大的嘴巴加上一对黑亮的眼睛，游着游着，小鱼的尾巴就好似真的摇了起来；另外我还喜欢八大山人画的鱼，他画的鱼只需用极简单的构图与用笔，就能活现出鱼的各种神态和精神，从鱼的造型上变化出无限的生机。

画大鲤，取个吉祥如意；画鲇鱼，求个年年有余。画这些吉庆画，一方面取其吉庆的谐音，一方面也饶富趣味。画几幅挂在墙上，自己慢慢欣赏，咀嚼其中的韵致，也觉得蛮有一股书香墨味。画鳜鱼，用柔和的淡墨，再点上花斑，镶画出一副肥胖的模样，极为可爱，不过用墨要活，才能使墨色鲜润、自然；画金鱼，带着一条绚丽的大尾巴，两只大而灵活聪敏的眼睛，再伴上层层翠绿的水藻。有时我真是欣喜满足于自己所塑造的水底世界中的每一条鱼，每一根水草，每一颗青石。

草丛、田里的虫儿都有着均匀优美的体态和声音，画起来别有一股劲力，只要架构得好，虫儿的活泼跳跃就能够表露无遗。画蛐蛐，使人想到白露的凄凉秋鸣和沁人的寒意，画斗蛐蛐更可以把蛐蛐那种张牙舞爪、龇牙咧嘴的模样活跃纸上；画蝗虫落于树叶间或地面上，用的不管是工笔或写意，颜色不管是黄绿或赭石，都生动而富意趣，一副刚健勇猛的模样；画螽斯、聒聒儿、络纬也各有各的可爱，用没骨法点出来尤为迷人，再题上一句"秋啼金井栏"就成了一片秋声秋色，仿佛也听见它们唧唧复唧唧地叫了起来；画蚱蜢，可以画它飞翔于草丛间，也可以画它停在草叶上，尖尖的头、长长的须、细细瘦瘦的脚，伴上竹石，伴上花草都会显出一股灵巧敏捷的神态,好像稍一惊动就会倏地跳走。

在一大片桃、杏、牡丹、海棠、玉兰之间,画上一群蜂蝶飞舞,春天的景色才显得更美,整个情趣和韵味都流露在画面上,画紫藤、玫瑰配上蜜蜂;枫叶、红柿伴上细腰蜂,再放上一个蜂巢,题着"为谁辛苦为谁忙"更富诗情画意。画蝴蝶随风飞舞翩跹和翻翅的狂态,穿花绕柳,飘舞成群,更能表现出蝴蝶的神采和美丽的身影。小河边的芦苇或小草端画上几只蜻蜓,整个河面就显得更幽静、更美丽了。红红的荷花上画上一二只绿色的蜻蜓,画面显得格外灵巧生动,尤其可以把蜻蜓轻逸、飘忽的美姿,表达得更妥帖。

画虫鱼,我会不知不觉地感到隐藏在画面后的色彩、草香和鸣唱,一直无穷地去构画的境界,驰骋在纸面上,我常常画着画着,整个人也同时陶醉进整个画面里,仿佛我也是一只秋虫,停在一片红得醉人的枫叶上,静静地享受这一派秋天景色。

仔细去观察活生生的虫儿、鱼儿,然后在自己心里慢慢酝酿,慢慢结合所看到的每个瞬间,再用手画出来,神韵才灵巧。就这么看着,接触着虫儿、鱼儿纯真活泼的模样,我不禁也活泼起来,我越觉得想保持一颗童稚纯洁的心,珍惜每一份自然给予我的感受,爱每一个生命,甚至想把生命的动感灌输到形象之中,这种生命不是短暂、随便的,而是在跳跃中捕捉的,充满了欢乐轻松,显得动中有静,静中有动,逸趣横生。

每一种虫鱼都可以入画,但是在造型上应该变化的就要变化,应该突出的就要突出,写生不要太过死板,死板的写生反而不易生动。我认为,写生不过是由一个客观的事物引发出画的灵感和动机而已,至于如何去取舍,如何去塑造,则由自己来决定,绘画绝对不要忘了还有自己,另外还应注重生动、情趣及简练,如何布局,如何取材,都要下一番思考。表现得要有活力,要有感情,不可拘泥一法,只要姿态自然,一挥即成,纵使意到笔不到,又有何妨?用笔用墨则要淡雅,以简单、洁净为宜,才有文人淡泊胸怀的意味,画的境界才有空灵的神韵。

接触到国画中的虫鱼,我越发觉得愿意接近大自然,喜欢山水田园风味,这个味道虽然淡,但是却令人越嚼越甜,越饮越沉醉;我感到我就像一支脱了弓的箭,尝试着用敏感的知性,把活泼的生命力画向无限延伸的纸面;突然我只觉得眼前有一大群可爱美丽的虫鱼从绿色的波潮里飞扬起来,那么纯朴、柔和又生意盎然。

陈正达

这篇习作写得画意盎然,角度选得小,只写虫鱼,描述得比较细致,情趣健康。

文章的布局也有所考虑,先总写画虫鱼,然后分别叙说,先叙说画鱼,再叙说画虫,最后说画虫鱼的感受。从总体上看,材料做这样的安排是可以的。

那么,为什么读了以后会有糊成一片的感觉呢?毛病主要在条理不清,层次不明。文章大的框架搭好,不等于就有条有理了,应该要理顺每个层次,理清每个段落,把意思有条不紊地一层一层表达清楚。这篇习作就是大框架搭好后在层次段落方面未精心谋划。

例如第2、3段写画鱼,本该集中笔力叙说怎样画鱼,从中获得怎样的乐趣,而现在却拉拉扯扯,意思夹杂。既写画鱼,却从画虫入笔,又回忆童年在草丛里玩耍、嬉戏和捕虫的乐趣,这是生出枝丫;既写画鱼,又扯开去写画螃蟹和画大草虾,这又是枝丫。写自己画鱼集中在第3段,第2段又插入国画与油画和水彩画的比较,插入喜欢齐白石和八大山人的画。本来是想写自己丹青点点画鱼,因为夹杂了这么几个材料,枝丫横生,打乱了层次。修改的方法是:删除第一、二个材料,对其他材料次序进行调整,找出它们内在的联系,把它们有机地组合起来。比如喜欢齐白石画的鱼、喜欢八大山人画的鱼,和我画鱼之间是什么关系,是引起兴趣,还是作为学习榜样,还是其他什么原因。不注意材料之间的联系,不仅材料显得凌乱,而且意思不明确。

每一个段落里写什么内容,同样要仔细考虑。例如第 6 段,段的首句是"画虫鱼",但在具体写的时候,只有"虫","鱼"不见了。在同一段落里,前后没有照应周全,也影响条理的清晰。

每一个段落里可以有几个小层次,每个小层次意思同样要表达清楚,标点符号要正确使用。如果胡子连着辫子,句子意思纠缠,条理就不可能清楚。例如第 8 段,从标点符号的使用来看,只是两句话,似乎只有两层意思,仔细分析一下,就可发现其中讲了好几个问题。一是虫鱼都可以入画,但造型可变化;二是写生死板;三是写生引发灵感和动机;四是画画取舍、塑造由自己决定;五是画画要注意生动、情趣及简练;六是表现要有活力、感情;七是不可拘泥一法;八是用笔用墨要淡雅等。文字上这样表达反映了习作者没有认真设计,在这一段究竟讲哪几个意思,而是想到什么就写什么。这一段的中心意思是虫鱼入画在造型上应该变化的就要变化,那么,整段内容应围绕这一点展开,说明为什么要变化,怎样变化,变化了有什么效果。没有必要从"写生"的角度说,因为虫鱼可入画,并未要求用写生的方法入画。"如何去取舍,如何去塑造"和"如何布局""如何取材"谈的是画画如何设计的同一类问题,分隔在两个地方出现,眉目不清。上一句讲表现要达到怎样的效果,下一句又讲,内容重复,词语上并无大变化。这一段要写得有条理,只须说清楚两层意思:为什么要变化,举某种虫或鱼说明变化的方法与效果。至于画画的技法,无须展开。每一层意思说完,应该用句号。

文章缺少串联材料的线索,也是使众多材料连不成有机整体的重要原因。文中不少句子欠通顺,用词也欠恰当,影响表达效果。

初学写作的学生常易在谋篇布局上犯上述毛病,所以要特别提醒。

【要语一束】

　　文章要言之有序。

　　紧扣中心,组织材料,搭好文章的总体框架,以线索贯串其中。

　　明确每一层次、每一段落独特的任务,力求段落清楚、层次分明。

　　段落与段落之间、层次与层次之间要注意过渡与照应,力求结构严谨,首尾连贯。

　　自觉锻炼思路,在条理性、严密性、逻辑性上下功夫。

十一　娓娓动听，引人入胜
——记叙的技巧

清人刘熙载在《艺概·文概》中说："左氏叙事，纷者整之，孤者辅之，板者活之，直者婉之，俗者雅之，枯者腴之，剪裁运化之方，斯为大备。"这是对《左传》作者左丘明叙事本领的高度赞扬。记叙有种种技巧，头绪再乱也能整理得井然有序，孤零零的事可想办法辅助、支撑，呆板的能够让它活起来，直通通的可使它曲折起伏，俗气的能使它典雅，干枯的可使它丰满，运用的奥妙存乎一心。

记叙为什么要讲究技巧呢？仍然用刘熙载的话来说："叙事有寓理，有寓情，有寓气，有寓识。无寓，则为偶人矣。"意思是叙事要有明确的目的，有的蕴含某种道理，有的蕴含某种情意，有的蕴含某种气质，有的蕴含某种识见。如果没有目的，为叙事而叙事，那么这种叙事就像用土、木、金、石等制成的人像，是没有生命力的。叙事如此，记人、写景、状物，无不如此。要有明确的目的，要把这目的娓娓动听地告诉别人，就得学习和锻炼记叙的技巧。

【文心絮语】

写文章要善于记叙，记叙是写作最为基础的基本功。一件事如果连时间、地点、发生的原因、经过和结果都叙述不清楚，怎么还谈得上描写、抒情、议论？又怎么能写好文章呢？无论是记叙文、说明文、议论文，也无论是各种内容、各种形式的实用文，都离不开叙述。至于记人叙事、写景状物的文章，常见的参观记、游记、回忆录、传记，以及新闻报道、通讯、特写等，更是以记叙为主。

记叙要具体，记出活生生的人和事，切忌空空洞洞，言之无物，用一些漂亮的形容词。"具体"建立在仔细观察、了解熟悉的基础上，如果对所记的人、所叙的事不认识、不了解，只能就现象笼统地大而化之地说几句，那就达不到表达的目的。如《蟹爪兰》一文中对蟹爪兰的叙述："10月初的一天，我无意中发现这蟹爪兰的叶片厚实了，顶尖上还长了个米粒大的花蕾。我顿时喜出望外，立刻将它移到屋前的窗台上，霜降过后又搬进了室内。

"但见花骨朵一天天长大，慢慢由绿变红，渐渐的，个头竟超过了枸杞果。终于，11月26日那天，萼片张开了；翌日，花瓣也全都展开。花冠是玫瑰红的，甚是惹眼；更令人叫绝的是那花的姿态，虽然长在一枝低垂的叶片上，却倔强地昂着头，与水平线约成15度角。六片花瓣各分上下，上面的三片向前上方伸展着，底下的三片向后上方翘着。花心里，一簇浅黄色的雄蕊伸向前方，上面又伸出一枝比雄蕊长半公分的雌蕊，顶部还有麦粒状的疙瘩，雌蕊也是玫瑰红的，并且被'麦粒'压出个弯弯的弧度。从整体看，活像一只展翅欲飞的小凤凰，煞是精巧别致。"时间、地点、所记述的对象叙说得一清二楚。花开的过程，花开的姿态，花瓣的分布，花心的颜色与组成，都作了具体的叙述，使读者觉得蟹爪兰就在眼前。如果不作具体叙述，而说它好看啊，美丽啊，像个小凤凰啊，就不能给人以具体清晰的印象。引文的最后一句打比方，是在上文具体叙述的基础上进行的，犹如点睛之笔，增加形象性、生动性。

是否事事在文章中均要如此具体而详尽地叙述呢？不是。如果事事详写、细写，文章就会流于冗长，臃肿不堪。记叙哪些该详、该细，哪些该简、该概括，要根据主题的需要而定。细写能显才华，而概括叙述，更要看思维的功力、文字的简练。如记述闻一多先生的生平，根据闻先生在文学创作、古典文学研究上的卓越贡献和参加民主运动反对国民党反动统治的业绩，可书写洋洋数十万言，而朱自清以极其精练的语言，高度概括了闻先生的生平，仅用了四百字。他是这样说的：

在成都召开的追悼李、闻大会上，由我报告闻先生的生平事略。我与闻先生有十多年的交游，对闻先生的学问、为人极为推崇，对闻先生的死甚为愤慨！并曾经为此写了两篇文章在成都发表。我把闻先生的一生分为三个阶段：第一，是他在山东大学的时代，这时他的著作如《死水》，在表面上虽是阴暗的，但是里面却孕育着希望。闻先生这一时期是中国优秀的新诗人，他爱国，他肯帮助青年。闻先生第二阶段是从民国二十一年到死前两年，这一阶段里，他伏首研究《楚辞》《诗经》《易经》等古书，他好像是脱离了现实，实际上他还是在现实中。他依然肯帮助青年，与青年常在一起生活。第三个阶段是最近两年，闻先生积极参加了民主运动，为中国的民主而奋斗。他没有政治野心，不想升官发财，仅仅为了民主，而遭惨死。暴徒们这种卑鄙无耻的手段，没有一个人不愤慨！闻先生的思想转变是因为政治上的黑暗与实际生活的逼迫。他教育青年，又为青年所鼓舞！闻先生一生中，有一个一贯的精神，这就是他的爱国精神。

中心多么突出，条理多么清楚，爱憎多么分明。十几句话就概括了闻先生的生平，对他的为人、他的学术、他的著作、他的精神都作了实实在在的具体介绍；对闻先生的推崇、敬佩，对暴徒们的愤慨、斥责，溢于纸上。这种概括记叙的技巧令人惊叹。如果对所记对象缺乏深刻了解，运用语言的能力不高强，是难以做到的。

概括记叙在报纸上的新闻报道中常见到。如1992年7月28日

《新民晚报》专稿:"7月22日,在全世界到处可见的'万宝路'香烟广告中扮演健壮勇猛的男模特韦恩·麦克拉伦因患肺癌去世,终年51岁。麦克拉伦有25年的烟龄,两年前被诊断患上这一绝症后,便摇身一变为反吸烟斗士。据他的母亲说,他临终时忠告世人:烟草会害死你的,我就是活生生的证据。"短短几行字,就把事情的起因、经过、结局说清楚了。

细写与概述在一篇文章中经常交替使用,互相穿插,这样文章就重点突出,错落有致。

按照客观事物发生、发展的时间来划分记叙的方法,有顺叙、倒叙、插叙。先发生的事先说,后发生的事后说,以时间的推移为线索,按时间的先后顺序记叙,叫作顺叙。绝大部分记叙性的文章都采用这种方法,如上文说到的叙述闻一多先生的生平,就是按时间先后顺序记叙的。运用这种方法,最忌平铺直叙,报流水账,要注意材料的取舍、详略,注意概述和细述的交替使用,还要注意其他的记叙技巧,这一点下文还要谈到。倒叙是先说事件的结局或先叙事件发展过程中引人注目的片段,然后再按事件发展的顺序来记叙。如鲁迅的《祝福》塑造了祥林嫂这个反映旧中国劳动妇女悲惨命运的典型形象,故事的情节安排就是用了倒叙的方法。先把祥林嫂在"祝福"中的悲惨结局提到文章的第一部分来写,然后再叙述她的半生事迹。采用这样的方法,是服从主题的需要。文章一开头就创造了悲剧的氛围,下面记叙主人公悲惨的生活经历,顺势而下,容易感人。采用这种记叙方法,有两点须注意:一是把事情的结局或事情发展中的精彩片段提到开头写,然后还应按事件发展的先后从头说起,并不是不按顺序随便叙述;二是倒叙与顺叙的榫头要接好,在倒叙转为顺叙时过渡要自然,要有一定的句子作明显的标志。如《祝福》第一部分是倒叙,结束时这样写:"然而先前所见所闻的她的半生事迹的断片,至此也联成一片了。"这样就告诉读者倒叙已到此结束,下面转入往事的追述,从头说起。插叙是插入一个片段。在叙述某一事件的过程中,插入一个片段。运用这种方法须注意:插入的内容要与文章的中心思想或中心事件有关,否则游离于主题之外,就成为赘笔;插入的起讫部分要衔接好,使它成为文章的有机部分。如《故乡》写"我"回到老家,准备变卖房屋,把母亲接走,这是文章的中心事件。母亲和"我"谈到闰土时说:"还有闰土,他每到我家来时,总问起你,很想见你一回面。我已经将你到家的大约日期通知他,他也许就要来了。"这句话实际上是暗示要出现与闰土有关的事情。于是,文章立刻写道:"这时候,我的脑里忽然闪出一幅神异的图画来。"过渡到插叙部分的内容。少年闰土月下瓜田刺猹、雪地捕鸟的事叙完,文章又写道:"现在我的母亲提起了他,我这儿时的记忆,忽而全都闪电似的苏生过来,似乎看到了我的美丽的故乡了。我应声说:'这好极!他,——怎样?……'"显然,两个"忽而"标明了插叙的起讫部分,原来被切断的中心事件的叙述用"这好极!他,——怎样……"接上了。由于衔接得紧密,过渡得自然,主线清晰,插叙场景生动。插叙可使文笔起伏多姿,但不能随意乱用,插叙的内容不能太多,不能喧宾夺主,要服从文章主题的需要。

除上述三种方法外,还有补叙和平叙。补叙就是补充的叙述,用少量文字对叙述的主要事作必要的补充说明,目的使主要事件的叙述更为明确、更为完整。如《仙霞纪险》是记述游仙霞的情况,行文到大半,补叙了这样一段:"据书上的记载,则仙霞岭高三百六十级,凡二十四曲,有五关,七十峰等,我们因为是从半腰里上去的,所以所走的只是关门所在的那一段。"文章补叙书上的记载,使人了解仙霞的全貌,对"险"加深认识。一般说,补叙没有情节,只是解开读者阅读这篇文章时想了解的或者困惑的问题。因此,运用补叙须紧凑,不能节外生枝。平叙是叙述同一时间内不同地点所发生的事情。复杂的记叙文常用这种方法,因为涉及的人物比较多,事情在两件以上,又比较复杂,为了把线索理清楚,突出中心,可以先分叙,后合叙,或者先合叙,再分叙,再合叙。如《为了六十一个阶级弟兄》写抢救山西平陆民工食物中毒的事。主题是"一方有难,八方支援",同一时间内,地点虽不同,但人们都围绕这件事在活动。作者记叙这样一件十分复杂的事,就采取了平叙的方法。按时间顺序,把材料分成若干部分,在同一时间内发生的不同事情分开来叙述。这样处理,情节紧凑,场面感人。

在写记叙类文章时,不管采用上述什么记叙方法,都有个叙述人的口吻身份问题,也就是人称问题。在叙述故事时作者以"我"的身份写所见、所闻、所感,是第一人称;由故事中人物自己的口叙述自己亲身经历的事,用"他"或"他们"来表述,是第三人称。用第一人称叙述真实亲切,但是由于"我"的活动范围毕竟有限,不在"我"的见闻范围之内就不能叙述了。运用第一人称记叙时,要防止超越"我"的限制,否则就不合理了。如写在千里之外的某人的语言、动作,无在场的人介绍,又不是"我"自己的所思所想,这样记叙就不合理了。用第三人称叙述,作者旁观地向读者介绍某件事某几件事,就不受"我"的限制,也就是不受时间、不受空间的限制,写的内容可更丰满、更广阔。大部分作品,尤其是小说,记叙人和事,都用第三人称。还有一种是用"你""你们"来述说,有人称为第二人称,实际上不是以第一人称叙述,就是以第三人称叙述。如《周总理,你在哪里》,全篇都以"你"出现,其实是作者柯岩向读者诉说衷肠、表达悼念、爱戴的感情,是用第一人称来写的。叙事记人由于表达主题、表达浓郁感情的需要,可转换人称。如《安塞腰鼓》是抓住安塞腰鼓的精髓,刻画陕北农民在坚韧顽强的生存状态中迸发出来的活力。文章用第三人称"他们"来写的,行文到一半,作者写:"好一个安塞腰鼓!后生们的胳膊,腿,全身,有力地搏击着,疾速地搏击着,大起大落地搏击着。……黄土高原啊,你生养了这些元气淋漓的后生,也只有你,才能承受如此惊心动魄的搏击!"作者叙述、描绘安塞腰鼓令人震撼的场景时,情不可遏,因而直呼"黄土高原",用"你"来表达,赞扬黄土高原的气派,赞扬陕北后生的生命活力。文章从用"他们"转到用"你",是作者表达灼热感情的需要。叙事、记人、写景、状物用怎样的人称,要根据主题、题材的需要;写到中途要转换人称,同样要根据主题的需要,如果随便更换,将线索不清,破坏文章的整体性。

文似看山不喜平。古人说:"人贵直,文贵曲。"叙事记人的文章,尤其用顺叙方法写的,要能引人入胜,须讲究记叙技巧,在尺水中兴波。常用的技巧有:

巧设悬念。悬念是指人们一种急切的心理状态,如看电影电视,欣赏戏曲,关心故事情节发展,关心人物命运的一种紧张心情。文章中巧设悬念,就是布下疑阵,而不加解答,激发读者急切地往下读的兴趣,直至全文读完才恍然大悟。如《驿路梨花》,故事很简单,但叙述得峰回路转,曲折多姿,引人入胜。文章记述了一个名叫梨花的哈尼族姑娘和她的小妹妹在十几年中相继照料一间路旁小茅屋,为过往行人提供方便的故事。故事中设置了一个个悬念。山间行夜路,如找不到住处,只能在深山露宿了。就在着急之际,看到梨花,看到梨树林边的小茅屋,但屋里漆黑。没有灯也没有人声。"这是什么人的房子呢?"巧设悬念。行路的两人住下以后正在猜房子的主人是谁时,来了瑶族老人,原以为老人是小屋主人,哪知老人是给主人家送粮食来的。"主人家是谁"呢?又是一个悬念。从老人口中得知梨花小姑娘是为了帮助过路人。第二天见到梨树丛中闪出一群哈尼族小姑娘,以为其中必有梨花,必有小屋的主人,谁知又不是。文章终了,谜底才揭开,小屋原来是解放军盖的,梨花学习解放军照料小茅屋,梨花出嫁,妹妹接过任务。这样层层布疑,又层层解疑,起伏跌宕,引人入胜。

巧用抑扬。叙事记人要善于用抑扬的手法。抑,抑制,向下压;扬,褒扬,向上举。文章用抑扬的方法可欲抑先扬,欲扬先抑,欲扬先抑,欲抑先抑。用得比较多的是前两种。如《记一辆纺车》,文章开头用一唱三叹的笔调写对自己使用过的纺车的怀念,说"想起它,就像想起旅伴,想起战友,心里充满着深切的怀念"。按一般的思路,既然对纺车如此深情,应该立即颂扬一番,可偏偏不是这样,作者紧接着是写它的普通、平凡:"那是一辆普通的纺车。说它普通,一来是它的车架、轮子、锭子跟一般农村用的手摇纺车没什么两样;二来是它是延安上千上万辆纺车中的一辆……"讲它"普通"的目的,在于颂扬它的"不普通"。"在延安,纺车是作为战斗的武器使用的",因为它帮助抗日根据地的人们"粉碎了敌人困死我们的阴谋","纺羊毛,纺棉花,是丰衣的保证"。作者采用了欲扬先抑的方法,在虚虚实实之中曲折地表达感情,加强表达效果。

　　以宾衬主。文中所写的人、事、景、物,不可能每一样都是主体,如果样样是"主",文章将密不通风,不成为文章了。任何事物总是互相联系,相比较、相矛盾而存在的,有主必有次,有远就有近。文章要写中心事件,要刻画主要人物,就要用陪衬。刘熙载在《艺概》中说:"正面不写写反面,本面不写写对面、旁面,须知睹影知竿乃妙。"显然,"睹影知竿"看到竿的影子可知竿的形象,这才是妙在其中。也就是写事物的反面、对面、旁面,来折射主体,突出主体。这就是借宾衬主。上面举的《驿路梨花》除巧设悬念外,以宾衬主也十分出色。文章以小姑娘梨花为主,为什么要以她为主呢?用作者彭荆风自己的话来说,"这是因为她们小,代表未来。如果写成人,写党支部书记,这在《驿路梨花》的特定环境中,可能不会有小姑娘们活泼感人"。为了表达这个写作意图,文中用瑶族老人扛米向小屋主人道谢的情节陪衬,用"我"、老余、瑶族老人给小屋屋顶加草、挖深屋后排水沟陪衬,"我们真应该向她学习",用解放军盖小屋陪衬,以人衬人,以事衬事,主宾分明,曲折感人。以宾衬主,可以正衬,可以反衬。上面举的例子是正面陪衬。反面衬托如以丑衬美,以恶衬善,可形成强烈的表达效果。

散文中还常用欲擒故纵的手法。文章应紧扣中心来写,也就是要"擒"住,但为了使内容更丰满,主旨揭示得更完备、更深刻,常常放开来写,似乎与主旨关系不大,"纵"开去。其实,"纵"是为了更好地"擒"。如《白杨礼赞》,文章开头提出白杨树,按写作主旨应具体描述,加以赞美,作者未这样处理,而是宕开一笔,写黄土高原的景色,似乎与主题关系不大。实际上叙述描写白杨树的生长环境,使白杨树更能显示"伟丈夫"的气质。这样,文章就有了波澜。

运用上述种种记叙的技巧,一要符合生活的逻辑,虽是意料之外,但又在情理之中;二是根据主题表达的需要,不能为技巧而技巧,否则,效果将适得其反。

在记叙类文章中,记叙常和议论、抒情结合。记叙是议论、抒情的基础,议论和抒情是记叙的深化。前面举例说到的《蟹爪兰》在具体叙述之后,作者这样写:"真让人费解,这样一枝并不引人注目的小花,为什么有如此顽强的生命力?从母体分离之后,自生根系,且孕育花蕾,把美好献给人间,时仅三月有余。特别是它那昂首怒放的神态,仿佛在向我示威。我彻底为它的精神折服了。因为这小小的生灵在死亡的威胁面前并没有屈服,而是顽强地与命运抗争,在极艰苦的环境下,它那生命的火花非但没有熄灭,反而越烧越旺。从生根于盆沿那贫瘠的土地,到开出绚丽的花朵,它艰难地跋涉,不倦地追求,直到实现最终的目标。这精神,这气质,难道不值得敬佩?

"然而,作为'万物之灵'的人类,在命运的打击面前却有精神颓废者,更有甚者自绝于世,一了百了。这气度,这胆识,又怎能与小小的蟹爪兰相比?

"凝视着那神采飞扬的小花,眼前倏然幻化出'雄鹰的斯克'的雄健舞姿,耳边仿佛响起了激越昂扬的乐曲。刹那间,舞姿越来越清晰,乐曲越来越高亢,连'小凤凰'也腾空而起了。哦,人类并不乏生活的强者!愿蟹爪兰枝繁、叶繁、叶茂、花更美;愿'雄鹰的斯克'的乐章响彻环宇!"

显然,作者在记叙的基础上展开议论,因为记叙要"四有"(上文已述),要有明确的目的,不是为叙而叙。文章记叙蟹爪兰的目的在于以生活的哲理给人启示,所以要发表议论,画龙点睛。这三段议论、抒情很有层次,首先是就物议物,通过议论揭示物的本质,也就是通过对蟹爪兰的议论,揭示它寓含的与命运顽强抗争的精神与气质。接着由此及彼,由物及人,贬无抗争精神的弱者,一褒一贬,曲折有致。最后把花与人结合起来,抒发对生活的强者的颂扬之情。记叙与议论、抒情相结合,深化了主题。

议论、抒情切忌冗长,关键在要有点睛之笔。

【佳作借鉴】

灯　　火

多少年来,在我心中有一个隐秘的喜悦的诗句,这就是:
"灯火……"

怎么就是这么两个字?你也许会觉得奇怪吧。可是,它,给我的启示却是丰富极了。不过,仔细追索一下,最初,原也只是像每个人在漆黑的夜晚,对一点小小的火光,总是加倍珍惜、加倍喜爱一样。你想,那红红的火焰,怎么地充满活力,叫你欣然,叫你振奋;还看那淡黄的,因而显得平静、温暖的光圈;还有为黎明之前那颗最亮的星星,光芒像翅膀一样,闪烁不定,因此,爱生活的人,爱光明也就爱灯火。

我想每人都可以举出上万桩关于灯火的印象。对我来说，最早的一点，是我作为一个青年人，从家中走出。那是一个深夜，走到巷口回头一看，看见门口还亮着一星灯火。所以留下这个印象，我想和当时那"风雨如磐暗故园"的国家、民族危急的形势有关。日本人把炮火带到家乡，我不能不在这关头，决然离去。去哪里？茫然。但总要战斗。战斗，也许在风霜中，也许在雨雪下。但不管怎样，这个战斗的信念那时却是已经牢牢下定了的。这一推敲，也就可以推测到，那最初的一星灯火的记忆，原和自己生活上的突然发生的巨变，和自己当时的心情，满腔热血的志向分不开的。

可是，认真地形成一句美的诗，或说一种诗意，这"灯火……"两字开始在我心里茁壮成长，却是若干年之后，在东北解放战争那风天雪地之中。

在严寒的松花江原野上，冬天踏着积雪，夏天蹚着急流，我却从灯火，体会到一种特殊的温暖。有时，夜行军前，冒着漫天的风雪，受着严寒的侵袭，多少山岩间的陡坡，多少密林中的小径，隐蔽，肃静，只听见风声、嚓嚓的脚步声、喘气声。夜漆黑得举起自己的手都看不见。汗流了，还是紧紧走。气喘了，还是紧紧走。可是，走着，走着，忽然，看见一星黄黄灯火。那时，这灯火多么亲呀，你想四周全是黑夜，寒冷，只那一星灯火，那是多么温暖呀！就像从远方归来，突然看见自家窗上的灯火。我们到了宿营地了。那灯火可真亲热呢！那是人民的手给你点亮的灯火。门开了，走进去，一种暖和的家庭气息扑在脸上。房东老大爷、老大娘、大嫂子、小妹妹在那灯光之下，亲切地招待着你。这真是人间最大的温暖，温暖的还不在火，温暖的是一家劳动人民的心。就这样，转战着，一回一回换着不同的宿营地点，但每一个宿营地的人都像自家人一样亲。从那以后，这一星灯火，就对我有着无限的魅力了。像一个小小的金钥匙，一个小小的亮门窗，我觉得这一星灯火，它沟通着我与普天下的劳动人民的感情。我们转战到哪里，人们都点一盏灯火欢迎我们。这时，在我来说，已经不是最初自家门口那一星灯火，而是万家灯火了。

灯火，现在随着生活的变化、时代的变化，也变化了。灯火，已经成了社会主义新世界生活的闪光。我还是非常非常喜爱灯火。那快乐的火焰呀！那温暖的火焰呀！那跳荡着红光的火焰，那闪射着雪亮光芒的火焰呀！不论是油的火焰，电的火焰，它总是生活的火焰，生命的火焰。我从轮船甲板上张望过我们海港上那像万千颗钻石熠熠发光的灯火，我从飞机上俯瞰过我们像发亮的海洋一样的城市的灯火，我在我们的大森林里看过那漂流在河流上时明时灭的一星灯火，我从飞驰的卡车上欣赏过我们那工地上星海般闪烁的灯火。就以我们住的北京来说，你如果住在乡间，夜间入城，灯火渐渐多了，亮了，但当你到了长安街，你就觉得那好看的灯光像两条正在向前飞舞的火龙，而你感到夜为白昼所代替。如若说白昼是太阳赐予的，而这灯光却是人自己创造的。创造它，为了战胜黑暗，使光明永在。

战争给我带来一句诗："灯火……"现在战争过去了，可是在我的心中，却永远永远地留下那个灯火。虽然我们整个新世界都在闪闪发光，但在我心中，那细小的一星灯火还是明亮，它是不会熄灭的灯火。

这篇散文节选自《红玛瑙集》，作者刘白羽。这篇文章文情并茂，叙事娓娓动听，引人入胜，思想深邃，给人以深深的启迪。

文章内容前后跨度几十年，要把事情叙述清楚十分不易。首先，选择了一个极好的角度——灯火，物虽小，但内涵丰富，延伸、想象、开拓的余地极大。以"灯火"为线索，贯串全文，把几十年中发生的事有机地组合起来，成为完整的篇章。

作者一开始就巧设悬念，说"多少年来，在我心中有一个隐秘的喜悦的诗句,这就是:'灯火……'"为什么这个诗句是"隐秘的""喜悦的"?既然是"诗句",又为什么只有"灯火"一个词?又为什么"灯火"后面加个省略号?这个问题一提出,就能立即激起读者急于想知道底细的愿望,激起读者胸中的浪花,这样开篇符合读者对象的阅读心理,是成功的设计。

文章用第一人称"我"叙述自己对生活的独特体验,本已真切感人,而作者巧妙在文章起笔以后,立即采用了与读者谈心的口吻,说:"怎么就是这么两个字?你也许会觉得奇怪吧……你想,那红红的火焰,怎样地充满活力,叫你欣然,叫你振奋……"作者犹如站在你面前与你对话,向你诉说感受,而诉说时,又充分调动你的生活经验,调动你的想象力,这样用笔,就在设置悬念的基础上,增添了与读者思想感情上的联系,进一步在读者心中掀起阅读的波澜。"灯火"的谜底还远远没有揭晓,已有如此的吸引力。

文中概括叙述和细致叙述交替使用,使所叙事情疏密相间,起伏有致。如第3段记自己关于灯火的第一个印象,写得十分细致。先叙作为一个青年人从家中出走的时间、地点以及留下"灯火"第一个印象的具体场景;接着叙述为什么会留下这个印象的社会背景;然后再叙当时的抱负与信念;最后记今日对这件事的推测和认识。把事情放到社会大背景上来认识,事情的原委介绍得一清二楚,纹丝不乱。在这件事具体叙述之前,用了概括叙述,说"我想每人都可以举出上万桩关于灯火的印象",是怎样上万桩的印象,就不展开叙述了,因为主题表达没有这个需要。又如第6段中,有些内容也是概括叙述:"我从轮船甲板上张望过我们海港上那像万千颗钻石熠熠发光的灯火,我从飞机上俯瞰过我们像发亮的海洋一样的城市的灯火,我在我们的大森林里看过那漂在河流上的时明时灭的一星灯火,我从飞驰的卡车上欣赏过我们那工地上星海般闪烁的灯火。"显然,作者在这里用排比句写不同场地所见到的灯火的情景,每一个场景如展开写,内容可以十分丰富,而这儿高度浓缩,一个场景仅一句话,所以是概述。但从中我们可体会到:概括叙述绝不是说空话,它同样要求写得具体。句子中海港上的灯火、城市的灯火、河流上的灯火、工地上的灯火,用三个比喻、一个形容来描述,具体而形象。

文章用倒叙的手法先设置悬念,然后按时间先后顺序记叙"灯火……"这个诗句形成、茁壮成长和永不熄灭的过程。作者截取了三个生活横断面,充满感情地一一叙来,每个横断面都有鲜明的特征,而三个横断面层层递进,不断开拓新的意境。首先把门口亮着的一星灯火与热血满腔的青年的志向紧密相连,灯火象征志向,志向追求灯火,追求光明,离家出走,义无反顾。接着,把一星一星组合成的万家灯火与转战在风天雪地中的解放战争紧密相连,灯火给战士送温暖,灯火象征着劳动人民的心,万家灯火在战士心中点燃。最后,把灯火与闪闪发光的社会主义新世界生活紧密相连,灯火是快乐的象征、是温暖的象征,它显示了无限的创造力,战胜黑暗,使光明永存。

在层层深入开拓意境的同时,主题的深意被开掘。由热血青年的个人追求光明、追求理想,发展到革命战争年代与普天下劳动人民心相近、情相连,追求共同的光明、共同的理想,再发展到火热的社会主义建设年代,新生活闪闪发光,灯火灿烂辉煌,心中追求理想的一星灯火永不熄灭。这个主题是一名热血青年献身革命的思想历程的记录,是一名老战士历经战火考验而今又投入新生活建设的心声的吐露。"灯火"是心中的火种,照亮了数十年人生的征程。为什么"隐秘"?因为对它的认识不断扩展、不断深化,其中奥秘只有自己最为知晓。为什么"喜悦"?因为终于驱走了黑暗,迎来了光明。全文终了,悬念解开。

然而,不寻常处在结尾又起波澜。已经是整个新世界闪闪发光,但心中一星灯火依然明亮。这就留给读者更多的思考回味。

【习作评说】

人间自有真理在

我要说的是我的朋友和他的一百零七封信的故事。

我的这个朋友,在我五岁的时候就认识了,他比我大三四岁。那时候,只顾一个劲儿地玩,甚至连他大眼小眼都没注意。他最喜欢的游戏是"好人抓坏人"。他次次都当好人,把我这个"坏人"追得满院子"哇哇"大叫。他妈妈站在阳台上骂他:"这是闹着玩,让让妹妹,给她赢算了。"他总停下来,很男子汉气地回答他母亲:"你懂什么?她已经不是妹妹了,是坏人!坏人我就要抓!"说罢,出其不意一把将我逮住,我又一阵大叫。

后来,听说他爸爸提升了,就搬了家。临走的时候,我还高兴地站在阳台上,对他大声说:"再见喽!好人。"他倒是很留恋的样子,在大门口磨蹭了很久,最后,装得很气恼的样子,哇啦哇啦大喊:"坏蛋,坏蛋,我再也不理你了。"她妈妈气得将他拽走,我站在阳台上开心地直拍手。当他们乘坐的吉普车一溜烟地没了影,只有扬起的尘埃在阳光里飞舞时,我突然觉得那样难过,心里那样空荡,趴在阳台上"嘤嘤"地抽泣起来……童年的伙伴就给这样一辆军黄色的吉普车带走了。童年就在我的玩闹里流逝了。

当我再一次见到他时,我已经是个初三的学生了,而他已是个高三的学生。那年的暑假,我去了他家,只知道他的新家比老家好,未料想这样漂亮。去的时候他父母都不在,他毫不在乎地坐在客厅地板上,剪着一些无价值的画报。

我已经找不到他童年时的一点影子了。他穿着邋里邋遢,整个人晒在太阳里,直往外滋油。尽管这样,没有给我一丝的健康感,相反觉得他浑身有一层病态的灰色。收音机开着,放着一种什么地方剧,咿咿呀呀,没法听懂。显然,主人心不在焉,根本忘掉它的存在。

"嘿!"我讪讪地打招呼,"你好吗?"

他继续剪画报,将男人的头像贴在泳装女人身上。胶水翻在地上,他也装作没看见。

"不太好。"他懒洋洋地回答。

"胶水,胶水……打翻了……"我走过去要给他拾胶水瓶子。

"你别动,让它去!"他大喝一声,吓得我赶忙缩回手。

一时间,很窘。

"你在哪个学校念书?"他问,很突然。我本来在发呆,又一惊,突然有一个熟悉的感觉,好像小时候,他出其不意地一把逮住我似的。

"嗯?×××中学。"我回答。

他继续剪,我局促不安地僵立在那里。终于,我放弃了继续僵下去的念头,他已不是昨天的他了,我不能奢求一个人一成不变。

"没什么事情,是来看看你爸妈的,既然不在,那我改天再来……"我嗫嚅着,并向外走。

"妈跟爸已经离婚了,到这儿你只能看一个。"他一半嘲讽,一半漠然。突然他一把揪住我:"告诉你一个秘密。"他一阵风地将我拖入另一个房间。

这房间大概是他的,很乱,还有股怪味。他从一个抽屉里捧出一大堆信,扔在我面前,接着又捧出一大堆,"哗啦"又扔了过来,雪片似的信全"沉淀"在我周围。

"看!"

我的惊诧和莫名一下子消失了,取而代之的是童年时的默契和顺从。坐下来,随意抽出一封,展开,安安静静念。他甚至还给我倒了杯橘子汁。

　　这便是我的这个朋友的故事。他从初二开始,点点滴滴,全写在这些信中。信的开头没有称呼,字迹大都很潦草,大概写的时候他无法控制他的情绪,所有细节串在一道,就是他父亲在搞贪污。母亲劝过,可没有用。最后,母亲受不了担惊受怕的日子,与父亲离了婚。母亲想到过揭发,最终没有这个勇气。现在轮到我这个朋友矛盾和挣扎了。他想摆脱却摆脱不了,因为他跟他母亲一样,爱他的父亲。我静静地看完,数了数,一共一百零六封,长长出了口气。我的这个朋友坐在窗台上抽烟,红星一灭一亮。这个问题历来是最严酷和现实的,在真理和亲情中选择。

　　"你怎么想?"他沉沉地问。

　　我抚抚额头:"我也不知道,要是我,可能,可能……我不知道。"

　　"原来我总以为自己比母亲要强,现在知道这个事情,很难……我生活靠他,他一入狱,我将无法上大学……"他喷出一口烟。

　　"有这样的事?"我问,随即便懂了。供他上大学将是他父亲。又一想:"那你再跟你妈妈谈谈?"

　　"不,没有用。即使我能上大学……那么,那么,那么,也不能见他入狱……你说是不是?"他不是在问我,而是在问他自己。平时再多的大道理在现实问题中是那样苍白。我这个旁观者用大道理去搪塞他是很容易的,但是他是我的朋友。

　　暮色已涌入屋内。

　　我突然说:"有这么一个游戏,叫'好人抓坏人',参加游戏一定要遵守规则。是坏人,那么就是坏人,他不是你的朋友、兄弟、姐妹或者、或者……或者别的什么人。是好人就一定要抓住坏人,否则坏人胜利,好人失败。"

　　他一下子回过头,眼睛亮如寒星。"这个游戏,我从没输过,是吗?"

"要赢也不容易,要跌倒,可能难免会流血……"我和他都明白,这血将从心里流出来,未必能止住。

后来,他给我看他第一百零七封信。我没有拆开,问他可不可为它贴邮票。我们买了一张很普通的邮票,小心翼翼地贴好,几乎虔诚地送到信箱口,我看他,后悔还来得及,他看着我,将信投了进去。马路上人来人往,这样嘈杂,没有人会知道站在信筒边的男孩为真理做出了怎样的牺牲。也许多年来,他第一次这样轻松,但是多年来,他第一次流下了眼泪。

邪恶不在自己身边不知它的杀伤力,邪恶不在自己身边不知道真理正义的昂贵。我的这个朋友的父亲也许会对妻子的软弱而沾沾自喜,他不会想到儿子会"出卖"他。但人间自有真理在。

也许真理很昂贵,但是我的这个朋友不会后悔,他喜欢"好人抓坏人"的游戏,他总能赢!

这篇作文是一位初三学生参加作文比赛当场写的,叙事清楚,情节起伏曲折,可读性强。

文章一开始设置了一个令人惊奇的悬念——一百零七封信,这是怎么一回事呢?习作者没有比较迅速地回答,而是采用了欲擒先纵的记叙方法,娓娓地叙述故事。

全文要解的谜应该是一百零七封信的内容和写这些信的原委,但习作者撒开来写,用相当篇幅写"好人抓坏人"的游戏,记朋友搬家离别时的生动而又滑稽的场景,叙朋友剪贴画报头像的无聊动作,似乎撒得很开,与主题无多少关系,其实,"纵"是为了"擒"。"他从一个抽屉里捧出一大堆信,扔在我面前,接着又捧出一大堆,'哗啦'又扔了过来,雪片似的信全'沉淀'在我周围",行文到一半,才接触到信。然后记叙"我"怎样读一百零六封信,信的内容是什么。至此,才知道没有童年时代和朋友玩"好人抓坏人"游戏的叙述,没有临别时洋溢儿童稚气的依依不舍,就不可能有让"我"看信的情节,"纵"的目的是为了"擒"。朋友剪贴画报头像的情景,着力描写无聊、病态的灰色,以表面现象的"纵"突出内心世界的矛盾和挣扎。这样表达,已能尺水兴波。习作者仍未把"谜底"和盘托出,还留下一笔,再掀波澜。文首说讲述的是关于一百零七封信的故事,现在只看到一百零六封,还有一封呢?又是一个悬念。于是故事情节继续发展,文末揭示谜底,主题深意显露纸上。习作者巧设悬念,故事引人入胜。

文中把童年时代"好人抓坏人"的游戏和现实生活中"好人抓坏人"有机地结合起来,成为贯串全文的线索;以游戏为铺垫,刻画人物性格,连缀故事情节,促进故事发展。

以宾衬主也是这篇文章所用的记叙技巧。三个场景中,朋友始终处于主体地位,"我"是陪衬。在做游戏时,朋友次次当"好人","我"只是被逮的对象;半露谜底时,朋友给"我"看信,朋友诉说内心的矛盾和挣扎;叙述最后一封信去向时,朋友将信投进信箱,"我"在旁看,他第一次流下了眼泪。故事的主人是"朋友",因而记叙时处处宾随主转,以宾衬主,使故事的主人性格更为鲜明。

文章结尾在记叙的基础上发表议论,"邪恶不在自己身边不知它的杀伤力,邪恶不在自己身边也不知道真理正义的昂贵……"用这点睛之笔揭示主题,启人深思。

从文章主题看,立意是好的,记人叙事注意运用技巧,力求生动、形象,曲折有致。但毕竟是习作,有经不起推敲的漏洞。如朋友家的状况仅父子二人,不易理解;长达四年,写一百零七封信令人费解,也不大可能;朋友与"我"时隔几年才见到面,就给我看那么多极其秘密的信,坦诚、信任到如此程度,也令人费解。正由于这样,就给人以某种编造的感觉,真实性不够。

【要语一束】

叙事记人力求"纷者整之,孤者辅之,板者活之,直者婉之,俗者雅之,枯者腴之"。

叙述要具体,忌空泛。

概述须简明扼要,细写须细致生动,忌冗长。

顺叙特别要重视在尺水中兴波,忌平淡无味;倒叙、插叙要注意过渡自然,衔接紧密。

选用第几人称要根据主题表达的需要;使用第一人称时,要注意叙述的局限性。

使用悬念、抑扬、陪衬、擒纵等方法时须紧扣主题,根据表现主题的需要。

在记叙的基础上开展议论、抒情,应要言不烦。

十二　条分缕析，探幽抉微
——说明的特征

在日常学习、工作和生活中，人们接触得最多的文章大概是以说明为主要表现方法的文章了。当你翻开《现代汉语词典》，首先映入你眼帘的是"前言"。"前言"向你介绍这是一本以记录普通话词汇为主的中型词典，供怎样的读者使用，共收多少万条目等。这是一篇说明文，向你介绍这本词典。再往下翻阅，是"凡例"，介绍条目安排、字形和词形、注音、释义，又是说明的文字，不过是分条说明罢了。学生用的教科书、工厂的某产品生产的流程说明书、新产品的使用说明书、读物介绍、科普小品、电影电视解说词等，无不用说明的方法写成。它实用性很强，是传递信息的重要手段。学习用说明的方法条分缕析地说明事物，阐释事理，探幽抉微，认识事物的本质及规律，是学习写作者的重要基本功。

【文心絮语】

以说明或主要以说明为表达方式来介绍事物、阐说事理的文章是说明文。由于说明对象的不同，说明文可分为两大类：一类是对实体事物进行解说，如介绍它们的形状、构造、类别、关系、用途等；一类是对抽象事理进行解说，如介绍它们的原理、特点、演变等。

说明，说明，关键在"明"，要说明确，说明白，别人一看就能懂，就能了然于胸。怎么才能把事物、事理说明白呢？

首要的是抓住事物的特征。任何事物都有自己的特征，这是这一事物区别于另一事物的主要标志。比如同是树，松树有松树的特征，香樟树有香樟树的特征，白杨树有白杨树的特征，要介绍它们，就要研究它们各自的特征。只有捕捉到它们的特征，准确地把握，才能把它们独特的形状、性质、构造、用途等解说得清楚明白，别人看了不会混淆。夏丏尊、叶圣陶两位先生说过："说明文表示作者的理解。所谓理解，乃是说天地间本来有这么些道理，给作者悟了出来，明白地懂得了。"事物的特征是事物本身寓含的特殊性，它存在于天地之间，你悟到了，懂得了，解说起来就能得心应手。

抓事物的特征并不是只抓某一点。客观事物千姿百态、千奇百怪，本身就很丰富、很复杂。因此，特征往往表现在多方面，切不可只知其一，不知其二。特征有的显露在表面，比如形状、色彩等，有的蕴含其中，如竹、木、钢、铅等，质地不同。因而抓事物特征，既要了解它们的表面特征，还要洞悉它们的本质特征。事物发展过程中有必然趋势，事物内部各部分之间有内在的必然联系，这种规律有其特殊性，因此，捕捉特征同样要充分注意这方面的特点。

例如1990年8月10日《解放日报》登了一篇《南浦大桥上的全国之最》，就是紧紧抓住事物的特征来说明的。文章这样写：

1991年底，在上海的黄浦江上，将耸立起一座全长8346米的崭新的桥梁——南浦大桥。这是一座集众多全国之"最"于一身的桥梁。

南浦大桥是一座双塔双索面斜拉桥，主桥长846米，以一跨423米过江，跨度之大为全国之最。

主桥桥面用钢材与混凝土两种建筑材料叠合而成。桥面下一层用大型"工字钢"制成框架，上一层是钢筋混凝土桥面板，钢框架与桥面板用电焊焊接,接合处再浇上混凝土,使两者联成一体。这种叠合组成的桥面和钢框架共同受力的新型结构,叫叠合梁结构。这在我国还是第一次采用,开了我国建桥史上的先河。

主桥桥面的钢框架共有438根钢梁,其中一根重80吨,为全国之最;制作钢梁用的钢板,最厚的达80毫米,其厚度在钢结构中又是一个全国之最。拼装钢框架用的10多万套高强度螺栓的直径达30毫米,螺栓之大,是我国建桥史上前所未有的。

大桥主桥桥面是用180根钢索"吊"在桥塔上的。其中最粗的一根钢索是用265根直径7毫米的高强度钢丝绞合而成,直径146毫米,重21吨,均为全国第一。它长达223米,竖起来相当于三幢国际饭店的高度。180根钢索都是用千斤顶拉后固定在主塔上的,每个千斤顶的拉力达600吨,也是全国之最。

南浦大桥的通航净空高度为46米,在我国桥梁中首屈一指。

由于桥高,建桥时的作业面就更高,负责主桥桥面施工的上海市基础工程公司的干部、工人要在50米以上的高空作业,安装斜拉索则要上到110米以上才能操作。这些恐怕也算是全国之最了。

南浦大桥凝聚着广大科技工作者和施工人员的心血。它的建设对于加强浦江两岸的联系,实现党中央开发浦东的决策,有着重要的意义。(文章有改动)

古今中外写桥的说明文很多,要介绍某座桥,必须抓住这座桥的特征。这篇说明南浦大桥的文章之所以与众不同,是因为紧紧扣住"全国之最"来展示桥的多方面的特征。桥的跨度、叠合梁结构、一根钢梁的重量、最厚的钢板的厚度、高强度的大螺栓、一根最粗的钢索、每个千斤顶的拉力、通航净空高度等是南浦大桥桥本身独有的特征,高空作业的高度是建这座桥独有的特征,二者结合,充分说明了南浦大桥的"全国之最"。如果不抓住这些特征具体说明，即使多说几个"全国之最"，也不能把它说明白。

实际事物的说明要抓特征，事理的说明也要抓住特殊性，如果停留在一般化的水平上说明，就难以把其中的道理说明白。如蝉是没有听觉的，这是19世纪法国著名昆虫学家法布尔研究的结论，一百多年里这个结论一直被人们广泛接受。1981年9月4日《光明日报》发表了任钢的科学小品《蝉是有听觉的》。原说蝉无听觉，现在说有听觉，要把其中的事理说清楚不容易。作者怎么来说这件事的道理的呢？

……

但是，法布尔错了！

科学家经过精细的观察研究之后确定，蝉是有听觉器官的。蝉的听觉器官长在腹部的第二节附近，由比较肥厚的像丝一样的物体组成，上面布满灵敏的感觉细胞，和脑神经相连。当声波传到听觉器官上的时候，感觉细胞就把信号传递到脑子里，蝉就听到了声音。

蝉既然有听觉，为什么对法布尔的砰砰枪声却无动于衷呢？这是因为，不管哪种动物的听觉器官，接受的声波都有一定的频率范围。比如人的耳朵可以听到每秒振动16次到两万次之间的声波，低于这个频率的次声波和高于这个频率的超声波，不管声音有多强，我们都听不见。昆虫也是这样，每种昆虫所能接受的声波范围都不同，超过或低于这个频率的声音，它们也听不到。就拿蝉来说，它们对自己同类发出的声音是十分敏感的，可是对其他的声音，如人的说话声、拍手声，甚至枪声，就可能是一个"聋子"了。

要说明蝉有听觉，首先要说明蝉有听觉器官，听觉器官在腹部，不在头部，也不在胸部，这是它的独特性。这段文字是对蝉这个实物的听觉器官的说明,是下面一段说明事理的基础。法布尔说蝉无听觉的根据是它听不到砰砰的枪声,作者提出这个问题后,说明动物听觉器官能否接受声音与频率有关,然后举例说明。如果只停留于此,仍不够明白。文章指出蝉对同类发出的声音十分敏感,对其他声音可能是聋子,这就把一般的接受声音与频率的关系具体化,显示出蝉听声音的特殊性。行文至此,要说的问题解答了,但是并不周全,因为法布尔毕竟是世界公认的昆虫学家,在这方面卓有贡献。所以,文章结尾说:"今天,我们纠正他这个错误,丝毫没有贬低他的意思。只是想说明,即使是历史上一些著名的科学家,由于主客观条件的限制,也难免在个别问题上作出不正确的判断;因此,我们在继承前人的科学成就时,一定要有独立思考和勇于批判的精神。"说明事理要准确,要符合客观实际,切忌一叶障目,作者以这些话收束全文,使人不仅明白了事理,在认识问题的水平方面也有所提高。

要把事物、事理解说明白,须掌握多种说明方法,并根据说明对象的情况,选择恰当的加以运用。最常用的说明方法是:

1. 诠释与下定义

对事物的形状、构造、成因、用途等进行说明、解释。如:"蟋蟀,又名促织、蛐蛐、寒蛩,属节肢动物门,昆虫纲,直翅目,是一种很常见的昆虫。体长15至20毫米左右,具有一般昆虫的所有特征:一对长长的丝状触须,一对油黑发亮的翅膀,三对强健善跳的足。雌蟋蟀翅很短,不会鸣叫。在腹部末端除了两根尾须外,还有一根长长的产卵器,这是它与雄蟋蟀外形上的最大区别,所以雌蟋蟀又俗称'三尾子'。雄蟋蟀翅膀上长有发音器,两对翅膀一摩擦,便能发出洪亮的声音。"这是对蟋蟀的种种名称、属性、形状、类别进行解释,给人以清晰的印象。

下定义是针对事物的本质属性作确切的说明,或对某一概念的内涵与外延作确切的解说。下定义语言须精练简洁,它的语句形式常常是"某某是什么""某某怎么样"。如《食物从何处来》一文中对食物的说明就用了下定义的方法。"食物就是一种能够构成躯体和供应能量的物质。"又如教科书中对概念、定理、定律常用下定义的方法。"菱形是平面上四边相等的四边形。它的对角线互相垂直平分,它的面积等于两对角线长度的乘积的一半。"这是对菱形下定义。下定义是对事物的本质属性作判断,所以不能模棱两可。定义的高度概括建立在对事物的本质透彻了解的基础上,如果对事物的本质属性若明若暗,下的定义一定不准确。

诠释和下定义可同时使用。可先下定义,后诠释。一般说,定义要求十分精确,要一言以概要,不能有某些疏漏,而诠释可就某些特征说明,比较灵活。

2. 分类与举例

把事物按一定的标准分成一类一类加以说明,就是分类说明法。有些事物比较复杂,笼统地说不容易说明清楚,根据具体情况分门别类,逐一说明,事物的现象及本质就能如实显示。如历史学家吴晗介绍古代的服装,就用分类的方法。他在《古代的服装及其他》一文中说:

以质料而论,绸、缎、锦、绣、绡、绮等都是统治阶级专用的,平民百姓只能穿布衣。以此,布衣就成为平民百姓的代名词了。有些朝代还特地规定,做买卖的有钱人,即使买得起,也禁止用丝质材料。

以颜色而论,大红、鹅黄、紫、绿等染料国内产量少,得从南洋等地进口,价值很贵。数量少,价钱贵,色彩好看,连色彩也被统治阶级专利了。皇帝穿黄袍,最高级的官员穿大红、大紫,以下的官员穿绿,皂隶穿黑。至于平民百姓,就只好穿白了,以此,"白衣"也成为平民百姓的代名词。

至于花饰,在袍子上制绣或者织成龙、凤、狮子、麒麟、蟒、仙鹤、各种各样的鸟等,也是按贵族、官僚的地位和等级分别规定的。平民百姓连绣一条小虫儿小鱼儿也不行,更不用说描龙画凤了……

古代服装与今天一样,也是千姿百态。但在封建社会里,人的等级森严,在穿的服装上也有强烈反映,要说明这样复杂的问题,采用分类方法,可做到条分缕析。作者把衣裳按质料、按颜色、按花饰分成类别,每个类别里再说明什么等级的人用什么质料制衣,穿什么颜色的服装,哪些等级的人袍子上可饰花纹,哪些等级的人不能饰花纹。复杂的问题一经分类,就简单明确。运用分类方法说明问题要注意把握分类的标准,说明某一事物如果一会儿以这个标准分类,一会儿以那个标准分类,就会混乱不堪。要能正确地给事物分类,就要了解事物的全貌和各部分各属什么类别。

举例说明可以使抽象的道理具体化、深奥的道理浅显化,所以说明比较复杂的事物和事理时,常用这种方法。如前面说的听觉器官接受的声波有一定的频率范围时,就举人的耳朵接受哪个频率的范围为例进行说明,例子一举,抽象的道理就具体了、易懂了。举例要真实可信,不能凭想象,不能进行艺术加工,无根据地形容或夸张。例子要精选,要有代表性,确实能说明问题。

3. 比较和比喻

有比较才有鉴别。要解说清楚事物的特征、本质及其规律性,常用比较的方法。或进行同类比较,或进行异类比较。同类比较是把两种或者两种以上的同种类的事物进行比较,揭示它们的异同、优劣,帮助人们认识和区别。为了说明云的形态与天气阴晴有关,在《看云识天气》一文中,把卷云、卷积云、积云、高积云与卷层云、高层云、雨层云、积雨云进行比较,前四种云是天气晴朗的标志,后四种预示阴雨乃至雨雪来临。八种都是云，进行同类比较，既说明了各种云与天气的具体关系，又总说了看云可以识天气的道理。异类比较是在不同种类的事物中展开比较，只要它们之间有某些共同点，就可以进行。例如下面一段文字："激光不是一种普通的光。它不仅能烧掉玩具坦克，而且能击毁真坦克、真飞机甚至导弹和卫星。区区一束光线，为什么会有如此巨大的威力？还是让我们看看它的'脾气'吧。首先，激光是一种颜色的单纯光，而我们平常看见的光，是各种颜色混合起来的。比如太阳光，通过三棱镜，就可以看出它是含有七种颜色的光。其次，激光有很好的方向性，发射角极小，简直可以说是平行光；而我们平常见到的灯光，却是向四面八方发光的。再次，激光的亮度非常高。第一颗原子弹爆炸时发出的光，有人形容它比一千个太阳还亮，而强的激光，竟比太阳亮一百亿倍以上。"为了说明白激光的特征，短短二百多字，多次用了比较的方法。首先从颜色方面与太阳光比较，突出"单纯光"的特点；接着从方向性方面与灯光比较，突出"发射角极小"的特点；再接着从亮度与原子弹爆炸时发出的光的亮度比较。前两个是直接比，后一个是间接比。人们熟悉灯光、太阳光，一比就清楚；原子弹爆炸时发光的亮度人们一般无具体感受，借太阳光的亮度比较，容易理解。尽管是间接比，但激光亮度这个特征却十分突出。运用比较方法须抓住最基本的东西比，使特征、本质显露，而不是广泛地浮面地比一些无关紧要的东西。

比喻说明也是常用的一种说明方法。上面谈到的《看云识天气》大量运用了这种方法。如说明天上姿态万千变化无常的云，就用了种种比喻，说："有的像羽毛，轻轻地飘在空中；有的像鱼鳞，一片片整整齐齐地排列着；有的像羊群，来来去去；有的像一张大棉絮，满满地盖住了天空；还有的像峰峦，像河川，像雄狮，像奔马……它们有时把天空点缀得很美丽，有时又把天空笼罩得很阴森。"天上的云不易说清楚，用了比喻,不仅可把云的万千姿态说明白,而且还生动、形象。使用这种方法特别要注意贴切,注意慎用。如果人们对你要说明的事物并不陌生,一点就明的,那就不一定用比喻。

4. 数字和图表

为了把事物说明白,使人们有清晰的印象,文章常采用数字说明方法。例如要说明噪声对人体的危害,不用数字就难以说具体,用数字效果就大不一样。《噪声之害》短文中这样说:"噪声是以'分贝'计量的。人体健康要求的声音标准一般在40分贝以下。50至85分贝时,人们的交谈和安静环境就受到破坏;超过85分贝,人体健康就要受到影响和损害;超过150分贝,耳膜会破裂,并产生一系列生理反应。"短短几句话,把噪声对人体健康的危害说得那么有层次——"破坏""损害""破裂,并产生一系列生理反应",清楚,明白。运用数字说明重要的在于准确,不准确不仅失去用数字的作用,而且影响文章的科学性。

图表说明方法是借用插图、表格对事物进行说明,它的作用在使人一目了然。《两小儿辩日》中说到孔子对两小儿的争论不能下决断,早晨和中午,究竟太阳哪个时候离人近,哪个时候离人远?《两千多年前的一道难题》对此作了说明。其中有两段是这样写的:

先说早晨的太阳为什么显得大,中午的太阳为什么显得小。请你先看(图一)。你可能会觉得右边的竖道比左边的长,而左边的横道比右边的长。但是,你拿尺子量一量便会发现,原来左右两边的竖道、横道都是一样长的。还有,周围衬有黑底的白色图形,看上去也会觉得比白色衬底的黑色图形大一些(图二)。这都说明,眼睛并不很可靠,有时候它也会"骗"我们。这种现象,叫作视差。视差是物体相互比较时产生的,把一个物体同比它小的物体放在一起来看,它就显得大些;同比它大的物体放在一起来看,它就显得小些(图三)。

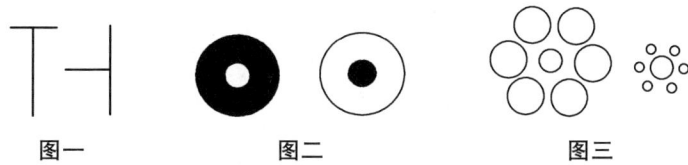

图一　　　　图二　　　　　图三

　　早晨太阳刚刚从地平线上升起,傍晚太阳慢慢落山,离地平线都不远,在房子、树木、山冈等景物的陪衬下,看上去就显得大"如车盖"了。中午,太阳高悬顶空,广阔的天空是它的背衬,所以看上去就小"如盘盂"。另外,早晚的天空都比中午暗淡,也是使人觉得早晚太阳大,中午太阳小的一个原因。

　　要讲清楚这道难题不大容易。从视差角度进行说明,道理比较抽象,插上简单的图,从读者的实际感受出发,道理就能明白。

　　使用这种说明方法要从说明事物、事理的需要出发,要用得贴切,用得恰当。三言两语能说明的,如果再用插图、表格,就会成为文章的赘疣。

　　除上述说明方法外,对比说明、引用说明、列举说明等也常用。不管运用哪种或哪些方法解说事物、说明事理,都要有明确的目的,都要为说清楚事物、事理的特征、本质及规律性服务。

　　要介绍事物、解说事理,除掌握种种说明方法,还须根据事物本身的条理及特征,安排合理的顺序。常用的说明顺序有三种:一是时间顺序,二是空间顺序,三是逻辑顺序。按事物发展的时间先后为说明的顺序是时间顺序。先发生的先说,后发生的后说。如《从甲骨文到缩微图书》介绍书籍演变,从三千多年前把字刻在龟壳和兽骨上的雏形的书开始,说到两千多年前出现的竹简、木简、帛书,说到东汉时期出现了手抄纸书,然后又出现雕板书籍,宋朝庆历年间出现了活字印刷书籍,近代出现了如油印、石印、铅印、胶板彩印等形形色色的书,近年来又出现了如会说话的书、能活动的书等,现在出现了越来越小的缩微书。由古到今,把书籍发展的阶段一步步说清楚,有条不紊。空间顺序是按具体的物占有一定的空间的大小、方位,有顺序地加以说明。或由远而近,或由近而远;或由上而下,或由下而上;或由外而内,或由内而外;或由左而右,或由右而左等。介绍建筑物、建筑群等相对静止的事物常用这种方法。如《雄伟的人民大会堂》就是按空间顺序说明的。先指出大会堂的方位——"天安门右前方",然后由外到内说明,先用数字说明它的面积和体积,勾画巍峨的外貌,再介绍正门顶上的国徽,一层楼高的花岗石大台阶和12根大理石门柱,于是进入大会堂内部。按照参观的顺序由外到内组织材料,对复杂的建筑物加以说明。逻辑顺序是按事物自身的特点或某些事物之间相互关系来组织说明材料,可先总说后分说,或先分说再总说,采用总分式;可几个问题几个事物并列说明,采用并列式;可由表及里,由浅入深,采用纵深式。如《晋祠》一文中说明晋祠的美,先用"晋祠的美,在山,在树,在水"一句总领,然后用并列的方式说明:"这里的山,巍巍的,有如一道屏障;长长的,又如伸开的两臂,将晋祠拥在怀中……""这里的树,以古老苍劲见长……""这里的水,多、清、静、柔……"接着说明古建筑也是用一句总领:"然而最美的还是祖先留给我们的古代文化。这里保存着我国古建筑中的'三绝'。"然后再用并列方式说明:"一是圣母殿……""二是殿前柱上的木雕盘龙……""三是殿前的鱼沼飞梁……"文章结构用简表表示就是:

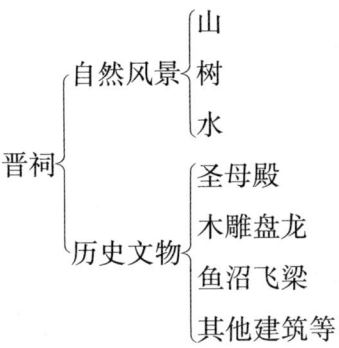

全文两大部分并列,每个部分又是几项内容并列。并列说明时又采取先总说后分说的方式。一般说,每篇文章总以某种说明顺序为主,根据说明需要,可结合选用其他顺序。

说明文是实用性极强的一种文章体裁,它在社会各个方面广泛运用,运用时根据实际需要又呈现出不同的特点,这里仅举三种常用的作简略说明:

书信。书信是人与人之间进行交流的重要手段,不受地域限制,内容不拘一格。书信由称谓、正文、结尾、具名、日期组成,外加信封。下面是三毛写给郭芳廷同学的信:

芳廷好孩子:

你才16岁,来信一句也不抱怨人生,只说喜欢写作,这是多么的难能可贵,因为我所收到的来信,大半是"人在福中不知福"的怨叹信,看了很使人灰心。

写作其实一点也不难。一开始的时候,尽可能踏踏实实地用字,不要写那种独白式的文体,写自己日常生活中所观察、所体验、所感动的真实人生。初写稿,写些实在的散文体故事,避掉个人内心复杂的感受——因为那样写,便需要功力,毕竟虚的东西难写。从故事开始试,人物最好不要一次出来太多,免得难以周全地在笔下刻画他们。

写作,便如建筑,结构是一个部分,建材是另一部分,缺一不可。这也就是肌理、文理和神理三个写作的基本要素,而这其中,都是生命。

再说,所谓写作,事实上脱下了一个"酿"字,心中有所感、有所动的题材,不要急着就伏案,急不得,将材料放在脑子里慢慢用时间和思想去酝酿它,自己反反复复地在心中将文章编织,等到时机成熟了,不写都不成,这就是一般人所谓的灵感来了,出来必然不会太坏。

一般初学写作的人,往往心急,酿的时间不够,那么即使涂涂改改也难以使自己满意。

多看好书固然是好事,可是看见他人写得如此深刻而自己不能,也是会丧胆的。例如我自己,便真的丧胆,越看越不敢写,不过,我情愿不写,也舍不得不看好书。

你的年轻和兴趣,就是写作的最大的本钱,很可惜我们只是纸上笔谈,无法交换更多的心得。谢谢你的来信。

三毛

这是台湾作家三毛(本名陈平)。给郭芳廷同学的回信,发表在《中学生阅读》1987 年第 6 期。从这封信中,不仅可了解写信的格式,更可体会到信须有实实在在的内容。围绕写作这个中心,说明学写作应有怎样的步骤,内容与形式的关系,如何构思,如何借鉴,针对性强,达到交流思想的目的。

说明书。根据使用范围有产品说明书、展览会说明书、影视说明书、风景名胜说明书等。凡是说明书,都是要用简短、明确的语言把要介绍的事物解说清楚,使看的人一看便知。比如"飞跃微波炉使用说明书"由用途、主要技术参数、安全使用的注意事项、原理特点、结构、使用方法、维护和保养等七个部分组成,每个部分再分行作具体说明。从中我们可体会到：说明书须有明确的实用目的，要向别人介绍的事物须一一交代清楚；须有约束性，说明内容要根据被说明对象本身的特点，有步骤地说明，不能粗疏，不能遗漏，如微波炉的使用方法、安全使用的注意事项等非说明不可；语言须明晰，条理须清楚。

广告。即广而告之，广泛地告知的意思。通过一定的媒介（报刊、广播、电视等）向公众介绍文体节目、产品、服务项目的一种宣传形式。广告一般有标题、正文、尾部三部分。标题要醒目，使人一看就能记住。如推销丰田汽车的广告标题是：车到山前必有路，有路必有丰田车。用顶真的修辞手法，好读易记。又如某日化厂的化妆品广告：今年 20，明年 18。用一反常理的语言创造宣传效果。正文要具体明确，这是广告的主体和核心。例如嘉陵牌摩托车的广告：

甲：老乙，您在等谁？

乙：我的那个"嘉陵"。

甲：嘉陵是您"爱人"吗？

乙：我太喜欢"嘉陵"了，它有许多优点，容貌长得盖世无双，风度潇洒，帅气，平地走路像仙女腾云驾雾，爬坡就如嫦娥奔月，唱歌优美动听。与"嘉陵"结为"伴侣"太幸福了。追求"嘉陵"的小伙子太多了，连姑娘们也追求"嘉陵"哪！

甲：什么，姑娘们也向您"爱人"求爱？

乙：什么呀！你瞧，它来了。

甲：原来是"嘉陵牌摩托车"啊！

这是问答式的广告，把产品的形貌、性能、用途都作了介绍，用的是拟人的手法，制造一个个悬念，最后谜底揭开。这种富于幽默感、时代感的广告，很迎合青年人的心理。一般说，广告是陈述式的比较多。陈述式的也要注意生动性。

不管是什么形式的说明文字,也不管按什么顺序进行说明,采用哪些说明方法,都要符合以下几点要求:

知识性。说明任何事物、任何事理,都有知识性的问题。叶圣陶在《作文概说》中指出:"解说文是传播知识的文字。"离开了实实在在知识的介绍,文章就空泛,没有生命。

科学性。介绍客观事物、说明事理,要实事求是,符合实际情况。不能夸大,不能缩小,不能走样,要尊重客观事物,如实地加以反映。切忌指鹿为马,即使是广告的文字,也要尊重事实,不能用文字行骗。

条理性。说明文特别讲究条理清晰,因为它的目的在于使读者有所"知"。要别人一读就了然于胸,结构上要眉目清楚,有条不紊。切忌一团乱麻,东说一点,西说几点,茫无头绪。尤其是说明比较复杂的事物和比较深奥的事理,更要在条理性方面多加斟酌。

明确性。除在说明内容、说明顺序方面认真考虑外,语言表达要十分明确,不能模棱两可,含混不清。

把握上述要求,紧紧扣住被说明事物的特征和本质有步骤地说明,写出来的文章就能条分缕析,探幽抉微。

【佳作借鉴】

笑

随着现代医学的发展,我们对于笑的认识,更加深刻了。

笑,是人们心情愉快的表现,对于健康是有益的。笑,是一种复杂的神经反射作用。当外界的一种笑料变成信号,通过人的感官传入大脑皮层,大脑皮层接到信号,就会立刻指挥全身肌肉或一部分肌肉动作起来,于是出现了笑。

小则嫣然一笑,笑容可掬,这不过是一种轻微的脸部肌肉动作。一般的微笑,就是这样。

大则是爽朗的笑,放声的笑,不仅脸部肌肉动作,而且发声器官也动作起来。捧腹大笑,手舞足蹈,甚至全身肌肉、骨骼都动作起来了。

笑在胸腔,能扩张胸肌,加强肺部的运动,使人呼吸正常。

笑在肚子里,能使腹肌收缩了又张开,及时产生胃液,帮助消化,增进食欲,促进人体的新陈代谢。

笑在心脏,能使血管的肌肉加强运动,促进血液循环,加快淋巴循环,使人面色红润,神采奕奕。

笑在全身,能让全身肌肉都动作起来,兴奋之余,使人轻松,睡眠充足,精神饱满。

笑,也是一种运动,不断地变化发展,有助于身体健康。

笑的声音有大有小;有远有近;有高有低;有粗有细;有速有慢;有真有假;有聪明的,有笨拙的;有柔和的,有粗暴的;有爽朗的,有娇嫩的;有现实的,有浪漫的;有冷冷的,有热情的,如此等等,不一而足。这是笑的辩证法。

笑有笑的哲学。

笑的本质,是精神愉快。

笑的现象,是笑容、笑声伴随着你的生活。

笑的形式,多种多样,千姿百态,无时不有,无处不有。

笑的内容,丰富多彩,包括人的一生。

笑话、笑料的题材,比比皆是,可以汇编成专集。

笑有笑的医学。笑能治病。笑可以消除肌肉过分紧张的状况,防止疼痛。神经衰弱的人,要多笑。但笑也有一个限度,要适可而止。患有高血压和心肌梗塞毛病的人,不宜大笑。

笑有笑的心理学。各行各业的人,对于笑都有他们自己的态度,都有他们的心理特点。售货员对顾客一笑,这是有礼貌的笑,使顾客感到温暖。

笑有笑的政治学。做思想政治工作的人,非有笑容不可,不能板着面孔。

笑有笑的教育学。孔子说:"学而时习之,不亦说乎!"这是孔子勉励他的学生们要勤奋学习。读书是一件快乐的事。我们在学校里,就常常听到读书声,夹着笑声。

笑有笑的艺术。演员的笑,笑得那样惬意,那样开心,所以,人们在看喜剧、滑稽戏和马戏表演时,剧场里总是笑声满座。笑有笑的文学,相声就是笑的文学。笑有笑的诗歌。在春节期间,《人民日报》就发表了笑的诗,那诗写道:"当你撕下八一年的第一张日历,你笑了,笑了,笑得这样甜蜜!是坚信:青春的树越长越葱茏?是祝愿:生命的花愈开愈艳丽?啊!在祖国新年建设的宏图中,你的笑一定是浓浓的春色一笔……"

笑,你是嘴边一朵花,在颈上花苑里开放。

你是脸上一朵云,在眉宇双目间飞翔。

你是美的姐妹,艺术家的娇儿。

你是爱的伴侣,生活有了爱情,你变得更甜。

你是治病的良方,健康的朋友。

你是一种动力,推动工作与生产前进。

笑是一种个人创造,也是一种集体生活感情融洽的表现。

笑是一件大好事,笑是建设社会主义精神文明的一个方面。

我这篇科学小品,再加上外国的资料,可以在大百科全书中,在笑的项目下,占有一席的地位。

让全人类都有笑意、笑容和笑声,把悲惨的世界变成欢乐的海洋。

这是一篇科学小品,作者高士其。科学小品是常见的以说明为主普及科学知识的作品,它以散文的笔调介绍科学知识,是文艺形式和科学内容的有机结合。

这篇科学小品包含的知识极其丰富,涉及的方面很广。从"笑"产生的生理根据入笔,说明笑对人体健康的好处,再进而从哲学、医学、心理学、政治学、教育学、艺术等领域研究笑的意义。它不是对某一生理现象进行专门的深入论述,而是把涉及的方方面面提出来作简要说明,开启读者智慧,增长读者见识,这是典型的科普作品的一种样式。

广博的知识来自平时精心的观察和认真的积累。就拿笑的哲学来说,仅短短的四句,但对本质和现象、形式和内容加以诠释,简明而周到。如果对哲学领域有关知识不熟悉,对笑的本质、现象、形式、内容缺乏深入研究,不可能作如此精当的诠释。

文章的趣味性很强,这是科学小品的又一特色。一是从人们实际生活中见到的种种笑的姿态、声音等出发,介绍科普知识。因为认识上有沟通,所以容易激发兴趣。二是采用散文笔调,写得轻松潇洒。如"小则嫣然一笑,笑容可掬,这不过是一种轻微的脸部肌肉的动作。一般的微笑,就是这样"一段,说明什么是微笑。先用生动的语言形容这种笑的形态,然后从生理方面说明笑的根据,科学知识就在轻松的气氛中向读者作了介绍。三是融知识、诗情、哲理于一炉,容易激起读者感情上的共鸣。就拿哲理来说,说明笑的医学,既说明笑能治病的积极作用,又说明笑有它的限制性,如不适度,对某些人会起反作用。这样处理,寓含了生活的哲理,闪射辩证的光芒。诗情,除了表达上有特点外,如用描述的语言,有的部分分行写之外,更主要的是充满热烈的情感。且不说字里行间渗透的对生活的喜爱与欢乐之情,文末直抒胸臆、发表议论,更是增添文章的感染力。作者一连串用了六个"你是"的句子,表达对笑的赞美之情,又用"笑是一种个人创造……""笑是一件大好事……"的排比手法对笑的功能进行议论。在说明科学知识的基础上抒情议论,使说明的内容升华,又给人以美的享受和思想上的启迪。用高士其自己的话来说:"好的科学小品,能给人以智慧和力量,点燃思想的灯和希望的火花,培养读者的观察力和想象力,开阔眼界,启发思想,引导他们想未来,激励他们向科学技术进军。"这篇科学小品将思想性、知识性、科学性、文艺性完美融合,正是这种思想认识的体现。

全文按逻辑顺序组织说明的材料,通篇采用了并列式的结构,把笑的生理机制及对人体健康的作用、笑的哲学、笑的医学、笑的心理学、笑的政治学、笑的教育学、笑的艺术等问题并列起来逐一加以说明,条理清晰。在并列式结构内又套了总分式。如第2段,对笑的生理机制进行总的说明,然后分别说明。"微笑"怎样,"大笑"怎样,笑"在胸腔""在肚子里""在心脏""在全身"各起怎样的作用,逐一分别说明,条分缕析。在分述以后,用一句话总结,"笑,也是一种运动,不断地变化发展,有助于身体健康"。这一部分采用总—分—总的方式说明,眉目清楚。

文章运用了多种说明方法,把笑的特征、本质及其中的规律解说得形象具体,浅显生动。首先用诠释的方法。第2段对笑的总述是全文说明的基础,故而对"笑"的形成从生理上作科学的解释十分重要。解说得具体、扼要。先说笑是一种"复杂的神经反射作用",然后再具体解说怎样"反射":外界信号—人的感官—大脑皮层—指挥肌肉动作。这样具体诠释,笑的生理基础一目了然。

其次用分类说明的方法。第3、4两段是分类说明,一类"小",一类"大"。"小"指微笑,但微笑中有程度差别,一种是"嫣然一笑",一种是"笑容可掬"。"大"指大笑,一种是脸部肌肉动作,发声器官动作;一种是手舞足蹈,全身肌肉、骨骼都动作起来了。"小则""大则"的说法看来只是粗线条,其实它们的类别中各有细微之处,具体而细腻。

再次用列举、举例、引用等说明方法,增强文章的明确性。如说明笑的声音,列举了"有大有小""有远有近"等11对,既开阔读者思路,又开启读者的想象,读者从多种多样笑的迥然不同的声音中,可受到辩证法的启迪。谈到笑的心理学时,举售货员的事例,谈到笑的政治学、笑的艺术时,分别举做思想政治工作的人和演员的例子说明,一看便明白。引用孔子的话和《人民日报》的诗,同样增加说明的明确度。

【习作评说】

SOS：来自汀江

水是人类的宝贵资源。我县工农业和生活用水的主要来源是汀江。汀江纵贯我县南北,是闽西第一大河。正是这条河孕育了勤劳朴实的长汀人民。然而,近年来,汀江传来了SOS:汀江有成为"废江"的危险。

SOS：水质污染严重!

汀江水质受到的污染主要是工业污染。由于近年来工业的发展,工业废水增多,年排放量达771.88万吨,其中有760.73万吨(占98.56％)排放入汀江,占全国工业及城市生活废水排放量的90.4％之多。请看:

合成氨厂的清污废水溶进了汀江；

化工行业的明胶生产浸漂废水混进了汀江；

林化工业中的含油废水闯入了汀江；

纺织行业中的漂染废水也漂进了汀江；

造纸行业中的黑波废水也窜进了汀江；

……

种 类	S—S	COD	BOD	Cr^{+6}	砷
含 量	2 936.39	1 217.98	527.21	1.142	0.034
种 类	氰化物	挥发酚	硫化物	氨氮	油
含 量	0.034	3.139	64.53	277.84	30.639

这些有害物质对汀江河水的污染是惊人的。譬如今年8月15日，长江合成氨厂一号碳化塔冷却水管破裂，含高浓度氨氮的废水流进了汀江。当日下午五点半，在马哩水沟所采取的水样氨氮高达86.07 mg/l，已达鱼类致死量的4倍。据县渔政站调查估算，鱼类、虾类、贝类死亡量约为4 025~7 905公斤，城区出现了从黄屋村马巷哩至新庄(长约5公里)居民下河捡鱼的"壮观"场面。悲剧也由此产生——吃了那些鱼的，脚起毛病了。

再看，医疗单位的废水也像幽灵似的溜进了汀江。

汀州医院从西河(汀江支流)向汀江排放的大肠菌群，含量是每升$5×10^4$个。每年排放的废水就有4.38吨。城关医院从金沙江(汀江另一支流)向汀江排放的细菌总量达$1.3×10^5$个/毫升。江中含有如此多的病毒，谁还敢饮用这江水！

再瞧瞧，我们的居民也来凑热闹了。

长汀全县城关居民约5万人，生活污水年排放量达354.27吨。这些生活污水未经任何处理就直接排放入汀江。两岸居民还把废土、破烂、煤渣、屎尿、瓶瓶罐罐一股脑儿倾倒于汀江——似乎汀江是垃圾的最佳处理所。黄昏，在南寨广场漫步，常可发现：对岸城门出来倒垃圾的，几乎无不例外地潇洒一甩，畚斗中的垃圾纷纷扬扬洒进汀江。

昔日"澄江如练"的汀江如今污浊不堪，使人望而却步。由于严重的水质污染，皮肤病患者急剧增加，为此，长汀县新建立了一座皮肤病院。环保部门人员深有感触地说："不治理汀江污染对不起长汀人民啊！"

SOS：水量急剧减少！

过去由于乱砍滥伐树木，再加上防治不力，造成水土流失严重，流失面积达 7 万多公顷之多，产生淤积现象，有的地方河床上升比田还高 1～1.5 米，水径流量急剧减少。

由此带来了灾难性的后果是：

全县农村有 8 千多公顷水田因此受旱，全县大小旱情每年都有发生。

对于靠水力发电的我县，工业也因水力不足引起了电力不足，阻碍了发展。全县每年断电的时间达 50 余天，损失的工业产值约 1 500 万元。

我县的交通如今仅靠公路，水运因水枯礁露，河床比降大，已不能全程通航。水运量不到全县运输量的 4%。

城市生活用水也日趋紧张。许多居民因小井受汀江河水渗透污染而改用自来水。一些工厂如酒厂、食品厂因无法直接用汀江水而依靠自来水。这使得居民的日常生活用水也难以保证正常供应。

水质的污染，水量的减少给我们带来了恶果，我们难道能不觉醒吗？不要忘了恩格斯给我们的告诫："我们不要过分陶醉于对大自然的胜利，对于每一次这样的胜利，自然界都报复了我们。"

汀江——SOS！恳切希望我们环保部门的同志能大力宣传环保知识，深入做好环保监督工作，努力防患于未然，坚决执行环保法，给违法者以严厉制裁，以警后人。

汀江——SOS！恳切希望造成污染源的有关领导能以合成氨厂为诫，努力实现"治污、节能、增效"三同步，还汀江以清澈秀丽的丰姿，为子孙后代造福。

汀江——SOS！恳切希望喝汀江水的居民们不要只顾眼前方便，

污损汀江。请爱护我们的母亲河吧,让我们永远喝上她甘美的乳汁。

听吧,来自汀江的 SOS!

行动起来吧,救救我们的汀江!

林跃飞

这是一篇福建长汀高中学生参加华东六省一市作文比赛的文章,内容充实,说明有条有理,言辞恳切。

SOS,国际通用的(船舶、飞机等的)呼救信号,文章以《SOS:来自汀江》为标题,震人耳目,一下就抓住了读者的注意力。

文章内容之所以充实,是由于材料十分充足,显然动笔前做了一番调查研究,阅读了不少有关的材料,搜集了不少数据。写说明文,要把事物说清楚,对所要说明的对象需要认真细致地了解和研究,只有自己脑子里清清楚楚,写出来的文章才会明明白白,否则,再用什么方法,也难以把事物和事理说明白。

文中说明了两大问题,一是汀江水质污染严重,二是汀江水量急剧减少。全文采用逻辑顺序组织说明材料。开篇提出问题——汀江有成为"废江"的危险,然后从两个方面具体说明。两个方面说明采用并列方式,但后一个方面问题的发生又与前一个问题有密切关系,所以虽形式上并列,却前后有序。

说明来自汀江的危险信号用了多种说明方法。主要的有:

列举说明法。说明水质污染的严重程度,列举了"合成氨厂的清污废水""化工行业的明胶生产浸漂废水""林化工业中的含油废水"等窜入汀江的五个例子,把污染的严重性端到了读者的面前,使读者有所了解。

图表说明法。为什么说工业废水严重污染汀江呢?因为废水中含有许多有害物质。为了使读者一目了然,把十种有害物质列图表说明。

如果用文字表述，须长长一段，用图表表示，简单醒目。

数字说明法。图表中为了说明工业废水含有的有害物质的量，用了许多数字。图表说明和数字说明经常结合起来使用，使所说明的问题一清二楚。此外，文章的其他部分也用了不少数字来说明问题。

举例说明法。如说某年8月15日长江合成氨厂冷却水管破裂，含高浓度氨氮的废水流入汀江的情况，说明有害物质污染汀江的惊人程度。医疗单位的废水、居民生活废水及生活垃圾对汀江的污染也运用举例说明法，具体说明污染的危害。

引用说明法。南朝齐谢朓《晚登三山还望京邑》诗中有这样的名句："余霞散成绮，澄江净如练。"意思是澄江清澈，干净得如同白绸子一般。这篇文章引用"澄江如练"，形成今昔鲜明的对比，突出今日汀江的污染不堪。引用恩格斯的话，有力地告诫人们：不尊重客观事实，不按客观规律办事，必然会受到惩罚。这就从污染危害水源的现象深入问题本质的探讨，揭示不以人们意志为转移的客观规律，文章向纵深发展，分量加重。

全文从现象的众多材料入手，深入问题本质的揭示，应该说明的问题可以说已解说清楚。但是，摆出问题只是认识事物，重要的还在于解决问题。习作者在充分说明事物的基础上，直抒自己的心愿，呼吁环保部门的同志、造成污染源的有关领导、喝汀江水的居民，各尽其责，保护汀江水源。三个"汀江——SOS"、三个"恳切希望"，先敲警钟，再恳切要求，用排比的方法一段紧接一段，给人以强烈的印象。文章用"听吧，来自汀江的SOS! 行动起来吧，救救我们的汀江"收尾，与标题呼应，强化呼救的声音。

有两点可商榷。一是有的数字似乎不够准确。文中说流入汀江的工业废水"占全国工业及城市生活废水排放量的90.4%之多"，令人难以置信。我国幅员辽阔，发达地区工业废水问题远未解决，汀江一个县废水占 90.4%，使人难以理解。说明文用数字说明，必须准确，否则影响可信度。二是写比较通俗的说明文尽量要少用难懂的专门术语。比如图表中列的项目就有这个问题。尽管如此，这篇文章仍不失为一篇比较好的说明文习作。

【要语一束】

说明须抓住事物特征。

抓事物特征，既要了解它们的表面特征，还要洞悉它们的本质特征和特殊规律。

根据说明对象的情况和说明的意图，可采用适当的说明方法。常用的方法有诠释与下定义、分类与举例、比较和比喻、数字和图表等。采用任何一种说明方法，目的都在把事物、事理解说得清楚明白。

说明须安排合理的顺序，根据事物本身的条理及特征，全文可按时间顺序、空间顺序或逻辑顺序组织说明材料。可安排单一的顺序，也可根据需要，以一种顺序为主，穿插其他顺序。

以说明为主的文章须注意知识性、科学性、条理性和明确性。

十三　惟妙惟肖,生动逼真
——描写的艺术

　　清代著名文学评论家金圣叹在《水浒传序三》一文中说:"《水浒》所叙,叙一百八人,人有其性情,人有其气质,人有其形状,人有其声口……施耐庵以一心所运,而一百八人各自入妙者,无他,十年格物而一朝物格,斯以一笔而写百千万人,固不以为难也。"这段话盛赞施耐庵塑造梁山一百零八员好汉形象的高超的描写艺术,剖析了这种描写艺术的由来。一百零八个好汉个个有自己的面貌、语言,有自己的性格、气质,个个活蹦乱跳,栩栩如生。描写技巧令人赞叹。生动逼真、惟妙惟肖的技巧从何而来?"十年格物而一朝物格。"对所描写的对象,长时间地观察、探讨、研究,有朝一日为所观察的人物、事物所感通,洞悉它们的底里。梁山好汉塑造得如此成功,就在于作者对所描写的对象识得真,勘得破。这就提醒我们:学习描写技巧的同时,须十分注意"格物",长时间地坚持不懈地观察、研究周围的人和事、景和物,为描写、刻画打扎实的基础。

【文心絮语】

　　描写这种表现方法在记叙文中最常用。
　　有人曾就叙述和描写在文中的作用打了这样一个生动的比喻:如果把一篇文章比作用珍珠宝石制作而成的一串闪闪发光的项链,那么,串连珍珠宝石的链条就是叙述,而每一颗珍珠宝石就是一个个形象鲜明的描写。文章交代环境,讲说事件,离不开叙述。但是,光是叙述,文章难免空泛、抽象,对人物、事件、环境作具体的描绘和刻画,这些对象就勃勃有生气,如珍珠宝石闪发光辉,给人以生动鲜明的印象。

描写人物最忌作者参入,评头论足,要让人物自己说话,自己活动,也就是要让人物"如镜中取影,妍媸好丑令观者自知"。描写景物忌捕风捉影,斧凿刀削,要写山像山,写水像水,逼真如画,情景俱出。

1. 抓特征,抓个性

描写人物个性要鲜明,应百人百面目,千人千形象,千万不能千人一面。每个人都有自己的性格特征,在生活中人与人千差万别,千人千样。描写时要善于发现和抓住对象与众不同的独特之处。且不说外貌、语言、动作,就是性格看来相似,实际也有很大差别。金圣叹评《水浒传》的人物描写时说:"只是写人粗卤处,便有许多写法:如鲁达粗卤是性急,史进粗卤是少年任气,李逵粗卤是蛮,武松粗卤是豪杰不受羁勒,阮小七粗卤是悲愤无说处,焦挺粗卤是气质不好。"说得多么明白!同样的性格,由于生活背景不同,生活经历不同,具体表现就很不一样。描写就是要能抓住同中有异的"异",才能使人物的面貌、精神,跃然纸上。个性是艺术的生命,同样也是描写人物、描写景物的生命所在。

如鲁达拳打镇关西就写得十分有个性,绘声绘色,与众不同:

郑屠右手拿刀,左手便来要揪鲁达,被这鲁提辖就势按住左手,赶将入去,望小腹上只一脚,腾地踢倒在当街上。鲁达再入一步,踏住胸脯,提起那醋钵儿大小拳头,看着这郑屠道:"洒家始投老种经略相公,做到关西五路廉访使,也不枉了叫做镇关西。你是个卖肉的操刀屠户,狗一般的人,也叫做镇关西!你如何强骗了金翠莲?"扑的只一拳,正打在鼻子上,打得鲜血迸流,鼻子歪在半边,却便似开了个油酱铺,咸的、酸的、辣的,一发都滚出来。郑屠挣不起来,那把尖刀也丢在一边,口里只叫:"打得好!"鲁达骂道:"直娘贼!还敢应口!"提起拳头来就眼眶际眉梢只一拳,打得眼棱缝裂,乌珠迸出,也似开了个彩帛铺,红的、黑的、绛的,都滚将出来。两边看的人惧怕鲁提辖,谁敢向前来劝?郑屠当不过讨饶。鲁达喝道:"呸!你是个破落户,若是和俺硬到底,洒家倒饶了你。你如何叫俺讨饶,洒家却不饶你!"又只一拳,太阳上正着,却似做了一个全堂水陆的道场,磬儿、钹儿、铙儿一齐响。鲁达看时,只见郑屠挺在地下,口里只有出的气,没了入的气,动掸不得。

  三拳打出三个样。如果简单叙述的话,只要说"打得鲜血直流、乌珠迸裂、两耳轰鸣"就可以,但绝对收不到如此具体描写的艺术效果。鲁达的拳头特征是"醋钵儿"大小,有装醋的盆儿那么大。挥拳的落点有特征,不是乱打一通,如雨点降落,而是鼻子—眼眶际眉梢—太阳穴,而且先后有序,一拳拳在脸部往上打,越打越切近要害部位。三拳的结果有特征,用三个比喻变换了三种不同的感觉——油酱铺,咸的、酸的、辣的,从味觉上描绘;彩帛铺,红的、黑的、绛的,从视觉上描绘;全堂水陆的道场,磬儿、钹儿、铙儿一齐响,从听觉上描绘。三拳打出味道,打出颜色,打出声音,极富个性。在打三拳的同时,还伴以个性化的语言——粗鲁的骂,宣告对讨饶的郑屠绝不手软。郑屠虽仅"打得好"一句话,但也十分形象地刻画了他流氓、无赖的嘴脸。正由于作者对鲁达这三拳描绘得特征显露,个性鲜明,因而给人以深刻的印象,数百年来广为流传。

  肖像描写同样要善于抓特征,绘形传神,刻画思想性格。如《故乡》中杨二嫂:凸颧骨,薄嘴唇;两手搭在髀间,没有系裙,张着两脚,正像一个画图仪器里细脚伶仃的圆规。寥寥几笔,就绘出了她的外貌特征,通过这个特征,可粗知她尖酸刻薄的性格。

描绘景物个性也十分重要。同一对象在不同的人眼中会有不同的感受,写景时能把观景人独特的感受表现出来,景就写活了。王小鹰在《相思鸟》中写的月亮是:"月亮刚刚升起,又大又圆,黄澄澄的,就挂在山坳口。我相信,若是快些爬上山坡,准能用手摸着它。它是像镜子一般的滑呢,还是像冰块一般凉?"在《月色溶溶夜》中写的月亮是:"一弯银钩似的月亮已经嵌在街口那棵梧桐树疏疏朗朗的枝叶间,很像是那深蓝的天空含着静静的笑容。"前者是一个农村孩子在山村看到的月亮,后者是一个城市姑娘在城市里看到的月亮,景随人变,各具特点。

2. 画眼睛

画龙点睛,眼睛"点"得好,龙就能腾飞。描写人物,画眼睛很重要。眼睛是心灵的窗户,人物的眼光、眼神能表现出内心复杂的思想感情。鲁迅在《我怎么做起小说来》一书中说:"忘记是谁说的了,总之是,要极省俭的画出一个人的特点,最好是画他的眼睛。我以为这话是极对的,倘若画了全副的头发,即使画得逼真,也毫无意思。"鲁迅在写作实践中就是这样做的。他创作的《祝福》就十多次写祥林嫂的眼睛、眼光、眼神,通过眼睛的刻画,表现祥林嫂的不幸遭遇和性格的变化。

新月派领袖诗人徐志摩在《拜伦》一文中对拜伦雕像眼神的描写就十分精湛。"他没有那样骄傲的锋芒的大眼,像是阿尔卑斯山南的蓝天,像是威尼斯的落日,无限的高远,无比的壮丽,人间的万花镜的展览反映在他的眼睛中,只是一层鄙夷的薄翳。"拜伦是英国著名诗人,描写他的塑像的眼睛确非容易的事。作者抓住特定情景中的感受,借用比喻,发挥想象,就把眼神的深远、壮丽刻画得活灵活现,透露出诗人观察大千世界的气质。

画眼睛并非只局限于对眼睛的描写,抓住描写对象身上最能表现个性特征的东西进行刻画,使这个形象栩栩如在眼前,也是画眼睛的做法之一。如明代归有光的《寒花葬志》是为亡妻陪嫁丫鬟所作的墓志,短短一百多个字,就把寒花令人爱怜的形象活泼泼地显现纸上。绘形象的一段是这样写的:"婢初媵时,年十岁,垂双鬟,曳深绿布裳。一日天寒,热火煮荸荠熟,婢削之盈瓯,予入自外,取食之,婢持去不与。魏孺人笑之。孺人每令婢倚几旁饭,即饭,目眶冉冉动,孺人又指予以为笑。"作者用简练的文笔,回忆寒花当初陪嫁来时的衣着打扮、削荸荠时的淘气表现和吃饭时的动人神情,三言两语就勾勒出幼婢的稚气未脱,天真可爱。"垂双鬟,曳深绿布裳",两个环形发髻低垂着,一条深绿色的布裙长可拖地,不满十个字,写出了幼童穿长衣裙的有趣外貌;吃饭时倚着小矮桌,"目眶冉冉动",两个眼珠慢慢转动着,天真可爱的情态如在眼前。这种写法用了极省俭的笔墨。由于集中笔力抓住特征描绘,读者摄入眼帘以后,经久不忘。

3. 诉心声

人物思想性格的塑造离不开内心世界的描写。一是直接描写人物的内心活动,即直接的心理刻画,写人物怎么想,怎么感觉。二是间接描写,就是借助人物的外部表现如语言、动作、肖像来反映人物的内心世界。

直接进行心理描写,不能说一些浮泛的空话,要能把内心深处的精妙倾诉出来,使人物的思想性格得以深刻揭示。如鲁迅的《一件小事》,当作品中的"我"看到车夫送老女人向巡警分驻所走去时,有这样一段心理描写:"我这时突然感到一种异样的感觉,觉得他满身灰尘的后影,刹时高大了,而且愈走愈大,须仰视才见。而且他对于我,渐渐地又几乎变成一种威压,甚而至于要榨出皮袍下面藏着的'小'来。"按正常的视觉形象,应该是近大远小,而在"我"的感觉里,却一反正常的视觉形象,是"愈走愈大",用连续转动的镜头更换画面,突出车夫形象的高大。"大"形成威压,榨出"小",在纯真的车夫面前,"我"自惭形秽。这种内心活动的直接描写,深刻地揭示了一名知识分子在"一件小事"中心灵的震动和觉醒,对"我"思想性格的塑造起重要作用。

言为心声。准确而逼真地写出人物的语言,能生动地表现人物的思想性格。语言描写要切合人物的身份,要个性化,否则难以表现内心世界。老舍在《我怎样学习语言》中说:"对话就是人物的性格等的自我介绍。"对话巧妙,无须描写人物的模样,就能使读者好像目睹了说话的那些人。鲁迅的《聪明人和傻子和奴才》,通篇是对话描写,通过对话,聪明人、傻子、奴才这三种人的思想性格活脱脱地被端到读者面前。前半部分是奴才和聪明人的对话。奴才寻聪明人诉苦,"你知道的。我所过的简直不是人的生活。吃的是一天未必有一餐,这一餐又不过是高粱皮,连猪狗都不要吃的,尚且只有一小碗……"聪明人听了惨然说"这实在令人同情";听了奴才的继续诉苦,他"唉唉"叹息;听了奴才说敷衍不下去要另外想法子,聪明人说"我想,你总会好起来……",似乎充满了理解与同情。中间部分奴才又寻人诉苦,说"我住的简直比猪窠还不如。主人并不将我当人;他对他的叭儿狗还要好到几万倍……"。

"混账!"那人大叫起来,使他吃惊了。那人是一个傻子。

"先生,我住的只是一间破小屋,又湿,又阴,满是臭虫,睡下去就咬得真可以。秽气冲着鼻子,四面又没有一个窗……"

"你不会要你的主人开一个窗的么?"

"这怎么行?……"

"那么,你带我去看去!"

傻子跟奴才到他屋外,动手就砸那泥墙。

"先生!你干什么?"他大惊地说。

"我给你打开一个窗洞来。"

"这不行!主人要骂的!"

"管他呢!"他仍然砸。

"人来呀!强盗在毁咱们的屋子了!快来呀!迟一点可要打出窟窿来了!……"他哭嚷着,在地上团团地打滚。

一群奴才都出来了,将傻子赶走。

听到了喊声,慢慢地最后出来的是主人。

"有强盗要来毁咱们的屋子,我首先叫喊起来,大家一同把他赶走了。"他恭敬而得胜地说。

"你不错。"主人这样夸奖他。

奴才毕竟是奴才,既要诉苦,对自己的处境愤愤不平,又要对一贯虐待他的主人讨好邀功,还要对真心帮他摆脱困境的傻子大肆诬陷。奴性十足、灵魂卑琐的思想性格特征在语言中充分表露。

结束部分奴才在炫耀受到主人夸奖并恭维聪明人有先见之明时,聪明人说:"可不是么……"纵观聪明人前后说的话,就可发现这些话都是空洞的、不着边际的、含含糊糊的,而这些话生动地反映了这个人物圆滑、不负责任、与世浮沉的卑陋庸俗的思想性格。

人物对话一定要少而精,有时一句话一个词就能刻画出人的思想面貌。《红楼梦》中林黛玉与世诀别前只说了半句话:"宝玉!宝玉!你好……"但千般愁、万般情均倾注其中,充分反映了林黛玉遗恨终天的悲剧性格。

4. 绘细节

要表现人物鲜明的个性,须重视细节的描写。借一斑以窥全豹,细节虽小,但作用不小,它在刻画人物中常起传神作用。作家杜鹏程曾这样说:"从一百个相类似的细节中选取一个细节(值得羡慕的富有!),谁能估量出这个细节会发出多么强烈的光和热。"这句话至少说了两个道理:一是细节在文中能发挥强烈的光和热;二是细节要典型,要以一当十,以一当百。为此,选择"一斑"要别具匠心,要确实能反映"全豹",反映人物的思想性格和精神面貌，服从人物塑造的需要，服从主题表达的需要。

契诃夫的《变色龙》中有一个精彩的细节描写，这就是主人公奥楚蔑洛夫身上穿的新的军大衣的穿、脱、穿的描写。这个细节不影响故事情节的发展，但在刻画人物上很起作用。主人公一出场穿的就是新的军大衣，暗示出这个警官是刚爬上去的；随着狗主人的不同而一再更换对狗的称呼、对狗的褒贬时，这件军大衣大起作用。警官听首饰匠赫留金告狗咬人的情况后，俨然要严惩"罪犯"，但一听说是将军家的狗时，立刻态度大变，说："席加洛夫将军？哦！……叶尔德林，帮我把大衣脱下来……真要命，天这么热，看样子多半要下雨了……"于是，掉转话头，指责赫留金。人群中议论狗，说不是将军家的狗，警官又大发议论，要好好教训"罪犯"，又听说"没错儿，将军家的"结论时，大衣又发挥作用了——"哦！……叶尔德林老弟，给我穿上大衣吧……好像起风了，挺冷……你把这条狗带到将军家里去，问问清楚。就说这狗是我找着，派人送上的。"脱了的大衣又穿了起来。最后真情大白，狗的主人是将军哥哥。于是，警官恐吓赫留金，"我早晚要收拾你"，并裹紧大衣，穿过广场径自走了。这个细节贯串全文，多方面刻画人物的思想性格。出场穿新的军大衣，显示警官耀武扬威的气焰；变化无常的过程中，军大衣一会儿脱，一会儿穿，为自我解嘲做阶梯，生动地反映出警官对权势显赫的将军的恐惧，趋炎附势、媚上压下的狗类性格显露；狗咬人的案件不了了之，警官"裹紧大衣"走了，恐吓赫留金是虚张声势，灰溜溜地走是实质，趋炎附势的狗性决定了他不敢也不能公正地断这个案子，只能溜走。一件军大衣的细节描写，成了警官变色的保护物，成了贯串全文的思想性格的侧面写照，在文中发挥的光和热难以估量。

细节描写在大手笔文中，有时仅顺带一笔，也光彩照人。如《故乡》中杨二嫂"一面忿忿的回转身，一面絮絮的说，慢慢向外走，顺便将我母亲的一副手套塞在裤腰里,出去了",顺手偷一副手套,表现了杨二嫂贪小便宜的坏习气。真是随手拈来,皆成文章。

描写人物、描写景物有种种技法,最常用的有以下几种:

1. 简笔勾勒与工笔细描

简笔勾勒就是用极简洁的语言把人物或景物的基本特征勾勒出来,不着颜色,不加烘托,给人以清晰的印象。这种方法也叫白描。运用这种技法,应"有真意,去粉饰,少做作,勿卖弄"。如《药》开头的景物描写:"秋天的后半夜,月亮下去了,太阳还没有出,只剩下一片乌蓝的天;除了夜游的东西,什么都睡着。"结尾时对坟地枯草的描写:"微风早经停息了;枯草支支直立,有如铜丝。一丝发抖的声音,在空气中愈颤愈细,细到没有。"对乌鸦的描写:"那乌鸦也在笔直的树枝间,缩着头,铁铸一般站着。"自然环境描写用了极省俭的笔墨,但作用很大。开头疏疏几笔就创设了阴森幽暗的气氛,为全文定下了基调。结尾勾勒出坟地的死寂,烘托出夏四奶奶和华大妈心情的无比沉痛与悲凉。

勾勒人物也是以少许的笔墨取胜。如《一面》中描绘的鲁迅肖像:"黄里带白的脸,瘦得教人担心;头上直竖着寸把长的头发;牙黄羽纱的长衫;隶体'一'字似的胡须;左手里捏着一枝黄色烟嘴,安烟的一头已经熏黑了。"瘦、直竖的头发,隶体"一"字似的胡须,抓住人物肖像的这些特征几笔勾勒,一位健康被艰苦工作毁坏的老战士的坚毅形象突显在眼前。

工笔细描着力于精雕细刻,用细腻的笔法雕刻人物,雕刻景物。无论是静态还是动态,无论是静中有动,还是动中有静,都作精细的描绘,使所描写的对象纤毫毕现,给人以真切的感受。如《骆驼祥子》中祥子经受暴雨折磨的描绘:

云还没铺满天,地上已经很黑,极亮极热的晴午忽然变成了黑夜似的。风带着雨星,像在地上寻找什么似的,东一头西一头地乱撞。北边远处一个红闪,像把黑云掀开一块,露出一大片血似的。风小了,可是利飕有劲,使人颤抖。一阵这样的风过去,一切都不知怎么好似的,连柳树都惊疑不定地等着点什么。又一个闪,正在头上,白亮亮的雨点紧跟着落下来,极硬的,砸起许多尘土,土里微带着雨气。几个大雨点砸在祥子的背上,他哆嗦了两下。雨点停了,黑云铺满了天。又一阵风,比以前的更厉害,柳枝横着飞,尘土往四下里走,雨道往下落;风、土、雨,混在一处,连成一片,横着竖着都灰茫茫冷飕飕,一切的东西都裹在里面,辨不清哪是树,哪是地,哪是云,四面八方全乱,全响,全迷糊。风过去了,只剩下直的雨道,扯天扯地地垂落,看不清一条条的,只是那么一片,一阵,地上射起无数的箭头,房屋上落下万千条瀑布。几分钟,天地已经分不开,空中的水往下倒,地上的水到处流,成了灰暗昏黄的,有时又白亮亮的,一个水世界。

这段文字对夏日暴风雨来临的情景作了精雕细刻。从天上铺的乌云到地上乱舞的灰尘,从电闪到利飕,从雨星、雨点到雨道,从雨中柳、雨中人、雨中屋到白亮亮的水世界,都细笔细描。细写了暴风雨进逼、暴风雨来临的过程。先分笔写风、写雨星雨点、写闪、写树、写尘土,然后合笔写风、土、雨混合起来的迷糊世界,再进而描绘天空雨道扯天扯地垂落,房屋上千万条瀑布倾倒,地上射起无数箭头,水到处流的水世界。图景声、光、色、形俱全,使人如亲目所睹,如身临其境,十分真切。

对人物精雕细刻,面目精神可跃然纸上。老舍《牺牲》一文中有这样一段描写:"他的脸,在我试问他的时候,好像特别的洼了。从那最洼的地方发出一点黑晦,慢慢地布满了全脸,像片雾影。他的眼,本来就低深不易看到,此时便更往深处去了,仿佛要完全藏起来。他那些彼此永远挤着的牙轻轻咬那么几下,耳根有点动,似乎是把心中的事严严地关住,唯恐走了一点风。然后,他的眼忽然发出些光,脸上那层黑影渐渐地卷起,都卷入头发里去。'真哪!'他不定说什么呢,与我所问的没有万分之一的关系。他胜利了,过了半天还用眼角撩我几下。"作者对人物的脸、眼、牙作了精细的描写,脸洼到什么状况,眼深藏到什么程度,牙严严地关到什么情况,一笔一笔细雕,把这个人物深藏自己的阴冷的性格刻画得惟妙惟肖。

用简笔勾勒或用工笔细描,都须讲究真实,寓含真情。如果任意杜撰或凭空想象,就全呈现假景假情,闹出笑话。

2. 正面描写与侧面描写

正面描写是把镜头直接对准描写对象进行刻画,或写肖像,或写语言,或写动作,或写心理。正面描写忌平淡、忌拖沓,须形神俱备,生机勃勃。侧面描写是着意写对象的周围事物,或以物衬物,或以景物烘托人物,或借助他人来刻画此人,使所描绘的对象更为鲜明,更为突出。侧面描写对描写对象周围的事物须慎加选择,要选择确能起烘托作用或能产生对比效果的,忌一般化、无鲜明特点的。

正面描写的如:"于是我又回忆起另一个画面,这就在所谓'黄土高原'!那边的山多数是秃顶的,然而层层的梯田,将秃顶装扮成稀稀落落有些黄毛的癞头,特别是那些高秆植物颀长而整齐,等待检阅的队伍似的,在晚风中摇曳,别有一种惹人怜爱的姿态。可是更妙的是三五月明之夜,天是那样的蓝,几乎透明似的,月亮离山顶,似乎不过几尺,远看山顶的谷子丛密挺立,宛如人头上的怒发,这时候忽然从山脊上长出两支牛角来,随即牛的全身也出现,掮着犁的人形也出现,并不多,只有三两个,也许还跟着个小孩,他们姗姗而下,在蓝的天,黑的山,银色的月光的背景上,成就了一幅剪影,如果给田园诗人见了,必将赞叹为绝妙的题材。可是没有完。这几位晚归的种地人,还把他们那粗朴的短歌,用愉快的旋律,从山顶上飘下来,直到他们没入了山坳,依旧只有蓝天明月黑魆魆的山,歌声可是缭绕不散。"这是茅盾《风景谈》里一幅黄土高原景色图。作者采取了定点观察的方法,描写的镜头直接对着描写的对象——山、梯田、在晚风中摇曳的高秆植物……这幅种地人晚归图基调是静,蓝天、黑山、银色的月光构成宽广的背景,创造了静谧的气氛。在这静谧的背景上出现了动景,静中有动。这种"动"用特写慢镜头处理:"山脊上长出两支牛角来","他们姗姗而下"。人与自然景色构成优美的图画,而粗朴的短歌和愉快的旋律诉之于读者的听觉,给画面增添愉悦的色彩。从掮着犁的人形从山脊上出现,到"他们没入了山坳",画面缓慢移动,由静而动,由动而静,回归到自然景色。描写的高明之处还在于"歌声可是缭绕不散",做到"状难写之景,如在目前,含不尽之意,见于言外",画面虽隐没,留给读者的是无尽的遐想。

有些人物、有些景物正面描写或不易表达出精神,或太显露,可采用侧面描写的方法。清人刘熙载在《艺概·诗概》中说:"山之精神写不出,以烟霞写之;春之精神写不出,以草树写之。"说的就是这个道理。侧面描写效果极佳的中外作品中都有十分著名的例子。如汉乐府诗《陌上桑》中描写采桑女罗敷的美貌,不是正面刻画,而是用她周围的人的神态、动作来烘托、渲染。诗中这样描绘:"行者见罗敷,下担捋髭须。少年见罗敷,脱帽著帩头。耕者忘其犁,锄者忘其锄。来归相怨怒,但坐观罗敷。"描写行者、少年、耕者、锄者见到罗敷时的神态与动作,种种表现聚焦在一点,即采桑女罗敷貌美惊人。如果正面刻画,就不够含蓄,不能留给读者更多的想象余地。

无独有偶。法国作家小仲马在《茶花女》中是这样写玛格丽特的美貌的:"这天晚上她真是惊人的美。……当她出现的时候,一个个脑袋此起彼伏,连舞台上的演员也对着她望,她仅仅一露面就使观众这样骚动。"描写的是一个个观众和演员的反映,目的在烘托玛格丽特与众不同的美丽。有时用极简约的句子也能收到出色的侧面描写的效果。如

《守财奴》中葛朗台太太看到丈夫闯进来,瞪着匣子上金子的眼光时,便叫起来:"上帝呀,救救我们!"这一"叫"非同寻常。妻子对丈夫的贪婪成性十分清楚,如果丈夫瞪着金子的眼光不是特别骇人,是不可能如此惊呼,如此惊叫上帝救命的。这一侧面描写使人能想象出葛朗台眼睛里燃烧着多么疯狂的贪欲之火,对金子有多么疯狂的占有欲。揭露十分深刻。

3. 场面描写和多角度描写

场面描写不是写一人一活动,也不是只写客观环境或客观景物,而是写众多人物的共同活动。场面描写须有点有面,点面结合,须有条不紊,忌杂乱无章。《红楼梦》中宝钗说:"……安插人物也要有疏密,有高低。"场面中要有中心人物,其他人物起烘托作用。对其他人物的描写也须视情况区别笔墨的轻重与多少。场面描写还须把环境交代清楚,人物和景物配置在一起,要创造一定的气氛。

例如《红楼梦》中秦可卿病死,王熙凤到宁国府哭灵的场景,笔墨不多,但十分精彩。"……凤姐下了车,一手扶着丰儿,两个媳妇执着手把灯罩,簇拥着凤姐进来。宁府诸媳妇迎来请安接待。凤姐缓缓走入会芳园中登仙阁灵前,一见了棺材,那眼泪恰似断线之珠,滚将下来。院中许多小厮垂手伺候烧纸。凤姐吩咐得一声:'供茶烧纸。'只听一棒锣鸣,诸乐齐奏,早有人端过一张大圈椅来,放在灵前,凤姐坐了,放声大哭。于是里外男女上下,见凤姐出声,都忙忙接声嚎哭。"这个场面的中心人物不言而喻是王熙凤,事情是哭灵。来宁国府时已气焰可炙手,执灯的,请安的。走入灵前,垂手伺候烧纸的,端大圈椅的,敲锣的,奏乐的。这些人犹如"众星",作用是"捧月",烘托王熙凤的权势。最传神之处是王熙凤出声大哭,府里男男女女、上上下下都"忙忙接声嚎哭",一人哭,引出众人的号啕大哭,谁也不敢怠慢。这个"大合哭"的场面写得井然有序,人物的高低位置安排得十分恰当,把王熙凤惊人的权势刻画得入木三分。

多角度描写就景物来说,可根据立足点的变换,对描写的对象进行多方面的描摹,"横看成岭侧成峰,远近高低各不同"。多角度描绘,如定点、移步、远眺、近看、仰观、俯视等,具体细致地写,可增强景物的立体感和真实感。多角度描写就人物来说,可以从正面对人物进行刻画,也可以从侧面加以烘托,通过周围不同人物的表情、动作、语言、心理活动等侧面烘托要刻画的特定人物。也就是正面描写、侧面描写结合起来,或者叫直接描写与间接描写互相补充。

如《范进中举》一文中对范进中举时的描写。先是正面描写:"范进不看便罢,看了一遍,又念一遍,自己把两手拍了一下,笑了一声,道:'噫!好了!我中了!'说着,往后一交跌倒,牙关咬紧,不省人事。""他爬将起来,又拍着手大笑道:'噫!好!我中了!'笑着,不由分说,就往门外飞跑,把报录人和邻居都吓了一跳。走出大门不多路,一脚踹在塘里,挣起来,头发都跌散了,两手黄泥,淋淋漓漓一身的水。众人拉他不住,拍着笑着,一直走到集上去了。"这些描写已活画出范进醉心于功名的形象。范进一生苦读,参加了二十多次考试,54岁时才中了秀才。大半辈子为贫穷所困扰,遭人白眼,梦寐以求的是乡试中举,改换门庭,如今真的中了举,喜出望外,高兴得发了疯。然后是侧面烘托。一写众人的看法:"原来新贵人欢喜疯了。"一语点破发疯的原因。二写为范进治疯。报录人出主意,提出治病的药方——打掉范进的欢喜,只说并不曾中;胡屠户执行,打范进的嘴巴,并凶神似的说:"该死的畜生!你中了什么?"疯是欢喜得痰迷心窍,是心病,治心病就是从侧面烘托出范进中毒之深,醉心于科举、功名而不可自拔。这就从深一层次进行揭露。三是胡屠户打范进嘴巴时众人和邻居的反应:"忍不住的笑。"三个方面从不同角度刻画了范进追求功名利禄可怜、可鄙、可悲、可笑的形象。多角度地对人物加以刻画,人物的个性特征就得到充分的展示。

描写的技巧多种多样，根据人物塑造、景物刻画的需要，可选用一种方法，也可多种方法综合运用。有的可着力于视觉形象，有的可着力于听觉形象，要注意动静配置，高低映衬，绘声绘色，绘形绘态，要情寓其中，有独特的感受，鲜明的爱憎。

【佳作借鉴】

巷

——龙山杂记之一

巷，是城市建筑艺术中一篇飘逸恬静的散文，一幅古雅冲淡的图画。

这种巷，常在江南的小城市中，有如古代的少女，躲在僻静的深闺，轻易不肯抛头露面。你要在这种城市里住久了，和它真成了莫逆，你才有机会看见它，接触到它优娴贞静的风度。它不是乡村的陋巷，湫溢破败，泥泞坎坷，杂草丛生，两旁还排列着错乱的粪缸。它也不是上海的里弄，鳞次栉比的人家，拥挤得喘不过气；小贩憧憧来往，黝黑的小边门，不时走出一些趿着拖鞋的女子，头发乱似临风飞舞的茨蓬，眼睛网满红丝，脸上残留着不调和的隔夜脂粉，颓然地走到老虎灶上去提水。也不像北地的胡同，满目尘土，风起处刮着弥天的黄沙。

这种小巷，隔绝了市廛的红尘，却又不是乡村风味。它又深又长，一个人耐心静静走去，要老半天才走完。它又这么曲折，你望着前面，好像已经堵塞了，可是走了过去，一转弯，依然是巷陌深深，而且更加幽静。那里常是寂寂的，寂寂的，不论什么时候，你向巷中蓦去，都如宁静的黄昏，可以清晰地听到自己的足音。不高不矮的围墙挡在两边，斑斑驳驳的苔痕，墙上挂着一串串苍翠欲滴的藤萝，简直像古朴的屏风。墙里常是人家的竹园，修竹森森，天籁细细，春来时还常有几枝娇艳的桃花杏花,娉娉婷婷,从墙头殷勤地摇曳红袖,向行人招手。走过几家墙门,都是紧紧地关着,不见一个人影,因为那都是人家的后门。偶然躺着一只狗,但是绝不会对你狺狺地狂吠。

小巷的动人处就是它无比的悠闲。无论谁,只要你到巷里去踯躅一会,你的心情就会如巷尾不波的古井,那是一种和平的静穆,而不是阴森的肃杀。它闲中取静,别有天地,仍是人间。它可能是一条现代的乌衣巷,家家有自己的一本哀乐账,一部兴衰史。可是重门叠户,讳莫如深,夕阳影里,野草闲花,燕子低飞,寻觅旧家。只是一片澄明如水的气氛,净化一切,笼罩一切,使人忘忧。

你是否觉得劳生草草,身心两乏?我劝你工余之暇,常到小巷里走走,那是最好的将息,会使你消除疲劳,紧张的心弦得到调整。你如果有时情绪烦躁,心情悒郁,我劝你到小巷里负手行吟一阵,你一定会豁然开朗,怡然自得,物我两忘。你有爱人吗?我建议不要带她去什么名园胜境,还是利用晨昏时节,到深巷中散散步。在那里,你们两个可以随意谈天,心贴得更近,在街上那种贪婪的睨视,恶意的斜视,巷里是没有的;偶然呀的一声,墙门口显现出一个人影,又往往是深居简出的姑娘,看见你们,会娇羞地返身回避了。

巷,是人海汹汹中的一道避风塘,给人带来安全感;是城市喧嚣扰攘中的一带洞天幽境,胜似皇家的阁道,便于平常百姓徘徊徜徉。

爱逐臭争利,锱铢必较的,请到长街闹市去;爱轻嘴薄舌,争是论非的,请到茶馆酒楼去;爱锣鼓钲镗,管弦嗷嘈的,请到歌台剧院去;爱宁静淡泊,沉思默想的,深深的小巷在欢迎你!

这篇描写生活环境的短文是著名作家柯灵写的。读了这篇文章,你仿佛置身于江南小城市的小巷之中,目睹它优娴贞静的风采,感受它古雅悠闲的气息。之所以如此,是由于描写对象的个性十分鲜明。

首先,用一个比喻三个比较来刻画巷的优娴贞静的特征。古代少女深居简出,轻易不肯抛头露面,给人以深藏、文静的感觉;接着与乡村陋巷比较,与上海里弄比较,与北方的胡同比较,进一步显现江南小巷的特征。用来比较的三个生活环境共同的特点是作者都十分准确地抓住了个性,抓住了特征,用画眼睛的方法使各自的个性特征充分展示。但在技法处理上又有所不同。乡村陋巷和北地胡同是简笔勾勒,上海的里弄细笔细绘。有比较才有鉴别。陋巷的脏、破,里弄的挤、乱,北方胡同的尘土、风沙和江南小巷放在一起比较,更烘托出小巷的优娴贞静。

接着,具体描绘小巷的特征。小巷怎会给人以"优娴贞静"的印象的呢?先从它的形态上描绘。它又深又长。要"耐心"走,"走老半天才走完",曲径通幽,宁静到"可以清晰地听到自己的足音"。用娓娓的叙谈的方法让读者体会、感受小巷深而长的特点。用工笔细描巷内景色,墙外墙里,眼前与春来时节,虚实结合,小巷美景如在眼前。"简直像古朴的屏风",比喻不高不矮的围墙,使人感到庄重、沉静;"从墙头殷勤地摇曳红袖,向行人招手",比拟几枝娇艳的桃花杏花,给小巷增添姿色,增添生机。"偶然躺着一只狗"的细节,仅捎带一笔,留给读者的是对小巷人家的遐想。

描绘巷的形态后,着力写它的气氛。先用一笔点睛——"无比的悠闲",然后具体描绘,用比拟的手法刻画,"只要到巷里去踯躅一会","心情就会如巷尾不波的古井",真是平静、静穆。城市是喧闹的,小巷是"闹中取静"。尽管家家有不平静的哀乐账、兴衰史,由于重门叠户,悠闲依旧。从到巷里去踯躅一会的心情,从闹中取静的人间,从重门叠户闭锁兴衰、哀乐,从夕阳影里野草闲花燕子寻旧家,从小巷走能消除身心两乏等角度,精雕细刻悠闲的气氛。有形的"又深又长"与无形的"无比的悠闲"构成小巷特有的个性,令人神往。"一片澄明如水的气氛",

"净化一切,笼罩一切,使人忘忧"的气氛,在小巷里散步、行吟,能"怡然自得,物我两忘"的气氛,较之刻画小巷的形态难度更大。无形的气氛洋溢纸上,使读者感受得到,确实是一笔一笔从不同的角度细细雕画,一点一点增浓气氛。而细节描写在文中又起到传神作用。如"偶然呀的一声,墙门口显现出一个人影,又往往是深居简出的姑娘,看见你们,会娇羞地返身回避了",完全是一个特写镜头。从"显现出""人影"到"返身回避",时间是短暂的,但开门"呀的一声",见陌生人"娇羞"的形态,如闪电一般瞬息之间照亮小巷。小巷中姑娘的娇羞与街上贪婪的睨视、恶意的斜视形成鲜明的对比。从另一角度突出了小巷无比的悠闲。

　　文章运用不少比喻,使描写的对象更加具体,更加生动,更加形象。文章一起笔就把巷喻为"飘逸恬静的散文""古雅冲淡的图画",给人以美不胜收的精品的感觉,不得不往下读。结尾又以"一道避风塘""一带洞天幽境"为喻,进一步加浓小巷的特征。描绘细致,文字优美,实为学习的楷模。

【习作评说】

一个"大写的人"

　　又是一股烟味,混杂的、刺人的烟味!这不是父亲的,却是我所熟悉的老师的——亲切、淡漠、可尊、可憎、热爱、害怕……我下意识地低下了头,我也说不清我的心情,大概,就像这烟味一样复杂吧?……

　　浓重的烟味淡些了,此时,我才敢舒口气,抬起头来看一眼老师——厚实、魁伟,连同那烟味。我又不禁想起了我们的最初交往。老师留给我的最初印象——一个男子汉。

　　"你到底忙哪样? 文学社? 班级? 学习? ……你以为办刊物那样

简单吗?既然你没时间,我看,就算了!"两道不饶人的目光,透过焦灼向我射来。老师特有的宽厚、沉重的嗓音把最末两个字说得足以使人感到事态严重了。长这么大还没有人用这样重的语气训过我呢!"你这样的年轻教师,空闲得很,自然体会不出我们的辛苦。'聪明人总是忙碌的',我信奉这句格言。"我这样想着,傲气使我更高地扬起头;又驱使我,这么晚了,还非把文学刊物的蜡纸刻完不可。

但是,我没想到,没想到第二天竟有老师说:"你呀,真不懂事!你们顾问可忙啦……可你们刻蜡纸还让他陪到这么晚……"

他会忙?瞧他,走过来了:厚实的身躯,持重的步履,好像永远是很悠闲的。我,有些怅然……

又一次,我把一篇习作交给他:"老师,别笑话呀,我瞎写的。""干吗要瞎写呢?"他的话中照例隐含着几分不饶人的口气,说话间又喷出一股浓重的烟草味。

望着老师的面容,我着实有些害怕了。像这样年轻而又稳重的教师,我好像头一次看见。是啊,他确实是个男子汉!

不久,他成了我们的班主任,于是产生了第二印象——同代人的血,年轻者的心。

他是个年轻人——能不拘小节,与我们海阔天空、侃侃而谈吗?

他又是个稳重有个性的人——难道一直这样古板而严肃?

他来了,往昔的顾问,今日的班主任。是的,他身上还带着一种"超重"的感觉,但又不完全是——

"开学第一篇周记,我想请同学们写《我的理想》。我不要你们说教,你们也别形式。大家都说心里话,好吗?尽管这个题目写了好几年了。"

我悄悄地抬起头,望了一眼老师——淡淡的笑刻在他沉静的脸上,灼热的光透着不饶人的眼神。他毕竟是一个年轻人!

"我的思想给你,你的思想给我,我们就拥有了两种思想。我建议我班的黑板报起名为'智慧树',交流彼此的思想。每个读议小组轮流出。好……"

他滔滔不绝了。尽管我低着头,但我知道老师此时的表情。因为他的心和我们一样热……

"我想,既然你们还是学生,就应把精力集中于学习。从今天起,我为每位同学设计一张学习成绩晴雨表……"

他的话不多,但我的心跳得厉害。咳,他不是一个一般的年轻人!……

第三印象——一位语文教师。

一个厚实的身影——老师来上课了。今天,他好像完全是个年轻人,老师的话中含着笑意。是的:

"这个月是尊师月,作为一个年轻教师如此受学生尊敬,我心里很过不去的……"笑了,我和同学都笑了。是老师的朴实和谦恭?反正,这是善意的。

"我想送每位同学一些卡片,作为语文教师,我希望我的学生不断地积累知识卡片,到时候,你们写作有更多的材料,文章的内容就会充实了……"于是,每位同学收到了一个信封,信封上是老师赠的箴言,里面装着卡片。

我把我的那份很快藏进书包——这是老师的,只有年轻的心才会有这样的礼物。我不能用无尽的观赏、传阅来亵渎它,重要的是充实。

老师发着卡片,从我身边走过,飘过一阵烟草味,特有的清新。

以后,我们的语文课也开设了"实验课"。老师把我们带到阅览室,给我们找来资料、摘抄卡片。

平日的语文课,老师喜欢吟咏,他也擅长吟咏,音调铿锵,声震瓦屋。不少课文的精深、奥妙之处便在他的吟咏中流入我们的思维。

这时,我确确实实感到自己是幸运的。有一位难得的老师教语文。当然,更重要的一点是:他不仅仅是教语文。

永远印象——一个大写的人。

从来没有像今天这样可怕过——他的脸,老师的脸!从来没有像今天这样动感情——他的泪水,老师的泪水,一个男子汉的泪水……有的同学说他不会哭的……但我想,老师会的。我的心被震慑住了。

"我很难过,在我们班发生了作弊的事!"

"我本想,你们是纯金的,从你们身上我可以发现许多天真、纯洁、美好的东西……但我太难过了,在你们有些人身上……我还看见了一些丑恶……我承认,社会上这股风太重了,这,不能怪你们!但……你们不能……我要管。"尊敬,热爱,欣喜,惭愧,难受,自责……面对这样一位老师,一位纯洁、真挚的老师,我垂下了头,我也只能垂下头……

他又找到了我——"你知道他们作弊的,为什么不阻止?为什么不向我反映?为同学隐瞒错误就是你的集体观?……"又是不饶人的目光。虽然我没看他,但我很清楚,很清楚他接着要说而未说的重要的话;很清楚他那颗为我们跳动的心。我们能做到的,是从老师的泪水里找寻自己的影子,奋起!

这——也许,就是一个刚踏上工作岗位,正在探索的老师的思考轨迹,在他划出的一道弧光中——我看见了我自己,也发现了我自己的轨迹。

深深想念——我曾有过这样一位老师。

一个默默无闻的年轻教师,他承受的负荷也许很重——事业的追求,工作的繁忙,生活的紧张,但他也许永远是矜持而沉稳的。是的,他有权利矜持,他的灵魂是高洁的。至少,他的学生这样感受,也这样追求着。我忽然想起几句朦胧诗:

现在,可以走了,拿起圆钝的镰刀,

走向麦田尽头绿色的草原。有的是刺人的麦芒,
绵长、坑洼的田埂,但走着……

沈　旸

这篇习作描写的对象是一位年轻的语文教师,也是一位年轻的班主任。

习作者努力尝试刻画出这位老师的个性特征,于是从两个细节入手,一是老师身上散发的浓重的、混杂的、刺人的烟味,二是两道不饶人的目光。在文中反复出现,加深印象。

人物描写的重点在语言描写,通过不同场合这位教师语言的描写,刻画思想性格。"你到底忙哪样?文学社?班级?学习?……你以为办刊物那样简单吗?既然你没时间,我看,就算了!"作为文学社的顾问,充满了对学生的关心。话直来直去,无半点委婉。"干吗要瞎写呢?"同样表现其直率的性格。

作为班主任,重在思想引导。"我的思想给你,你的思想给我,我们就拥有了两种思想。我建议我班的黑板报起名为'智慧树',交流彼此的思想。"话说得很风趣,没有半点教训的味道,但风趣中引导学生思考。

作为语文教师,尊师月里说的一番话,表现了感情的真诚和对学生的一片爱心。"作为一个年轻教师如此受学生尊敬,我心里很过不去的",如果缺乏真诚,就说不出这样的话。

"我本想,你们是纯金的,从你们身上我可以发现许多天真、纯洁、美好的东西……但我太难过了,在你们有些人身上……我还看见了一些丑恶……"这番话是这位教师最有分量的语言,场景也是最激动人心的。教师动情到流泪,学生的心被震慑住,教师向学生袒露心声,表明要认真教育学生的态度。这些语言刻画了教师最本质的特征——事业心和责任感。

文章注意到肖像描写。厚实、魁伟,疏疏几笔,给人以深刻印象。

文章的最大特点是一层深一层地描写。从"第一印象"到"永远印象",由表面印象的描写到内心世界的揭示,由浅层进入深层,把人物放在动态中描写,增强真实感。

不足之处是人物未能构成鲜明的整体形象。有四点原因。第一,笔墨分散,究竟刻画教师怎样的思想性格不够清晰。一个人的思想性格可以表现在众多方面,但必须有本质的、核心的东西,否则,笔下的人物就站立不起来。第二,年轻教师的"年轻"特征未能展示。文中所描写的语言、动作,乃至肖像,除明说的之外,很难显示"年轻"的特点。文中看不出年轻人充沛的精力、活跃而敏锐的思维、旺盛的求知欲和对事业的极大热忱。第三,习作者自己的议论比较多,影响人物登场,没能做到描写人物须"妍媸好丑令观者自知"。第四,有些语言晦涩,难以理解。如文中最后一段究竟要表达什么意思,这位教师是离开了,还是仍在岗位上,不明确。以"大写的人"来形容,缺乏足够的动人的材料。全文用了不少破折号与省略号,用得不恰当,会使文意断断续续。当然,一名高二学生能这样有血有肉地描写人物已是很不错的了。

【要语一束】

要使描写的景物、人物惟妙惟肖,栩栩如生,重要的在于"十年格物"。

描写人物须让人物自己说话,自己活动,"如镜中取影,妍媸好丑令观者自知";描写景物须逼真如画,情景俱出。

描写人物要善于抓特征,抓个性,发现与抓住对象与众不同的独特之处。要善于捕捉细节,"借一斑以窥全豹"。语言描写须个性化。

选用描写方法,或简笔勾勒,或工笔细描,或正面描写,或侧面描写等,都要根据表达主题的需要。进行场面描写时,要区别人物的主次,要有条不紊。

十四　振聋发聩，谈笑风生
——论辩的威力

《韩非子·说林》里有这样一个故事：有个人把长生不老的药献给楚王，通报的人拿了药走进宫来。内侍问："可以吃吗？"回答说："可以吃的。"内侍夺过来就吃了。楚王十分生气，下令杀他。内侍请人传话劝说楚王，说："我问通报的人，他说可以吃，所以我吃了，我没有罪，有罪的是通报的人。再说客人献的是长生不死的药，大王杀死我，这长生不死的药就变成致死的药了，献药的人不也就变成欺骗大王的人了吗？大王杀了无罪的我，不过是证明别人欺骗大王。这样还不如放了我。"听了这番话，楚王把内侍放了。

这篇有关长生不死药的寓言说明论辩是有技巧的。内侍先偷换了"可以吃"与"可以让我吃"的概念，接着混淆"杀人致死"和"药物致死"两者不同的因果关系，最终说服了楚王，保全了自己的性命。内侍虽然用的是诡辩术，但从中也可触类旁通，领悟到论辩的威力。

【文心絮语】

在日常学习、工作、生活中，人们要明是非，辨曲直，比较异同，发表主张，阐述事物的道理，离不开议论这种表达方式。充分认识这种表达方式的特点，正确而熟练地使用，在这方面表情达意的能力会大大提高。

以议论为主的文章叫议论文,它的特点是说理论辩,直接阐述对客观事物的观点,直接表明自己的主张和见解,达到以理服人的目的。

要以理服人,使文章发挥论辩的威力,首先要把握议论的三个要素,即论点、论据和论证。怎么把握呢?

1. 有关论点

论点是写文章的人对议论的问题所持的主张和见解。它是文章的灵魂,它是否正确、是否鲜明,影响到文章的优劣与成败,因此,学写议论文时确立意深、意新的论点至为重要。

李大钊的《今》就是以对时间的精辟见解使万千人振聋发聩,抖擞精神奋进的。文章开门见山说:"我以为世间最可宝贵的就是'今',最易丧失的也是'今'。因为他最容易丧失,所以更觉得他可以宝贵。""世间最可宝贵的就是'今'"这是领起全文的论点,文章围绕这一论点讲述道理。剖析为什么"今"最可宝贵,因为昨日不能唤回来,明天还不确定,对每个人来说,能有把握的就是今日。接着剖析"今"最易丧失,从另一角度说明"今"最可宝贵,不能糊糊涂涂地把它丢掉。再接着指出"过去""现在""将来"三者的"一贯相连",论述"今"的特殊意义。最后结语说:"'过去''未来'的中间全仗有'现在'以成其连续,以成其永远,以成其无始无终的大实在。一擎现在的铃,无限的过去未来皆遥相呼应。这就是过去未来皆是现在的道理。这就是'今'最可宝贵的道理。"由上可知,文章的论点对文章来说,是牵一发而动全身的,文章的各个部分都是为了论述论点。一个被人们容易忽略而又难以说透彻的问题经过摆明确的论点、作深刻的分析,说得清楚明白,教育人们珍惜"今天",把握"今天"。

论点与论题须严格区别。论题是写作的人提出来的要进行论证的问题,它规定论述的范围,论述的重点。如《论求知》《谈骨气》。有的论题可用设问方法提出问题,如《什么是知识》《中国人失掉自信力了吗》。

论点是作者对客观事物明确的认识和态度,赞成什么,反对什么,作明确的判断,不含糊,不模棱两可。前面说的《今》是论题,告诉读者这篇文章要论述的问题,"世间最可宝贵的就是'今'",是这篇文章的论点。弄清各自的特点,就不会把二者混淆起来,把论题误当作论点。

比较复杂的议论文,除了有中心论点,还有若干分论点。分论点与中心论点是"从"与"主"的关系,是为阐明中心论点服务的。如《崇高的理想》的中心论点是"革命青年必须树立共产主义这一最伟大、最崇高的理想"。分论点是"每一个人都有自己的理想""理想是有社会性、阶级性的""理想问题,实质上是一个人的世界观问题""实现共产主义是我们最崇高的理想""每一个同学都要树立这个崇高的理想"。分论点是围绕中心论点逐层深入地展开论述的,目的在使中心论点层次清晰地得到充分论述。

提出中心论点的方法多种多样。可以开门见山,单刀直入,如《今》;可以在论述过程中提出,如《崇高的理想》先提出分论点论述,在第7段才提出中心论点,然后继续论述;也有在文章末尾才揭示中心论点。怎样提出比较恰当,由写作意图决定。不管怎样提出,都要醒目、突出,毫不含糊。

2. 有关论据

论据就是用来证明论点的根据。论据有两类:一类是事实,一类是道理。通常我们说的摆事实,讲道理,就是证明论点时有事实论据,有理论论据。写议论文言之有据,才能使人信服。

事实论据十分重要的是确凿可信,不能夸大其词,不能掺水分,不能想当然。事实胜于雄辩,用来证明论点正确性的事实根据真实无假,就增强论点的说服力。事实论据要注意提炼,要根据论点的需要,在不影响原始材料真实性的原则下,作取舍详略的处理,选取最能证明论点的内容。如《谈骨气》一文的中心论点是"我们中国人是有骨气的",摆三个具体事例对论点进行论述。一个是文天祥拒绝降元的故事，从"富贵不能淫"的角度证明中心论点；一个是不食嗟来之食的故事，从"贫贱不能移"的角度证明中心论点；一个是闻一多横眉怒对敌人暗杀的故事，从"威武不能屈"的角度证明中心论点。三个故事都有实实在在的内容，如果详细叙述，不仅占篇幅，而且犯了以叙代议的毛病，喧宾夺主，削弱论证的力量。就拿第二个故事来说，原始材料载于《礼记·檀弓下》，原文是："齐大饥，黔敖为食于路，以待饿者而食之。有饿者，蒙袂辑履，贸贸然来。敖左奉食，右执饮，曰：'嗟，来食！'扬其目而视之，曰：'予唯不食"嗟来之食"以至于斯也。'从而谢焉，终不食而死。"吴晗写《谈骨气》用这个事例时作了高度的概括，文中这样说：古代有一个穷人，饿得快要死了，有人给他一碗饭，说："嗟，来食！"（喂，来吃！）饿人拒绝了，不吃这碗饭，后来就饿死了。很显然，作者用了概述的方法，把饿的人用衣袖蒙着脸，拖着鞋，饿得昏昏沉沉的样子，慢慢地走过来等描写舍弃了，有些事实的叙述也舍弃了。这样处理简明扼要，舍弃枝枝节节，证明中心论点更为有力。

　　理论论据主要指名人名言警句、俗语、谚语、科学的定理、定律等。运用理论证明论点时，一定要弄清原意，和所要证明的论点须对准榫头，完全一致。引证时忌"滥"，相同意思的名言引用过多，叠床架屋，反不能充分发挥论证的作用。

　　在议论文中，论据是论点的支撑，因而论据要慎加选择。事实要可靠、要典型，理论要确凿、要有力。论据与论点组合得天衣无缝，论点才会被阐述得充分，才会有说服力。

3. 有关论证

　　论证是运用论据证明观点的过程。在论证中，须充分注意论点和论据之间的逻辑联系，做到论点统率论据，论据说明论点，论点和论据统一，观点和材料统一。

论证是议论文写作中最重要的步骤,道理说得透不透,能不能给人以深刻的启迪,相当程度看论证的质量。古人说:"论如析薪,贵能破理。"议论要像劈柴一样,能顺理而下,才能把道理说透彻。论证切忌堆砌论据,缺少具体的、精辟的分析。分析就要推理,议论文中最基本的推理形式是:(1)归纳推理。由个别到一般的推理过程,由一些个别的事物、现象,推论出一般性的结果。如毛泽东的《反对自由主义》,先列举自由主义的11种表现,然后从中归纳出它们的共同的属性——是革命的集体组织中的"腐蚀剂",从而得出自由主义"是一种严重的恶劣倾向"的结论。这就是由个别到一般。(2)演绎推理。由一般到个别,即由一般的道理,推论出个别的结论,与归纳推理恰好相反。例如:语法规则告诉我们,名词不能用副词修饰。"他不青春"的"青春"是名词,"不"是副词,用副词修饰名词不合语法,"他不青春"这句话不合语法。这就是用普遍性的原理推出个别性的结论。无论是归纳推理还是演绎推理,前提必须正确,否则不可能推出正确的结论。

要使文章发挥论辩的威力,须掌握多种论证的方法。议论文中经常用的论证方法除上述归纳法和演绎法以外,还有:

例证法。用事例证明论点的真实性。如《成才者的黄金原则》的中心论点是"时间贵于黄金",为了证明这个论点,文中列举了历史上成功人才是怎样珍惜黄金一般珍惜时间的。马克思如何夜以继日工作,东方作曙,方才睡觉;居里夫人在提炼镭的艰苦日子里如何搬运矿石,搅拌溶液,连吃饭也顾不上离开实验室;巴甫洛夫连除夕夜也钻进实验室工作,新的一年开始才出来;齐白石不教一日闲过,85岁高龄还天天着意丹青等,以这些确凿而典型的事证明论点的千真万确。论证时所举事例应典型、生动,对说清事理、启发思考有重要作用。

引证法。引用别人的言论证明自己所持论点的有根有据,有本有源。如上述文中为了证明"时间贵于黄金",引用了:马克思说,时间是能力等发展的地盘。莎士比亚说，放弃时间的人，时间也放弃他。屠格涅夫说，没有一种不幸可与失去时间相比的了。居里夫人说，日子太短，过得太快。鲁迅说，无端的空耗别人的时间，其实是无异于谋财害命的。这些伟人的这些言论是有分量、有权威性的，佐证论点无可辩驳。运用引证法论证，引用的话要"简"，要"明"，不能整章整段援引，不应再作诠释，不能滥用。

喻证法。用比喻说明道理，使深奥的道理明白易懂。如李大钊的《艰难的国运与雄健的国民》中开头的三小段是这样写的：

历史的道路，不全是平坦的，有时走到艰难险阻的境界，这是全靠雄健的精神才能够冲过去的。

一条浩浩荡荡的长江大河，有时流到很宽阔的境界，平原无际，一泻万里。有时流到很逼狭的境界，两岸丛山叠岭，绝壁断崖，江河流于其间，回环曲折，极其险峻。民族生命的进程，其经历亦复如是。

人类在历史上的生活正如旅行一样。旅途上的征人所经过的地方，有时是坦荡平原，有时是崎岖险路。老于旅行的人，走到平坦的地方，固是高高兴兴的向前走，走到崎岖的境界，愈是奇趣横生，觉得在此奇绝壮绝的境界，愈能感到一种冒险的美趣。

显然，作者开门见山提出论点以后，就用长江大河和人们旅行两件事作比喻，论证中华民族"现在所逢的史路"是一段崎岖险阻的道路，非有雄健的精神不可。——"中华民族现在所逢的史路，是一段崎岖险阻的道路，在这一段道路上，实在亦有一种奇绝壮绝的景致，使我们经过此段道路的人，感到一种壮美的趣味。但这种壮美的趣味，是非有雄健的精神，不能够感受到的。"运用喻证，可增强说理的形象性与生动性，但比喻一定要十分贴切，能让人领悟到其中某些道理。

类比法。用某种属性相同的事物进行比较论证论点。如《摔跤种种》要证明的观点是：对事物要善于分析，识别假象，认清本质。作者剖析，在绿茵场上，足球运动员拼抢剧烈，常有摔倒在地的现象，指出有老老实实的摔跤、推卸责任的摔跤、嫁祸于人的摔跤、耍赖皮的摔跤等，与社会生活的运动场上种种表演进行类比，告诫人们：要善于识别，不要被某些假象所蒙蔽。进行类比论证，一定要把握住两类不同事物之间的类比基础，即两类事物之间在某些方面有"共同属性"。足球场与社会运动场上的剧烈拼搏有相似之处，进行类比，避免抽象冗长的说理，使论证更为形象。

对比法。将两种不同的事物或者意见进行对比来论证论点。对比论证可使正反两方面的特征更加鲜明突出，更有利于辨别是非。如《吃亏小议》中的"收与支"部分：

一样面对吃亏，态度各有不同。

有的"精打细算"，在处理个人利益与"非个人利益"关系上，最好自己处处不吃亏，不要付出任何有"切肤之痛"的代价；实在躲不过去，不得不作出某些"牺牲"时，心里便像结了个大疙瘩，老大不痛快。

有的算盘打得更"精"——只"收"不"支"。于自己有好处的事，绝不轻易放过；甚至为了一己之利，不惜让国家、社会、他人吃亏。至于要他自己吃一点亏吗？对不起，"非不能也，实不为也"。

有的则是自觉吃亏。他们用个人、局部吃亏的代价，换取了国家、社会、他人的得益。他们也打算盘，但"支"大于"收"，对他们来说是正常现象。必要时，他们甚至可以只"支"不"收"。英雄的边防战士，就是这方面杰出的代表。

你、我、他，属于哪一种？不妨"对对号"。

这里剖析的是对待吃亏的不同态度,对世态人情作了生动的勾画和评论,寓褒贬于叙述之中。

反证法。不是从正面来直接论证论点,而是从反面间接论证论点,即通过论证与原论点相矛盾的论点的虚假性来证明原始点的正确性。如鲁迅《文艺的大众化》中有这样一段:"倘若说,作品愈高,知音愈少。那么,推论起来,谁也不懂的东西,就是世界上的绝作了。"显然,"作品愈高,知音愈少"与"文艺应当大众化"是相矛盾的论点,论证前者论点的虚假、荒谬,就从反面证明了后者论点的正确。

在一篇文章中,往往不是只用一种论证方法,而是或以一种论证方法为主,佐以其他方法,或是多种论证方法综合运用。究竟采用哪些方法,要视内容需要而定,要取得最佳的表达效果。

议论文有两种基本表现形式:一是以正面阐述自己的论点为主,叫立论文;二是以批驳反面论点为主,叫驳论文。不管是立论文还是驳论文,都必须掌握上述议论的三要素和多种论证方法。从正面阐述论点的立论文,上面已举一些例子说明,这里不再赘述。驳论文写作时首先要弄清楚敌论的谬误在什么地方,只有洞悉谬误的实质,才能抓住要害,给予有力的一击,达到以理服人的目的。反驳的种类有:(1)反驳论点。抓住敌论要害,树立批驳的靶子,针锋相对批驳。如《友邦惊诧论》就是揪出国民党反动政府电文中,"友邦人士,莫名惊诧,长此以往,国将不国"的反动论点作为靶子,一一加以批驳,揭露帝国主义的侵略野心和伪善面目,斥责反动政府媚外卖国的无耻行径。由于抓住要害驳斥,战斗力极强。(2)反驳论据。论点靠论据支撑,论据虚假、错误,论点也就站不住了。(3)反驳论证方式。指出论点与论据之间没有必然的联系,从而证明论点站不住脚。在一篇文章中,几种反驳方式可交错运用。不管是从驳论点入手、驳论据入手,还是从驳论证入手,最终必须驳倒对方的论点,才算完成反驳的任务。

议论文结构的基本形式是：提出问题—分析问题—解决问题，也就是提出论点，进行论证，得出结论，或者是揪出错误论点、错误论据，批驳错误论点、论据，揭示错误的实质。基本形式可分为两大类：一类是逐层深入的论述形式，简称为"纵式"；一类是并列展开的论述形式，简称为"横式"。其他多种多样的结构形式，均从纵、横两式中派生而出。

例如魏巍的《个人与集体》，论证的一个部分采用的就是层层深入的论述方程式：

有人提出这样一种人生哲学，叫作"人人为自己，也就是人人为大家"。

这种主张说：

像那种损人利己，把自己的幸福建立在别人痛苦之上的人，是很卑鄙的，我也痛恨那种人。但我又想，如果大家都不剥削人，谁也不占谁的便宜，但也不必为别人牺牲自己的利益，各人付出足以换来自己生活需要的劳动，这样我们都为集体做了事，也就取得了自己应得的一份，从表面上看，是人人为自己，实际上确实是人人为大家，这不是也很好吗？

这就是说：

个人主义＋个人主义＋个人主义……＝集体主义。

你瞧，这公式多妙！

检验一下。

假定：在日本帝国主义侵略我们国土的那些年月里，大家抱定"人人为自己"的各顾各的态度，请问，还有没有我们民族的独立与生存？

假定：我们的人民在四大家族的压榨下，挣扎呻吟在死亡线上，人人都为自己，请问，还有没有人民的解放？有没有中华人民共和国？

大事如此，小事也如此。

假定：在向秀丽的工厂里，即将爆炸的那段危急时刻，如果"人人为自己",能不能避免许多生命财产的毁灭?

人人为自己,实际上就是人人为大家吗?

看来,必须改几个字:"人人为自己,就是害大家。"这才真正符合这个"公式"的实际。

这是一篇驳论文的片段。先揪出敌论树靶子。在亮敌论的时候,先摆出对方似是而非的说法,然后用简明的公式拎出敌论的要害、实质,使人一目了然。怎么批驳呢?先举两件"大事"用反诘句启发读者思考、体验,论证"人人为自己"的严重后果;接着深入一步,由国家民族生死存亡的"大事"深入一所工厂的"小事",论证"人人为自己"将给生命财产带来的严重后果;最后深刻揭示敌论的实质及危害性——"人人为自己,就是害大家"。这类逐层深入论述的纵式结构在议论文中最常见。

并列展开论述的横式结构在议论文中也常见。如林放的《人格学ABC》开头提出问题:"写下这个题目,并非标新立异。意思无非是说,经过林彪、江青两个反革命集团的大破坏,'人格'之不讲也久矣;最近看到社会上常常出现一些侮辱人格尊严的'好汉',因此我觉得对人格的 ABC 还有学一学的必要。"从社会上实际情况出发,提出学习人格学基本常识的必要性。哪些是 ABC 基本常识呢?分五个方面分条论述。第一条要尊重人的价值,尊重劳动人民,"世间一切事物中,人是第一个可宝贵的"。第二条是独立自尊,不做奴隶。第三条是提倡人学,反对神化;发扬民主风气,抵制个人崇拜。第四条是抵制拜金哲学,反对人格商品化,反对把人当作商品来买卖。最后而且很重要的一条,是任何人都不能幻想以损害他人或集体的利益为代价来提高自己的人格。这五条以并列结构的形式逐条论述,条分缕析,语重心长,能廓清是非,催人自新,有很强的说服力。

由纵式、横式派生、演化的结构,常见的有:总论—分论—总论;分论—总论;总论—分论;总提论点—正面论证—反面论证—总结全文等。究竟采用怎样的结构,要根据写作意图来确定。只要把文章写得观点鲜明、思路清晰、论证周密,就能发挥论辩的威力。

议论文的运用十分广泛,报纸杂志的社论、短论、思想评论、文艺评论,讲演稿,读后感,杂文等。不管是何种形式的文体,都要论点正确,说理清楚。一事一议也好,一书一文也好,都要有感而发。无论是借古喻今,大中取小,寓理于实,都须牢牢把握议论三要素,都要追求见解的正确、深刻、新颖。有些议论文在严肃中给人以启示,有些议论文,特别是杂感、随笔、短评等,往往在谈笑风生中旁敲侧击,轻骑投枪,歌颂光明,歌颂进步,抨击丑恶,抨击腐朽。多读多比较,就能深得其中的奥妙,借鉴于写作。

【佳作借鉴】

巡堤者的眼睛

在乡间的时候,每到山洪暴发,看到老农巡视堤防的场面,总是感到十分动心。这时,一条巨堤在这些小心翼翼的巡视者眼下,任何微小的缺陷,都逃不过他们锐利的眼睛。只要发现一条巨堤有一丝儿裂痕,微微地渗过几颗水滴,他们就极为紧张了,立刻鸣锣召集群众抢救。事实上,不这样小心谨慎是不行的,任何后果严重的崩堤,经常都通过这些裂缝而出现。能够发现这些微小的裂缝,就能够消弭巨大的祸患。但是在一些没有护堤常识的人看来,那细小的裂缝也许是微不足道的,老农的反应未免是大惊小怪了。可是实际上,能不能够发现事物的这类小裂缝,能不能够重视这类小裂缝,常常就是各行各业中内行和外行、老手和生手的分别所在。如果人们对一件事情,等到"真相大白"的时候,才从"恍然"里钻出个"大悟"来,已经谈不上什么"洞烛机先",谈不上什么"防患未然"了。

我常常想:学老农巡视堤防这种严密精神,对我们每个人是大有好处的。尤其是面对复杂事理,有点扑朔迷离的时候,本着这种严密的精神,细细去推敲事理的每一个细节,看看究竟有什么裂缝没有,如果有,从这里深入研究一下,往往"柳暗花明又一村",那些事物潜藏着的真相,终于不得不整个暴露在一切具有谨慎锐利的眼睛的人们面前了。

在艺术史上就有许多这类的逸话,人们从一些事理的微小裂缝中发现了可以乱真的赝品。传说,宋代名画《清明上河图》,在明代曾经被人假冒过,假冒是到了惟妙惟肖的地步的。但是,赝品的《清明上河图》,里面有一只麻雀竟跨了两行瓦屋,真品是绝不致有此败笔的。仅仅是由于这一点儿微小的破绽,赝品就给一个眼睛锐利的人看出来了。在欧洲,也有一个艺术掌故和这传说相映成趣。若干年前,在西德有人借口一个古老的教堂行将倾倒,把它封闭起来,在里面绘上假冒的古代壁画,然后伪称那是12世纪一个著名画家的作品,借以耸人听闻,招摇卖钱。壁画也是假冒得惟妙惟肖的。但是,那里面描绘古代村镇的生活,家禽中竟出现了吐绶鸡,而吐绶鸡,原是15世纪末哥伦布到达美洲以后,它才和烟草、马铃薯、番茄、玉蜀黍、橡胶、金鸡纳霜等物一样,传入欧亚的。在那个教堂里,一幅幅假冒的古画都达到了乱真的程度;但是,仅仅由于出现了吐绶鸡这个事理上的小裂缝,立刻就为某些明眼人所识穿了。

从这些事例中,我想我们很可以吸取一点滋养:必须注意大体,但也必须注意事理的小裂缝。"不蹶于山而蹶于垤。"这些被乱真的事物围护着的小裂缝像一个"垤"(小土堆)似的,是很容易使人摔倒的。但是,注意这类事情的"苗头",小心翼翼,用力地一揪,那一株异样的苗头有时下面却连着一个惊人的萝卜。我想,掌握这点道理,不但在巡视堤防、检验产品、欣赏艺术等场合时常用得上,就是对于知人论世,恐怕也不无好处。审察事理的小裂缝,其实也就是"观微知著"的道理。

按理论,世间只有能够掌握规律的人,不可能有对于任何事情的发展细节都未卜先知的人。因为事物的内部矛盾,未曾发展到一定程度,在还没显露的时候,是难以觉察的。但是当矛盾已经发展到一定程度,已经露出"苗头"了,具有科学头脑的人却很可以从一点苗头推知它的全部。一只母鸡将下蛋未下蛋的时候,脸就红了;一壶热水将滚未滚的时候,就冒汽了;"月晕而风,础润而雨"。可不都是这样的道理吗?

我想卓越的老农在巡视堤防的时候,精明的鉴赏家在品评古画的时候,那种挑挑剔剔、见微知著的精神,正是擅于观察全面,具体掌握矛盾的表现。他们的行为合乎反映事物客观规律的辩证法,他们成为"不可欺"的干练聪明的人,也就自然不过了。

这篇杂文的作者是著名作家秦牧。文章由事例的叙述进入道理上的阐述,具体而生动,启人思索。

中心论点的提出很有杂文的特色。作者没有开门见山亮出观点,而是先娓娓叙述事例,给人以具体的感受,在叙事的基础上,顺势而下,提出中心论点——"必须注意大体,但也必须注意事理的小裂缝"。提示亮出论点的语言亲切、风趣——"从这些事例中,我想我们很可以吸取一点滋养"。

文中论证论点主要运用事实论据。第一个事实论据是老农巡堤使人动心的场景。老农巡视堤防具有锐利的眼睛,对巨堤"一丝儿裂缝"采取极其严肃的态度,以此来说明"洞烛机先"(在细微的迹象出现之前就能清楚地看出)、"防患于未然"(在灾害、事故未发生之前就防备)能消弭巨大祸患的道理。第二个事实论据是宋代名画《清明上河图》被人假冒,赝品被人察觉。第三个事实论据是西德一古老教堂里假冒古代壁画被识穿。一中一外的事例都说明目光锐利的人能从事理的"小裂缝"里识穿乱真的赝品。作者运用例证法时夹叙夹议,剖析事实中的关键所在,事理就不言而喻了。

在事实论证的基础上,推论到"知人论世"也必须审察事理的小裂缝,"观微知著"。剖析事理时由现象进入规律的探讨。三个事例尽管生动形象地论述了观微知著的道理,但小裂缝这个"微"怎样才显现,怎样才会被认识,须作科学的论述。"按理说"这一段深入事物内部发展的规律加以阐发,突出辩证观点,上升到理性上认识,说理有了一定的深度。

文章最后一段总揽全文。由巡视、品评的现象进而挑明现象后面的"挑挑剔剔、见微知著的精神",再进而剖析这种精神的实质,即"擅于观察全面,具体掌握矛盾",能掌握客观事物的规律。这样由表及里的概括,与全文论述的脉络吻合。

文章结构采用了逐层深入的形式,由事实而理论,由现象深入实质的揭示,条理清晰。文中采用了多种论证方法,例证、引证、类比,深入浅出,说理透彻。

文章题目杂文味很浓。如果用"防患于未然""谈防微杜渐",显得太实太露;如果用"千里之堤,溃于蚁穴"与论述内容不完全对上号;用"巡堤者的眼睛"与文章主旨切合,又含而不露,引人思考。议论文拟怎样的题目才能引人入胜,给人启示,必须下一番功夫。

【习作评说】

见怪岂能不怪

小学时学过一篇题《鲁迅踢鬼》的课文,至今记忆犹新:鲁迅先生素来不相信鬼怪之说。一天夜间,月高星稀,鲁迅先生独自走过一片坟场。忽然间冒出个自称是鬼的东西,在坟头边做出种种怪诞骇人之态。鲁迅先生毫不惊慌,上前就踢了"鬼"一脚,"鬼"痛得大叫,露出真面目——原来是人装的。鲁迅先生这种"见怪不怪,其怪自败"的唯物主义态度不能不说是对付"妖怪狐仙"之类的唯心主义谬说的好武器。但是在探索自然奥妙方面,不妨先"见怪而怪"。

自然奥妙在被人们识破之前,常常戴着"怪"的面具,让人迷惑。如果"见怪而怪",对它进行深入研究,那么带有面具的"怪现象"往往会把你引向一个突破口,促使一种新方法、新物质的发现。

请看,一位外科大夫正在给一位胆结石患者进行手术。手术前他准备了几个放有水的烧杯以便存放结石。当连续几例手术成功结束之后,大夫吃惊地发现第一次手术后放在烧杯内的结石已不见踪影。"太奇怪了!"为了证明这并非一种偶然现象,大夫又把另一些结石分别放入剩余的几个盛有同样水质的水的烧杯中,这一回,胆结石同样消失了,烧杯里只剩下稍有混浊的液体。

医生紧抓住这个怪现象进一步对水质进行分析,发现都是经磁化的水。于是一个预防治疗胆结石症的新方法脱颖而出:饮用磁化水。经检验,效果还不错呢!目前市场上出售的一种磁性杯可以预防胆结石,就是"见怪而怪"的成果。

这种治疗方法来源于一个"怪"字。我们不难看出,医生的思维经过了以下几个过程:一、见怪而怪;二、怪从何来?三、见怪不怪。

从"怪"到"不怪"正是我们认识事物、发现真理的一个过程。某种自然现象或真理在被我们了解之前,往往以怪异的面目出现。一旦我们紧抓住怪现象不放,问一下"怎么会?""怪从何来?",客观地加以分析、研究,便会发现假面具在不知不觉之中揭开了,一个未知世界的奥秘尽收眼底。

由"怪"到"不怪"到揭示未知世界的真面目,"见怪而怪"是首要的一步。如果把未知世界比作一扇虚掩的门，从中传来怪异的声音，飘出迷惑人的烟雾，只有"见怪而怪"者才会上前探究，才有可能把未知世界一览无余，而"见怪不怪"者只会不屑地从门前走过，根本谈不上什么发现新事物的可能性。

当然，认识事物是个循序渐进的过程，"见怪而怪"只是第一步。如果仅仅"见怪而怪"，却缺乏扎实的知识基础、正确的研究方法、坚持不懈的精神，只不过像一个好奇者满足于从门缝中窥探到一鳞半爪，不仅不能把未知世界看个究竟，还只能以"一孔之见"得出武断的结论。

德国著名化学家李比希把氯气通入海水中提取碘之后，发现剩余的母液中沉积着一层红棕色液体。他虽然感到奇怪，但并未放在心上，武断地认为这不过是氯和碘的化合物，并在瓶上贴了一张标签了事。直到不久之后一位法国科学家证实这是新元素溴，李比希才恍然大悟。他因此称这个瓶子为"失误瓶"以告诫自己。

因此，只有同时具备扎实的知识基础、坚持不懈的研究精神和"见怪而怪"的科学惊诧力，才能完成从"怪"到"不怪"的飞跃，才能揭示事物的真谛。而"见怪而怪"则是首要的一步。

所以，我们不妨把这样一句话作为研究学问的警言——见怪岂能不怪！

韩缨

这是高三学生的一篇阅读随感，写得洋洋洒洒，颇有几分气势。

感想起于鲁迅踢鬼见怪不怪的故事。起笔有特色，能吸引人阅读的兴趣，而论点的提出又制造了几分"蹊跷"。对鲁迅"见怪不怪，其怪自败"的唯物主义态度肯定、赞扬之际，突然笔锋一转，提出"不妨先'见怪而怪'"，在提出这个观点的同时，明确判断的范围，"在探索自然奥妙方面"。在曲曲折折中亮出自己的观点。

文章以"怪"为突破口，进行剖析：一是客观事物的"怪"，怪现象，怪面具，出乎意料的，与众不同的；二是主观上的"怪"，因见到客观事物的"怪"，主观上产生奇怪的感觉，脑子里产生疑问。为了论证"见怪不怪"的必要性，举外科大夫认识胆结石消失在磁化水中的奥秘事例来证明。手术后放在烧杯内的结石不见踪影，这是"怪"，见到这个"怪现象"，感到惊诧，"太奇怪了"，见怪而怪，于是进一步试验，揭开了胆结石与磁化水之间关系的奥秘。

如果论证仅止于此，就失之于浅近，习作者从事例中梳理出认识事物、发现真理的思维过程，于是论证深入一步。

进行深入一步论证时，先把"见怪而怪"与"见怪不怪"认识事物的差异进行比较，论证"见怪而怪"对揭示事物奥妙的重要性，接着再往深入开掘，反复强调"见怪而怪"只是第一步，须有扎实的知识基础、正确的研究方法、坚持不懈的精神，否则也会让"奥秘"从眼皮底下溜走，不可能有所发现。为了论证说理的正确性，文中摆了德国著名化学家李比希未能发现新元素溴的失误事例。在摆事实讲道理的基础上得出结论，完整地论证了从"见怪而怪"到"见怪不怪"的揭示未知世界的认识规律。最后一句突出文章主旨，巧妙地点题。

全文紧扣"见怪而怪是首要的一步"这个中心论点逐层深入地展开论证，事例典型，说理清晰，符合议论文写作要求。

其实，"见怪而怪"又何尝只局限于探索自然奥秘方面？对待人类社会同样有"见怪"而应"怪"的问题。就这一点说，立论还可作进一步的推敲。

谈 守 秩 序

"秩"是有条理，不混乱的意思；"序"是次第顺序，前后有次的意思。合而言之，则是整齐而有规律。守秩序，就是去遵守这些规则，不违背任何正常的规则去做事。

"守秩序"这几个字对任何人来说,毫不陌生,即使是刚进幼儿园的也知道。做人是应该守秩序的,否则会导致别人讨厌。在日常生活中,要守秩序的时候很多,例如人们每天早上必先起床刷牙洗脸,然后吃早饭,根本没有人清早起床便吃早饭,然后才去洗脸刷牙的,因为这样对健康毫无益处。又如社会上一些人为了争取较佳位置而不惜争先恐后,这对排队守秩序的人十分不公平,而且给予不法之徒以趁火打劫的机会。

也许是由于现代生活节奏太快了,人们往往会染上每事求快而忘记守秩序的毛病,即使是幼小的孩童也受到影响,所以秩序遭到破坏。只凭口头上说是不行的,真正去实践才最重要。要孩子也能做到守秩序,成年人就应该以身作则,做好榜样。

其实守秩序非常重要,一个人,一个社会,或是一个国家,要是没了秩序,必会带来祸患。假如某个国家破坏了和平的秩序而去攻占其他国家,那就会导致世界大乱了。

真正要做到社会安定繁荣,那就一定要守秩序。事实上,守秩序应该是发自内心的,即使不为人见时,也应该自律,即所谓"君子戒慎乎其所不睹",如果人人都能做到这样,混乱的现象就会杜绝。

人们在无人的环境下不守秩序已经是不正确的了,更何况是面对众人胡作非为呢?这样不但会受人耻笑,更会受人歧视和唾骂。中国本来是个受人尊敬的礼仪之邦,谁会希望自己的国家因为少数人的不守秩序而受到鄙视呢?

张美玲

为了评析的方便,这篇习作在文字上作了较多的修改。

论题切合生活实际,对青年学生来说,懂得遵守秩序的重要,并身体力行,是有意义的。

文章从阐释"秩序"这个概念开始,反复讲述做人应该遵守秩序的道理,并强调守秩序不能停留在口头,应注重实践,发自内心。论点正确,有积极意义。

文章缺乏说服力,主要原因是论据未慎加选择,或不恰当,或无代表性。例如早上起床刷牙洗脸然后吃早饭的事例,只能说明做事应先后有序,而不是遵守不遵守秩序的问题。又如社会上有些人为了争取较佳位置而争先恐后的事例,难以证明守不守秩序,因为"较佳位置"含义不明确。如果是指排队购物争取好位置,还可从守不守秩序的角度来分析;如果是指职位,那就是人事的问题,而不属于守不守秩序了。运用事例论证,必须抓住事物的实质,把握与论点之间的内在联系,否则事例与论点之间好比油与水的关系,游离开,不能支撑论点,当然也就不能有力地论述道理。

秩序,一般指社会秩序、生活秩序、工作秩序、学习秩序,不守秩序的后果可能带来战争,"导致世界大乱"的判断是不妥当的。说理要符合逻辑,恰如其分,突然拔高,扩大到不恰当的地步,说理的可信度就大受影响。

青年学生写议论文时常易犯论据欠妥、说理大而空、欠贴切的毛病,故须特别注意。

【要语一束】

议论文的特点是说理论辩,直接阐述对客观事物的观点,直接表明自己的主张和见解,达到以理服人的目的。

写议论文须牢牢把握三个方面:确立论点,组织论据,推理证明。论点要正确、鲜明、有深度、有新意;论据要确凿、典型、有力;论证要符合逻辑,充分证明论点的正确,令人信服。

写驳论的文章须辨析谬误,确立论点;批驳错误论点、错误论据或不合逻辑的论证;指出错误的实质。

　　议论文结构的基本形式是:提出问题—分析问题—解决问题。可纵式结构,层层深入地论述;可横式结构,并列展开论述。

十五　行云流水，精彩纷呈
——锤炼语言

"一切诗文总须字立纸上，不可字卧纸上。人活则立，人死则卧，用笔亦然。"这句话是清朝著名诗人袁枚说的，十分精彩。它生动地告诉我们：文章的语言须"立"在纸上，那就是说须有活泼泼的生命力，读者从语言中能观看"景"，识别"人"，感受"情"，领悟"意"。如唐诗中有这么两句："大漠孤烟直，长河落日圆。"只要稍加想象，就会清晰地感到"字"是"立"在纸上的。沙漠里空气干燥，气压高，所以烟一直往上升。住的人家少，所以是孤烟。大河上，落日显得特别大，特别圆。极简单的语言刻画出沙漠景色，给人以辽阔苍茫的印象。这样的语言绝非拼凑所能奏效，而是认真锤炼的结果。"百炼为字，千炼为句"，坚持不懈地锤炼字句，下笔就会如行云流水，笔端就能涌出精彩纷呈的语言。

【文心絮语】

一篇合乎要求的文章应解决四个问题：言之有物，言之有理，言之有序，言之有文。"物""理""序"的问题前文已阐述。"文"的问题如不认真解决，即使选材好，内容具体，观点正确，结构清晰，也仍然不是好文章。因为语言欠准确，无文采，甚至有些文句不通顺，要畅达地表达意思是不可能的。早在两千多年前孔子就说过，"言之无文，行而不远"。文章的语言没有达到要求，没有文采，不可能广泛流传。学生学写作文虽然目的不在流传,但文从字顺、准确而生动地表达情意,是必须做到的。

语言是写文章的工具和手段,任何精辟的思想、生动的形象、感人的材料,离开语言都一筹莫展。因此,古今中外的学问家、文章家无不十分重视语言的学习与修养。大诗人杜甫的名言是:"为人性僻耽佳句,语不惊人死不休。"列夫·托尔斯泰认为:"语言艺术家的技巧,就在于寻找唯一需要的词和唯一需要的位置。"语言大师老舍对语言技巧的掌握是这样剖析的:"既然搞写作,就必须掌握语言技巧。这并非偏重,而是应当的。一个画家而不会用颜色,一个木匠而不会用刨子,都是不可想象的。"这些名言警句是大量写作实践的经验总结,学习写作的青年学生应从中获取教益,深刻领悟到学习和训练语言,提高语言素养,不可有丝毫懈怠的道理。

毛泽东说:"语言这东西,不是随便可以学好的,非下苦功不可。"就拿积累词汇来说,作家的积累功夫是惊人的。据说,英国著名诗人拜伦、雪莱的词汇有八九千,莎士比亚的词汇多达一万六七千。怎么积累呢?以美国著名小说家杰克·伦敦为例,他经常把词典和书里的词句抄在小纸上,然后把这些词片挂在窗帘上、柜橱上、衣架上、床帐上,洗脸、穿衣、睡觉前后都能看一看,记一记。外出时也带上几片,抽空读一读。正因为这些作家在语言上如此下功夫,所以笔下的人物、景物,多姿多彩,栩栩如生。学习语言,就要多读古今中外的佳作,从中吸收有生命的语言养料,就要向人民中活泼泼的口语学习,特别在表达情意的简练、干脆、恰当、亲切方面,更应多多体会,认真吸收,以丰富自己的语言仓库。

运用语言不单纯是语言问题,"言为心声",语言是思想的直接现实,思想为里,语言为表,也就是思想是语言的内核,语言是思想的外衣。好的思想没有相应的语言表达,谁能知道那思想是怎样的呢?"辞从意生",思想十分明确、十分清晰,语言也就清楚明白了。因此,进行语言训练时不能只停留在如何遣词造句方面,必须同时进行思想的磨炼。也就是要思想、语言双锤炼。想得清楚,才说得清楚,写得清楚;想得正确、周到,才说得准确、周密。认识事物的能力越强,越能用恰当的语言表达。对事物的特征把握得一清二楚,语言表达就能要言不烦。语言的深刻来源于思想的深刻。对事物的本质能够知晓,对事物的精髓能一眼见底,语言表达就能入木三分。思想与语言的锻炼可以双促进。思想模糊,语言就含混不清,要使思想清晰起来,除对事物再认识、再仔细想之外,可以用语言说、用文字写,说出来、写出来之后再琢磨、推敲,可以促使思想清晰。有人说"写文章,总是在自己头脑里已经有了一些值得写出来的东西;把头脑里的思想用文章表达出来,是一个使思想逐步成熟、逐步完善的过程",写文章是"整理思想和经验,使之明确化,条理化",说的也就是这个道理。

学习语言,"炼词炼意,词意综合"外,用词造句还须多加训练,对初学写作的人来说,尤其如此。

词是构造语言的建筑材料,没有足够的词汇,不可能准确、鲜明地表达思想。汉语词汇十分丰富,词义有轻重,使用范围有大小,有普通意义,引申意义,有感情上的褒贬等,同义词、近义词有时只有极细微的差别,运用时如不慎加选择,就会犯用词不当的毛病。选用词语有几点须牢牢把握:

贴切。词与物与事相符。事物是怎样的面貌,词语就表达出怎样的面貌。例如:

中国有一句古话:"百炼成字,千炼成句。"
中国有一句谚语:"百炼成字,千炼成句。"

后一句话中的"谚语"这个词用得不恰当,"谚语"是指在群众中间流传的固定语句,用简单通俗的话反映出深刻的道理,如"三百六十行,行行出状元"。而"百炼成字,千炼成句"是唐朝诗人皮日休在《皮子文薮》一书中所说,称它古话可以,称它为谚语就不贴切。词语要用得贴切,首先对事物的认识要准确无误,其次要区别词义的大小、轻重和感情色彩。

鲜明。意思十分明白,别人一目了然。不用似是而非、意思含混不清的词,不用容易产生歧义的词。如鲁迅《拿来主义》的结尾一段:"总之,我们要拿来。我们要或使用,或存放,或毁灭。那么,主人是新主人,宅子也就会成为新宅子。然而首先要这人沉着,勇猛,有辨别,不自私。没有拿来的,人不能自成为新人,没有拿来的,文艺不能自成为新文艺。"对待文化遗产的态度非常鲜明,毫不含糊。总的原则是"拿来"。拿来以后怎么办?选用"使用,存放,毁灭"三个词鲜明地表达区别对待的态度,表明怎样取其精华,去其糟粕。具体而明确。要实现"拿来"的目的,人必须具备怎样的条件,用词也毫不含糊。选用了"沉着,勇猛,有辨别,不自私"等分量较重的词语(有的是短语)加以表达,清楚明白。

在学生习作中,常常见到意思含混不清的词,如:"我曾经是个理想主义者——一个可笑的'理想'主义者,对什么都爱'理想'一番。"句中的"理想"究竟有什么含义?三个"理想"含义相同,还是不同?不明确,有歧义。一个人有"理想"是好的,句中用的"理想"似乎是不切实际的幻想,甚至是乱想,这就犯了用词不当的毛病。

生动。生活丰富多彩,事物千姿百态,情意多种多样,要如实地再现它们,就须选用新鲜的、具有形象性的、绘色绘声的词语,给人如闻其声、如见其形、如历其境的生动感觉。用词切忌陈词滥调,拾人牙慧,用别人用滥了的词。例如《我的空中楼阁》描写远观小屋的一段:

"这个角度是远远地站在山下看。首先看到的是小屋前面的树,那些树把小屋遮掩了，只在树与树之间露出一些建筑的线条，一角活泼翘起的屋檐，一排整齐的图案式的屋瓦。一片蓝，那是墙；一片白，那是窗。我的小屋在树与树之间若隐若现，凌空而起，姿态翩然。本质上，它是一幢房屋；形势上，却像鸟一样，蝶一样，憩于枝头，轻灵而自由！"小屋被描写得十分生动，与精选词语有密切关系。有绘形的，如"活泼翘起""凌空而起""姿态翩然"等；有绘色的，如"蓝""白"等；表现树与屋的关系，用了"遮掩""若隐若现"等词。再加上比喻的运用，如"图案式""像鸟一样，蝶一样，憩于枝头，轻灵而自由"，小屋的美姿如在眼前。如果没有选用绘形绘色的词，只写"美丽"啊，"漂亮"啊，读起来就味同嚼蜡，脑子里形不成小屋的形象。

　　选词是需要动脑筋、花功夫的。"僧推月下门"和"僧敲月下门"在用词上的"推敲"已成为如何用词的佳话。因为"一字之失，一句为之蹉跎"。用词贴切、鲜明，须掌握丰富的词汇，哪怕是极普通的词，用的时候也要辨微析毫。如巴金的《海上日出》中有这样一段："有时太阳走入云里，它的光线却仍从云里透射出来，直射到水面上。……太阳在黑云里放射出光芒，透过黑云的周围，替黑云镶上了一道光亮的金边，到后来才慢慢儿透出重围，出现在天空，把一片片黑云变成了紫云或红霞。"句中的"透射""直射"，"透过""透出"都是极普通的词，选用时准确地掌握了它们细微的差别。阳光穿过薄云是"透射"，穿过薄云后的阳光是"直射"；太阳在黑云内放射光芒用"透过"，阳光在黑云外面放射时，用"透出"。如果不下细致的功夫，是达不到如此的准确度的。难怪俄国短篇小说家契诃夫这样要求自己："应该让每个字在写到纸上以前，先在脑子里盘桓两天光景，给它涂上一层油。"

　　要写好文章，不仅要讲求选词，而且要讲求炼句。要完整地表达情意，状物写景绘人，就得按一定的规律把词组成句子。句子是文章的基本部件，写好每一个句子，文章才可能通顺流畅，乃至光彩夺目。文中的句子须力求做到：

准确无误。把客观事物、主观情意用恰当的句式准确无误地表达出来并不容易，有两个基本条件须掌握：对客观事物要细致观察，了如指掌，情意要明确，有分寸；对各类句式，如长句、短句、散句、整句，完全句、省略句，主动句、被动句，肯定句、否定句，正常句、倒装句，陈述句、疑问句、祈使句、感叹句等要熟练地掌握，二者结合起来，就可把意思表达清楚。如《简笔与繁笔》中有这样几句："字面上的简不等于精练，艺术表现上的繁笔，也有别于通常所说的啰唆。鲁迅是很讲究精练的，但他有时却有意采用繁笔，甚而至于借重'啰唆'。"这两个句子说明"简"不等同"精练"，"繁笔"与"啰唆"不同，主要是说明后一个问题。为了阐说后一个问题，以鲁迅语言运用为例。"很讲究精练"表明总体情况，然后用"但"转折，阐说也"采用繁笔"，不过是"有时"，而不是"一直"，是"有意"，而不是"无意"，这就准确地表达了鲁迅运用语言的状况。再接着用"甚而至于"进一步述说，采用繁笔时"借重'啰唆'"。不是真正的啰唆，是加引号的，在特定环境中特定的表达方法，借重它来表达思想感情。这个句子既表达了"繁笔"与"啰唆"有区别的意思，又表达了鲁迅艺术表现手法不凡的意思，十分清晰。

如果句子不符合造句的法则，成分残缺，词语之间搭配不当，词序混乱，意思就表达不清或发生错误。例如：他学习缺少信心，通过教师的教育，使他鼓起了勇气，增强学习。这个句子有两个毛病。一是用了"使"，主语残缺；二是"增强"与"学习"不能搭配。怎么修改呢？或者修改为"增强了学习积极性"，或者修改为"增强信心"。

准确无误是写每一句话的基本要求，达到这个要求，语言就通顺。否则，文章就须进"病院"诊治。

生动流畅。句子不是硬造，应"如风行水上，自然成文"，生动流畅。好的语言，并不是奇里古怪的语言，不是鲁迅所说的"谁也不懂的形容词之类",而是平常普通的语言,不过是注意加工提炼,去除其中杂质,如重复的、累赘的、不规范的等,并注入新意,写出"人人心中所有,而笔下所无"的语句。作家汪曾祺很为自己写的一个句子而高兴,这个句子是:"车窗蜜黄色的灯光连续地映在果树东边的树墙子上,一方块,一方块,川流不息地追赶着……"他说他曾经在一个果园劳动,每天下工,天已昏暗,总有一列火车从果园的"树墙子"外面驰过,他一直想写下这个印象。有一天,终于抓住了,那就是"川流不息地追赶着"。显然,这生动的语言是长期观察、思索而捕捉到印象的结果。

生动流畅的语言是写作者思想的流淌,思想如行云流水,笔下就汩汩滔滔,思想阻塞不通,笔下就疙疙瘩瘩。诗的语言比较凝练,同时也应该是生动流畅的。如印度大诗人泰戈尔的诗句:

在世界的听众会堂里,朴素的草叶,跟阳光和子夜的星辰同席共餐。

我的歌,就是这样的跟云和森林的音乐一同在世界的心里分占着席位。

朴素庄严的是太阳愉快的金色,是沉思的月亮柔美的光辉;可是你,有钱的人啊,你的财富却与这种朴素庄严无关。

拥抱一切的天空的祝福,是并不落在财富上的。

而当死亡出现的时候,财富就褪色、枯萎、化为尘土了。

诗人用拟人的手法、生动的语句流畅地表达了对财富透彻的看法。如果没有这种精湛的思想,笔下就不可能生辉。

注意句式的变化,能增强语言的生动、优美。如短句、长句相间,整句、散句并用,选择不同的句式表达不同的语气。如散文《山》中的句子:

抬头,是山;回首,还是山。左边,是山;右面,也是山。

我在山的环抱中,山环抱着我。

晨,持一怀清爽,倚着傲松,看山。

雾生腾于山中,鸟声回荡在山中。偶尔,一缕白烟从林中小屋冒出,与雾溶流,于是便分不清是烟耶?雾耶?蓦然红光一闪,太阳悄悄地从山后露出半个脸来,偷窥外面的动静,云经过,遮住了它的额头,它惬意地像一弯小船,泊于山尖。顷刻,又像被火烫了一下,蹦得天高,竟被云托着,下不来了。于是,只有扯一片云彩,掩住了羞红的脸。

开头几句全是短句,短句结构简单,使语言明快、有力;"雾生腾于山中"这一段句子比较长,修饰语多,使意思更精确。文中短句排列整齐,有整齐美;散句参差,表意洒脱,结合起来用,给人以优美流畅之感。如果把"烟耶?雾耶?"半文不白的改掉,句子的气势就更畅达。

简洁精练。刘勰在《文心雕龙·议对》中说:"文以辨洁为能,不以繁缛为巧。"就是说:写文章的本领在于意思明确,造句简洁,文字上枝蔓华美不是真本领。造句简洁不是漫不经心就可做到,也不能误解为文字少就是简洁,如果一味求简、求少,"于神情特不生动",那就适得其反了。简洁还须精练,要以少胜多,言简而意丰。关于这一点,作家老舍有极深刻的体会。他说:"简练须要概括,须要多知多懂,知道一百个人,而写一个人;知道一百件事,而写一件事,才能写得简练,心有余力,有所选择,才能简练。"又说:"世界上最好的文字,也是最精练的文字,哪怕只有几个字,别人可是说不出来。简单、经济、亲切的文字,才是有生命的文字。"

鲁迅的文句,无论是叙事、绘景、议论,常常是精练过人,可说是以少许文字表多许情意的典型。如《记念刘和珍君》中一些语句:

然而即日证明是事实了,作证的便是她自己的尸骸。还有一具,是杨德群君的。而且又证明着这不但是杀害,简直是虐杀,因为身体上还有棍棒的伤痕。

但段政府就有令,说她们是"暴徒"!

但接着就有流言,说她们是受人利用的。

惨象,已使我目不忍视了;流言,尤使我耳不忍闻。我还有什么话可说呢?我懂得衰亡民族之所以默无声息的缘由了。沉默呵,沉默呵!不在沉默中爆发,就在沉默中灭亡。

短短一些文句,把刘、杨二君被害的事实、反动政府的卑劣行径和作者极端悲愤的感情,以及对黑暗统治的抨击、对民族觉醒的召唤等十分丰富的内容都包蕴其中了。简洁精练来自对事物的深刻理解,来自目光的锐利、思路的清晰。比如反动政府及其帮凶对刘、杨二君散布的流言不少,鲁迅从中拎出"受人利用"这一点,抓住要害,进行深刻的揭露,把敌人的险恶用心暴露在光天化日之下。

精练的语言往往是含而不露,不把自己的思想感情赤裸裸地宣示出来,而是留给人思索的余地,使读的人"望表而知里,扪毛而辨骨,睹一事于句中,反三隅于字外"(刘知几《史通·叙事》)。鲁迅《故乡》结尾的句子是:"我想:希望是本无所谓有,无所谓无的。这正如地上的路;其实地上本没有路,走的人多了,也便成了路。"语言是含蓄的,含不尽之意于言外。

语言幽默也能大大增强表现力,给人以深刻的印象。幽默是寓庄于谐,寓情于理,既有说服力,又有感染力,兼有理趣美和情趣美。报上登载马来西亚柔佛州交通部门张贴的一份告示,语言就十分幽默。告示是这样写的:"阁下驾驶汽车,时速不超过30英里,你可以饱览本地的美丽景色;超过60英里,请到法院作客;超进80英里,欢迎光顾本市设备最新的急救医院；上了100英里，请您安息吧！"

这样表达别出心裁，驾驶汽车的人也容易接受。效果与命令式的、警告式的语言相比，不会差。当然，幽默不是耍嘴皮子，不是故意制造笑料，不是庸俗、油滑，而是为了表现生活的真实。它常常以内容与形式、现象与本质的矛盾可笑，给人以教育，启人以深思。得体的幽默是语言运用上有智慧的表现。

萧伯纳是爱尔兰大作家，幽默大师，相传有这样一则趣事：他成名后，收到不少异性追求他的信。有个姑娘在信中向他求爱道："如果你同我结婚，生下的孩子将像你一样聪明，像我一样漂亮，那该是多么美好呀！"萧伯纳以他特有的风趣和幽默回绝了这位冲着他的名气和地位来的姑娘，他在信中写道："如果你同我结婚，生下来的孩子长得像我一样'难看'，头脑像你一样愚蠢，那该多么可怕呀！"这种答复使那位姑娘啼笑皆非。

语言要用得好，其中奥妙无穷。上面说的都是一般的要求，须努力做到。有时有些特例，貌似不符合语言规则，但在特定的场合、特定的人的身上运用，表达效果非比寻常。例如：20世纪30年代有家报纸登出一篇题为《丰子恺画画不要脸》的文章。读者看了十分吃惊，因为丰子恺品行端正，怎会不要脸呢？待文章读完，才知道此处的"不要脸"不是通常的含义，而是在特定的人身上特定的含义，是褒赞丰子恺的漫画技法高超，独具一格，画的人物虽没有五官，但传神尽态。这个标题好在利用"不要脸"这个短语的歧义，造成悬念，收到出奇制胜的效果，难怪丰子恺本人对此也默认，并加以赞赏了。

副词不能修饰名词，这是一条语法规则。可是在特定的场合，可破例违反这个规则，而收到出人意外的效果。在一次中央电视台举办的春节联欢晚会上，台湾谐星凌峰登台表演。有人写个纸条戏谑地问他："你为什么长得这样丑？"他面对观众回答："我的长相很中国，中国五千年的创伤和苦难都写在我的脸上……"副词"很"修饰"中国"这个名词,搭配是不当的,但出自这位滑稽人物的嘴里,获得的却是热烈的掌声,因为在这样的场合说这样的话,给人以幽默、风趣的快乐。

学生口头表达与书面表达中常有"拆词"的毛病,如"宣了一次传"。非动宾式的双音合成词按照语法规则不能随意拆散,"宣传"是不能拆散的。但有时为了表达的需要,也可拆开用。如台湾诗人商禽的《咳嗽》诗:

> 坐在
> 图书馆
> 的
> 一室
> 的
> 一角
> 忍住
> 直到
> 有人把一本书
> 历史吧
> 掉在地上
> 我才
> 咳了一声
> 嗽

这首诗在意象的变形中透射出思想,说出了很新鲜、很尖锐、也很深刻的道理。把"咳嗽"这个词拆开来用,使读者能深深地体味历史书掉在地上影射的社会现实。

以上是些特例，平时不可随便乱用，否则就会导致语言不规范。

【佳作借鉴】

起 点 之 美

到现场观看赛跑，多数人总愿选择离终点最近的位置，我却偏爱在起跑线附近观看。运动员在起点上的美往往被人忽略。其实，当运动员们在起点脱下外面的罩衣，露出紧凑而富有弹性的筋肉，先略事活动臂膊腿脚腰肢，再渐渐弹跳着、抖擞着，准备进入比赛，那神情，那体态，那气氛，就已非常之优雅；等到运动员们在起跑线上找准自己的道位，在裁判员一声威严而悠长的"预备———"声中，各自凝聚起他们灵魂的注意力拼搏进取，并透过他们的每一块肌肉每一根筋腱显现出他们肉体所蕴藏的爆发力弹射力承受力，那他们简直就是一列力与美的活雕像。家里有了录像机后，我常把这样的场面录下来，并用慢放、定格的方法细细品味起点之美。我看清了在比赛现场往往看不清楚的运动员们的面部表情。那起点上的表情实在是人类最美好的表情之一。倘若说恋人的表情是人类延续不灭的象征，那么，起点上的表情便是人类进取突破的希望。

人生的终极点只有一个，然而起点却有许多。运动场上的起点是明显的，生活中的起点往往较为隐蔽。一个想向文坛进军的青年在深夜灯下铺开了稿纸，用手中笔郑重地写下了第一行字；一个刚到单位报到的大学毕业生，头一回走进办公室，他尽量大大方方地望着大家，大家都好奇而友善地望着他；一个才把荸荠来的川橘子铺排在货位上的个体户，用戴着厚厚的棉手套的双手捂捂冻得发红的耳朵，嗡声嗡气地发出他的头一声吆喝："大橘子保甜咧———"；一位才任命的局长，不大习惯地坐在来接他开会的轿车里，想同司机说句亲热的话却不知该拣哪一句说;一个非常走红的大明星,倚在沙发上读别人新送来的剧本,刚刚开始觉得里头的那个女主角有点噘头;一个明天要应考的中学生,把捧着的课本贴在胸前,在忍痛关闭了的电视机前点着下巴背诵单词……

"预备——"生命之神在行使裁判员的职责,向人们发出悠长的指令。

凡凝神谛听他的指令并尽全力准备投入的人,都是美的。

尽管在终点处会出现绝不平衡的场面,文学青年的稿子也许会被退回;走向生活的大学生也许会碰到许多的钉子;卖橘子的个体户这一回也许不能大赚;新上任的局长也许不久便调离;大明星的下一部戏也许会砸锅;中学生第二天应考时也许会失常;谁也保不齐在那等待着我们的终点上不会落伍、失败甚至被淘汰掉。

然而,对于人生来说,终点固然诱人,起点更弥足珍贵。一时的终点上的失美,并不是什么不得了的事。可怕的是寻找不到新的起跑线,失去了在"预备"声中大大振作起来的力与美。

终点之美,属于优胜者。起点之美,属于每一个人。而自觉地进入起点并调动起自己的美来,也便是人生中的一种优胜。

这篇短文是著名作家刘心武所写,他以平实朴素的语言阐述了人生旅程中把握起点、调动自己起点美的道理,较为深刻地揭示了生活中的哲理。

文章采用了类比推理的方法,以运动场上的赛跑起点之美为个例,进而推到向文坛进军的青年写下第一行字,大学毕业生头一回走进办公室等生活中的起点,尽管终点会出现不平衡的场面,但起点对每一个人来说,都是十分珍贵的。于是,从众多的"个别"中,得出这样的结论:"自觉地进入起点并调动起自己的美来,也便是人生中的一种优胜。"文字如此明白爽朗,反映了思想的清晰。有几个问题显然考虑得十分清楚：

(1) 起点之美是什么？

(2) 对于每一个人来说，有没有起点之美？

(3) 人生的终极点是什么？

(4) 起点和终点之间是什么关系？

(5) 人们能不能把握起点之美？怎样来说清楚其中的道理？

要把话说得清楚明白，首先脑子里对要描述的事物、对要阐说的道理须一清如水。

用词准确。如"忽略"这个动词用得很准确，因为"运动员在起点上的美"是客观存在的，只是不被人注意，故而用"忽略"恰到好处。又如"一列"数量词的运用很准确。因为前半句描述运动员们各自在自己的道位上拼搏进取的状况，这半句说他们简直就是"活雕像"，就必须用量词"列"。如果用"尊"就与事实不符；如果用"一尊尊"就给人以散的感觉，难以形成拼搏的气势。又如"明显"与"隐蔽"一对反义词的运用，就能启发人思考。"运动场上的起点"肉眼看得见，故而是"明显"；"生活中的起点"往往不易觉察，故而用"隐蔽"。然而，又不是绝对不能觉察的，对于明智的人来说，对于文化素养高的人来说，也是能看得清楚或者深为理解的，所以在"隐蔽"前面加上"较为"、加上"往往"的附加语，使表达的意思更加准确。

语言虽平实，但不乏生动的句子。有的是长短句，形成气势，十分流畅，如"其实，当运动员们在起点脱下外面的罩衣，露出紧凑而富有弹性的筋肉，先略事活动臂膊腿脚腰肢，再渐渐弹跳着、抖擞着，准备进入比赛，那神情，那体态，那气氛，就已非常之优雅"，把运动员的起点之美描述得那么井然有序，如果观察得不细致，把握得不准确，是难以做到的。"那神情，那体态，那气氛"，短语以排比形式出现，短促而有力。又如，进行类比推理时，一个个事例基本上以排比的形式出现，给人以整齐美的感觉。至于结尾的"终点之美,属于优胜者。起点之美,属于每一个人",用的都是短句,但言简意深,用对偶的形式写,既整齐,又上口。

《鲁迅诗稿》序

鲁迅先生无心作诗人,偶有所作,每臻绝唱。或则犀角烛怪,或则肝胆照人。如"横眉冷对千夫指,俯首甘为孺子牛",虽寥寥14字,对方生与垂死之力量,爱憎分明,将团结与斗争之精神,表现具足。此真可谓前无古人,后启来者。

鲁迅先生亦无心作书家,所遗手迹,自成风格。熔冶篆隶于一炉,听任心腕之交应,朴质而不拘挛,洒脱而又法度,远逾宋唐,直攀魏晋。世人宝之,非因人而奖也。

然诗如其人,书如其人,荟而萃之,其人宛在。荀子劝学篇有云"学莫便乎近其人,学之径莫速乎好其人"。鲁迅先生,人之所好也,请更好其诗,好其书,而日益近之。苟常手抚简篇,有如面聆謦欬,春温秋肃,默化潜移,身心获益靡涯,文笔增华有望。

这是 1960 年 5 月 8 日,文学家、史学家郭沫若为国家文物出版社将鲁迅诗的手稿专门影印成册的《鲁迅诗稿》写的序。文章不是对鲁迅著作作全面评价,更不是泛泛而谈,而是紧紧扣住"诗""稿"二字。第 1 段论"诗";第 2 段论"稿",即论字,论书法;第 3 段由诗、由稿论到人。为了阅读理解的方便,有些词句先解释一下。

犀角烛怪:这个典故出自《晋书·温峤传》,说峤"旋于武昌,至牛渚矶,水深不可测,世云其下多怪物,峤遂毁犀角照之。须臾,见水族覆火,奇形怪状"。后来人们用"犀照"形容对事理认识得十分清楚,能触到幽深之处。这个典故通常的用法是"燃犀烛怪"。这篇文章中的意思是：鲁迅的诗尖锐犀利,好像是用犀角烛怪,能照出各类妖怪的原形。

学莫便乎近其人,学之径莫速乎好其人：为学之道,再没有比接近良师益友更方便的了；为学的途径,最直截的没有超过以自己敬爱的人为榜样的了。

面聆謦欬：聆,听。謦欬(qǐng kài),咳嗽,借指谈笑。这里是教诲的意思。当面聆听教诲。

春温秋肃：春天的温暖,秋天草木凋零的肃杀气氛。前者比喻美好的事物,后者比喻反动势力或者是对敌人应有的态度。来自鲁迅的诗句："曾惊秋肃临天下,敢遣春温上笔端。"

这篇序在语言的准确、优美、精练等方面可以作为典范。

首先是言简意赅。语言十分简洁,含意丰满完备。如"鲁迅先生无心作诗人""鲁迅先生亦无心作书家",两个"无心",寓意深刻。鲁迅杂文、小说的造诣举世皆知,他的诗呢？书法呢？他"无心"于这些,但偶作诗,就达到"绝唱",诗创作的最高境界,所写之字,自成风格。"无心"尚且如此,如果是"有心"的话,那诗歌、书法的造诣更不待说了。"无心"看来是极普通的词,用在句中,含不尽的赞颂之情。又如"或则犀角烛怪,或则肝胆照人",极其精练地概括了鲁迅诗的内容、思想意义和艺术上的高超技巧,语言中水分全无,质地极高。

其次是优美、形象。如评述鲁迅书法时说："熔冶篆隶于一炉,听任心腕之交应,朴质而不拘挛,洒脱而又法度",两组对偶组成排比句,兼有整齐美与流畅美,把字体的特点——"篆"书、"隶"书"熔冶"于"一炉",书写技艺的纯熟——"心"与"腕""交应",字的风格——"朴质而不拘挛,洒脱而又法度",表达得清晰、准确。又如结尾的几句,简直像一幅画,手抚诗稿,就犹如面听教诲,身心获益无止境。

再次是词语略作更动,写出新意,或使文气更流畅。如"此真可谓前无古人,后启来者",把常用的"后无来者"改为"后启来者",改一字,写出新意,充分表现了鲁迅诗对后人的启迪、教育作用。又如"唐宋"移位为"宋唐"、"潜移默化"移位为"默化潜移",使声调更和谐,意思更含蓄。

【习作评说】

机　　遇

倘若要我用一个词来形容机遇,我以为"催化剂"是再合适不过的了。——没有机遇的催化作用,事情多半难以成功;只有机遇没有实力,再怎样"催化"也是枉然。

机遇的重要性正如催化剂一样是显而易见的。化学反应中,缺少必要的催化剂,反应就难以进行;生活中,离开了机遇的作用,成功也只能在"希望的彼岸"。石油大王洛克菲勒不借着世界大战,难以成为大富翁;诸葛亮没有刘备的"三顾茅庐"也只有湮没在时间的长河里。人们常说:"万事俱备,只欠东风",这东风,便是"机遇"。只有善于把握机遇,才能获得成功。

然而单靠机遇行不行呢?我想这恐怕就是"守株待兔"之"世语新说"了。没有反应物,只有催化剂,难道企望出现生成物吗?机遇只不过提供了一个合适的环境,在这一环境中是否能够叱咤风云全在于你自己的实力。

不由得联想到我们今天的现代化建设。多么好的机遇啊!世界正朝着多极化方向发展,世界的经济贸易中心正往亚洲转移。而我国的经济建设在党的基本路线的指引下,正以飞快速度进行着。目前已与世界上一百多个国家建立了经贸关系,尤其是同周边国家的关系到了一个从未有过的高度!然而机遇的另一面也是挑战,能否在竞争中夺取有利形势,光靠机遇的"催化"而没有竞争的"实力"又怎么行呢?

由此可见,"光有抓取机遇的敏锐,而无增加实力迎接机遇的恒心"如同"有实力而无机遇"一样不足以成事。

古人云:盛衰之理,虽曰天命,岂非人事哉?很难说清,机遇和实力哪个更为重要,但是我坚信——"机遇+实力"就等于成功。只有正确理解机遇的"催化剂"作用,才能更好地利用这一作用,从而"催化"出一个灿烂美好的明天!

这是1993年上海市一名学生的高考作文。文章以"催化剂"作比,论说机遇的重要作用。

全文文从字顺,从机遇的重要性论述到单靠机遇不能企望出现生成物,还得依靠自己的实力;从机遇与实力的关系带出了我国现代化建设的大好机遇,进一步论述机遇与实力,缺一不足以成事;最后的结论是"机遇+实力"等于成功,只有正确理解机遇的作用,才能充分利用它。

文字之所以通顺,首先在于对机遇的作用理解正确,对机遇与实力之间的关系想得比较清楚。如果这些问题脑子里不清楚,下笔语句就会纠缠不清。

语言比较简洁,意思十分明白。如:开头不绕弯子,下笔点题,并立即提出实力与机遇的关系。"只有机遇没有实力,再怎样'催化'也是枉然",言简意明。

语言较为生动。注意恰当地运用设问句、反问句,注意直接引用、间接引用,增添说理的生动性。有时还更改词语的位置,如《世说新语》翻出"世语新说",增添几分风趣。

个别句子可斟酌。如"然而机遇的另一面也是挑战"中的"也"可删,因前文未提到挑战。又如"能否在竞争中夺取有利形势"中的"夺取有利形势"须斟酌。尽管如此,在考场有限的时间内写出这样内容具体、语言通顺的文章是不容易的。

晚　　霞

　　自问一向是个庸俗人。唉！没办法，每天在繁忙的都市中打转，相信再洒脱的人，也不免在俗网中越陷越深，更何况是平凡的我！为了挽救这颗庸俗得可怜的心，所以一有机会，我便喜欢往郊外跑，而每去郊野一次，就更为大自然的美景所吸引。无论是清晨的薄雾迷离、露水遍野；晚间的流萤飞舞、繁星满空；∧夏日山间的蝉音；冬日寒风的怒号；∧春雨如柳絮、如蒲公英般轻飘；秋叶在风中飞舞……这一切一切，无不令我着迷神往，然而我所最钟爱的，却是向晚时分，夕阳西沉，彩霞满天飞的黄昏景致。黄昏总给人以苍凉凄清的感觉，而我所喜爱的却正是这凄迷的美，或者是因为我这个人太多愁善感了吧！每至黄昏，太阳都会尽其最后一分力，在退下去之前，发放其最后一分光辉与热力，使大地有如隔着了一块淡红的玻璃纸，四周万物都笼罩着一片淡淡的红霞，看似清晰却又是那么不真实。这一切都是那么令人迷恋，然而如果没有晚霞的衬托，所有的一切虽美，却会显得平淡。夕阳与晚霞，就如同花与叶般，必须互相映衬，方能突出双方优美之处，晚霞的七彩绚丽，瞬息万变，使夕阳西下的美景，变得更加生动而不平凡。

　　当夕阳正缓缓地向大地告别，退到山后去之际，天边的云霞幻化出更多的色彩，像把一碟的颜料打翻到天上去，然而一切色彩都衬托得那么的不着意而又和谐，万物皆屏息于这瞬间即逝的美景中，散发着一片宁静而平和的气息。夕阳就是于万物之际，悄悄地离开了，剩下满天仍然诱人的霞彩，渐渐地霞彩也淡下去了，取而代之的是一片朦胧的灰蓝，最后整个天地皆为黑暗所吞噬了。

　　曾经于乘船往海南岛的途中，欣赏过夕阳西下的美景。由于当时身处于一望无际、四周不见一山一岛的大海中，所以感受是很新鲜而且截然不同的。当那一方的海天交接处,正为斜阳及晚霞所点缀而成一片橙红之际,这边的天上却仍窥得见一抹淡淡的蓝,同时由于四周视野空旷,所以早已看得见缓缓地向天的中央移去的月亮,而几颗较为明亮的星已若隐若现了。一时间,夕阳、晚霞、月亮、星星,交织成一幅平常罕见的美景,使人为之而心醉,而我亦不忘拿出相机,将那迷人的景致摄下。但在自然变化的幻丽,又岂是人类科技所能捕捉得住的呢?我们必得以全心灵去体会、感受,方能觉出其魅力之所在,一帧照片,又怎能表达出其诱人的味道呢?

"夕阳无限好,只是近黄昏",然而没有黄昏,又怎会有黑夜,没有黑夜,又怎会有黎明的来临呢?宇宙万物皆是在这些周而复始的变幻中向前迈进,故此夕阳、晚霞都是宇宙中不可或缺的,又何需为"近黄昏"而感到伤悲呢?

这篇习作虽然力图把客观景物的描绘和主观感受结合起来写,但由于语言上的毛病太多,没能达到预期的目的。

第一,对所要描写的对象没有想清楚。题目是《晚霞》,但从整篇文章看,自喜爱黄昏景致入笔,到无须为"近黄昏"而伤悲结束,都是突出了"黄昏","晚霞"没有放在主要位置上描绘,内容不太切题。

第二,语言令人费解。主要是对事物的观察欠准确。如第 1 段后半段写夕阳放余晖时,用"大地有如隔着了一块淡红的玻璃纸"来形容,这个比喻显然不恰当。又如"四周万物都笼罩着一片淡淡的红霞","红霞"在天上,怎么"笼罩""四周万物"呢?

第三,通篇语言啰唆重复,影响意思表达的清晰度。文章凡是划线的地方(做＿＿＿记号的)都是应该删除的,有的是整个句子,有的是一个词、两个词。删去这些词句,才有点文章的样子。

第四,有些语句欠通顺,用词或重复,或欠妥贴。如"着迷神往",应删"着迷"或删"神往",二者并用,就重复了,不通了。又如"看似清晰却又是那么不真实",既然"清晰",又怎么"不真实"呢?前后矛盾。再如"夕阳就是于万物之际,悄悄地离开了,剩下满天仍然诱人的霞彩",欠通顺。一是"万物之际"费解,二是欠简洁。改成"夕阳终于悄悄地离开了,只剩下诱人的霞彩",意思表达得反而清楚。

须修改的句子很多(做～～～记号的;做∧记号处,须加关联词),不一一改了。标点符号的运用也有不少值得商榷的地方。总而言之,有良好的写作愿望,语言上如不下功夫锤炼,写出来的文章也往往会毛病百出。

【要语一束】

清楚、明白地把意思表达出来,是写文章最基本的语言要求。

思想、语言须双锤炼。对事物反复观察和思考,认识得清楚透彻,寻求最恰当的词句表达,炼词炼意,词意综合,效果必佳。

用词须慎加选择,力求贴切、鲜明、生动,语句须按一定的规律构成,力求准确无误、生动流畅、简洁精练。

学语言要下功夫,向人民群众中活泼泼的口头语言学习,向中外古今优秀作品中的语言学习,坚持长期积累佳词、美句,丰富自己的语言仓库。

去除语言中的杂质,做到纯净流利。

十六　即景即情，着手成春
——把握题型

"那醉人的绿呀！仿佛一张极大极大的荷叶铺着，满是奇异的绿呀。我想张开两臂抱住她；但这是怎样一个妄想呀。……那醉人的绿呀！我若能裁你以为带，我将赠给那轻盈的舞女；她必能临风飘举了。我若能挹你以为眼，我将赠给那善歌的盲妹；她必明眸善睐了。我舍不得你；我怎舍得你呢？我用手拍着你，抚摩着你，如同一个十二三岁的小姑娘。我又掬你入口，便是吻着她了。我送你一个名字，我从此叫你'女儿绿'，好么？"这是朱自清先生散文名篇《绿》的描写片段。朱自清看到梅雨潭的一潭绿水，不仅挥笔描绘美景，而且痴情倾注其中，说"想"张臂与她拥抱，掬口犹如接吻，真是情景交融，物我一体，令人遐想。如此即景即情，着手成春，仅是记叙性文章题型的一例。生活中所见所闻所感很多，要求进行作文训练时，可表现为种种不同的作文题型。学写作文，认真地把握题型十分重要。

【文心絮语】

进行作文训练如果只是就文章的题目一个一个推敲，效果是有的，但往往在脑子里散成一片，不易洞悉规律，花费时间多；如果把作文训练常见的种种题目归并为若干类型，并了解和掌握它们各自的特点，下笔时就能胸有成竹,快速得多。

训练中常见的题型有两大类,一是命题作文题型,二是材料作文题型。

1. 介绍命题作文题型

命题,确定作文的题目。可由教师命题;可由教师规定范围,学生自己命题;可由学生自由命题,不作任何规定。命题作文有:

记叙型。凡要求叙事、写人、描景、状物,以叙述描写为主要表达方法的作文题,均属记叙型。消息、通讯、特写、速写、回忆录、访问记、报告文学等,均属此类型。常见的各方面的题目,如:"春花烂漫""街头风情速写""童年生活琐忆""学校运动会剪影""老师,心中的话儿对您说""同窗谱""写给远方朋友的信""榜样"。

记叙性的作文题常和议论相结合,如"我懂得了其中的道理""悔不该",仍然是记叙型。因为所懂得的"道理"是以叙事为基础的,在记叙的基础上议论,以记叙为主;因为"悔"来自某件事或某些事,所以仍以记叙为主。

说明型。说明就是解释。凡要求介绍事物的特点、性质、功能等,以说明为主要表达方法的作文题,均属说明型。常见的各方面的题目,如:"钢笔自述""巧夺天工的工艺品""春节文艺晚会说明词""向你推荐一篇佳作""校园绿化设计""浅说电视机的功能""蝴蝶标本制作过程""桥"。

说明性的作文题有时用词生动、优美,要注意把握,不要和记叙型的混淆。如"一张情趣横溢的画",要求是介绍这幅画,如果记述这幅画的作者、由来等,就进入误区了。

议论型。凡要求开展议论,进行分析,阐明道理,提出观点、提出主张的,以议论为主要表达方法的作文题,均属议论型。常见的各方面的题目,如:"勤奋学习是学生的天职""嫉妒如毒蛇""中国人是有志气的"

"抄袭与借鉴""由一则广告想起""谈班级的凝聚力""时尚与高尚""驳'人不为己，天诛地灭'"。

议论性的作文题有些是判断题型，题目就是论点，有些是论题，只提出论述的问题、论述的对象，须自己确立论点。遇到后一种情况，不能与说明型的题目混淆。

学生自由命题，天地十分广阔，大至世界、国家，小至一人一事一物，皆可确立题目。但命题时应切合实际，有生活的基础；应简明、醒目，注意色彩。如果是教师规定范围，命题时就须按要求考虑，不可超越。

还有一种是选题作文，教师出两个相关或相反的标题，要求学生选择其中一个进行作文训练。如"开卷有益""开卷未必有益"；"知足常乐""知足不常乐"；"毁树容易种树难""毁树不易种树更难"；"失败是成功之母""失败不等于成功之母"，等等。这种方式也是命题作文的一种，不过学生有选择权。这种题型有利于启发学生辩证地看问题。

碰到上述的命题作文，须注意以下几点：

第一，审清题意。题目中的每一个字都要认真仔细地研究、分析，把握题目的基本要求。有些题目的中心和范围比较明确，如"童年生活琐忆"，要求记的是"童年生活"，不是其他年龄段的生活；要求记的是"琐"事，是平凡的、零碎的、细小的事，不是一件，要二三件，乃至更多。既是"琐"，事与事之间不要求结合成整体，可以是一件件、一桩桩，但要围绕一个中心。"忆"，是写过去的事，从记忆中抄出的。一个字一个字弄清楚，就能把握写作要求。有些题目范围比较广，审题时更要注意。如"春花烂漫"，可以写自然界万紫千红的景色，也可写社会的"春花烂漫"，中心的确定很灵活。又如"由一则广告想起"，先要确定是什么广告，然后要确定广告闯入眼帘以后最强烈的感受是什么，再后确定由此想到了什么，提炼出文章的论点。

第二，认清题目暗示的体裁特点。有些题目暗示了文章的体裁，如"记……""忆……""论……""驳……"，前两个显然是记叙型题目，后两个显然是议论型的题目。有些题目与体裁之间无固定的对应关系，可以选用不同体裁，如"桥"，可写成记叙文，可写成说明文，也可写成议论文，关键在于确立怎样的写作意图。

第三，认清题目暗示的文章人称。审记叙型题目时须注意这一点。如"老师，心中的话儿对您说"，就规定了用第一人称写，不过是省略了"我"，如果用第三人称，就判断失误了。"学校运动会剪影"这个题目用第三人称写，容易生动活泼，如果用第一人称，局限性太大，笔无法施展。

有些题目有正题，有副题，审题时都要注意，副题往往规定文章的内容。如"拼搏——考场上的众生相"，副标题明确规定是"考场"里的众人奋斗情景，不是球场，不是歌场，不是拳击场中的情状。全面把握，下笔就准了。

命题作文也可一题多作，审题时不可掉以轻心。如作文题"晨"，可描写早晨景色，自然的或社会的，记叙型；可说明"晨"的有关自然知识，说明型；可以此喻人生，喻事业，展开议论，议论型。须根据要求仔细推敲，弄清题意，把握体裁。

2. 介绍材料作文题型

近些年来，由于高考、中考指挥棒的作用，材料作文训练非常流行。这里无意褒贬，但这种形式的训练对提高写作能力，培养良好的思维品质也有积极的作用。

材料作文可分为两个类型，一是图画类型，二是文字类型。文字类型又可分若干种。

图画型。提供图画，要求根据画意作文。有的画不配文字，不作任何提示或说明,全靠习作者独立分析;有的画配文字,作适当的提示。可提供单幅画,也可提供连环画。做这类作文,应细心分析画面,抓准画意,如理解欠正确,偏离画意,写出来的文章就"砸"了。

单幅画的如《钓翁图》《在时间的长河里》,前者文题自拟,后者提示:网鱼人的头往前转动、往后转动。

连环图的如《格林父子》。这是德国卜劳恩系列漫画中的一组。提供给学生,要求仔细观察图画,展开合理想象,对人物的语言、动作、神态、细节和环境进行具体描述,故事要完整。可以"该打"为题。

文字类型常见的有:

联想型。提供材料,要求由此及彼、由一事物想到其他事物,从联想的种种现象中提炼观点,展开论述。如提供这样的材料:三个和尚没水吃,1+1+1=0。要求由此及彼地联想类似的材料(如联想《克雷洛夫寓言》中天鹅、梭子鱼、虾合伙不合心的故事等),推及某些社会现象,从而发表看法。提供材料,要求合理想象也属这种类型。1992年乌鲁木齐市中考作文题是:

下面是一个故事的开头和结尾,请以"他在阳台上看到了什么"为内容进行合理想象,把中间部分补写出来,做到与上下文衔接紧密,语意连贯;补写的文字不超过300字。

故事的开头:一名中学生正在家里做数学作业。窗外阳光明媚,百花吐艳,鸟雀啼鸣,好一派怡人景象;而窗内的他,脸上却是一会儿阴云密布,一会儿秋霜遍洒。原来是为了解一道数学难题,他已坐了一个小时,仍无半点眉目。此时,烦乱之情,焦躁之意,已在他心头升起。他似乎觉得周围的一切都在和他作对,甚至觉得阳光也过于刺眼,觉得闹钟上的那只小猫头鹰,来来回回地翻着眼睛,也是在有意地捉弄他,他再也写不下去了,把笔一摔,推开椅子,忿忿地走出房间,跑到阳台上玩去了。

故事的结尾:突然,他好像想起了什么,健步走回屋中,重新坐到桌前。当他看见那道未做完的数学题时,脸不禁有些发热。于是,他二话没说,拿起了笔,心平气和地演算起来。

只要仔细思索,就可发现故事的开头与结尾已暗示了补写的内容。由解不出难题到拿起笔演算,由焦躁、烦乱到心平气和,其中有个变化的过程,怎么会发生变化的,须展开想象的翅膀,在"看到了什么"上花功夫。

聚焦型。提供的材料好几则,要求从中提炼出共同点,然后再根据所聚之"焦"组织材料,发表议论,写成文章。如:

根据以下材料,提供共同点,删去无用的材料,再重新组织,写一篇议论文,题目要与提炼的观点直接相关。

① 居里夫人把诺贝尔奖牌让孩子当玩具玩。

② 高敏把金牌拍卖,所得款一部分献给家乡,不忘父老乡亲;一部分奖励成绩突出的运动员。

③ 著名演员王玉梅长期下乡与婶子、大娘心心相印,婶子、大娘称她是自己人。王玉梅说,是她们教给我怎么演戏,我从她们身上吸取营养,我永远感谢她们。

④ 侯宝林遗言：观众是我的衣食父母，我永远也报答不完他们的恩情。

⑤ 遵照王震遗嘱，他的骨灰被撒在天山，对那里的山山水水他很有感情。

⑥ 遵照戴高乐（曾历任法国总统）遗嘱，他的遗体埋在乡间她女儿（因战争、饥饿而病死）墓前，他的全部财产，献给因战争而成为孤儿的人。

要写好这篇文章，关键在于"聚焦"。抓住材料中的共性——如何对待群众，舍弃与此无关的材料，把议论集中到这一点上，议论就能深刻。

多题型。提供材料，要求根据材料写多篇文章。如有这样一则材料：

1. 1992年3月11日，××报讯。

2. 事情发生的时间，1992年2月18日晚10时许。

3. 人物：海南籍双胞弟兄符亮（上海交大一年级学生）、符策勇（宁波林校三年级学生）；8名歹徒。

4. 事件及简要经过：同胞弟兄从湖南衡阳乘坐广州开往杭州的210次列车返校，二人因困倦相继入睡。次日凌晨2时左右，一歹徒扒走了符亮身上的钱，继而伸手符策勇时，符策勇惊醒，此时，扒钱歹徒向第五节车厢跑去。符策勇从对面乘客嘴里得知歹徒偷了钱时，拍了一下弟弟，便追赶偷钱的歹徒。从梦中惊醒的符亮也一齐追赶，两弟兄追至第五节车厢时，被8名歹徒拦住。于是两位文弱书生同8名歹徒的一场殊死搏斗开始了。两弟兄临危不惧，拼命搏斗，但终因寡不敌众，符亮头部被酒瓶砸伤，臀部被刺成重伤，符策勇屁股挨了三刀，弟兄俩一时鲜血直流。……最后,在乘警的协助下,8名歹徒全部落入法网。

5. 两名学生勇斗歹徒长达数分钟时间,满车厢乘客竟形同看戏,无一人上去解围。更使人遗憾的是:当符亮被歹徒打得跌坐在一乘客身上时,这位乘客怕祸及自己,竟然帮倒忙,将符亮托起,推给歹徒。

要求:

① 根据1~4项材料,写一则不超过150字的简短新闻报道。

② 第4项材料中提到:"两位文弱书生同8名歹徒"进行了"殊死搏斗",但未具体记述搏斗的场面。请根据提供的材料,凭借合理想象,详叙这个场面。(250~300字)

③ 根据第5项材料写一篇有针对性的一事一议的评论,题目自拟(350~400字)。

一则材料要求写三篇短文,两篇记叙文,一篇议论文。两篇记叙文要求也不同,一概括记述,一详细描述。多题型作文要完成得好,一须把材料的要点掌握得准确,如描述"殊死搏斗"场面时,切不可忘了是在火车车厢里,而不是在什么开阔地带,切不可忘了是2与8之比;二须弄清题意的要求,如写议论文,重点在"无一人上去解围"和"将符亮托起,推给歹徒",而不在符亮兄弟勇斗歹徒,否则就会走题,议论不当。

自拟型。提供材料或提供取材范围,习作者根据材料自己确立中心思想,自己拟定作文题。这类题型给学生进行写作训练有相当的自由度。如:1993年广东等考区高考作文大作文部分就采取这种题型。提供的材料是这样的:

夏天的夜晚,院子里,梧桐树下……

啪！随着细微而清晰的一声爆裂，梧桐树下的一块老皮剥落了，露出了鲜嫩的新皮。

女儿对老树皮发出一串赞叹……

儿子对新树皮发出一串赞美……

父亲听着、看着、深有感触地说："我希望人世间的一切都能像你们俩所说的那样……"

要求考生根据这则材料写一篇记叙文，题目自拟，不少于500字。

考生自拟的题目有：《梧桐树下》《梧桐树下……》《夏日夜话》《生命力》《梧桐树下的赞美》《夏夜》《看见树皮的感触》等。不难看出，有的题目与提供的材料切合，有的范围太宽，失之于空泛，有的范围过窄，材料的丰富内涵难以得到充分的表露。自拟题目须充分把握材料的特点，弄清写作的要求。记叙文的题目一般可含蓄、优美一些，留给读者思考的余地；议论文题目可直接摆中心论点，可揭示论题，可限定议论范围，可采用疑问的语句；说明文拟题一般较为平实，多数为提出说明对象。不管怎样拟题，正确理解提供的材料是首要条件，材料读懂，就能立意准确，从而在新颖、深刻上下功夫。自拟题有时给正题，要求立副题；也有时给副题，要求立正题，不过，这种类型的自拟题，限制性已比较大了。

此外，还有扩写、缩写、续写、改写种种题型。如1979年高考作文就是改写文。要求细读《第二次考试》这篇文章，把它改写成一篇"陈伊玲的故事"。原文对陈伊玲采用侧面描写的方法，现要求以陈伊玲为中心正面描写。这类改写文章，在材料的剪裁与组织上很有讲究。这是侧面描写改为正面描写，通常见的还有第一人称换第三人称或第三人称换第一人称，乃至更换为第二人称的改写，以及顺叙、倒叙、插叙方面的改写等。与扩写、缩写、续写比较，改写难度更大一点。

完成提供材料的作文，有几点须注意：

一是认真审读材料，审读要求。因为是为写而读，所以要读仔细，读深入，完整地理解材料，准确地把握材料的主旨。千万不能挂一漏万，不能以偏概全，如果是寓言，寓意一定要准确地把握。"要求"是命题者根据材料拟定的，往往对内容、写法、文体、字数等方面加以说明，须细读，不能遗漏。

二是根据材料深思，对材料进行消化。形象性的材料往往具有多义性，一定要理清要点，抓住材料的主旨，正确把握材料所包含的思想意义。概念性材料往往直接表明思想观点，不易引起误解。

三是运用材料。在理解消化的基础上，立意、选材、构思。动笔时既要尊重材料，又不为材料所束缚，要能驾驭材料，为表达自己的思想、观点、感情所用。

前两点是第三点的基础，没有这个基础，动笔就会走题，偏题，进入误区；前两点做到，不能驾驭材料，也难以写出有质量的好文章。三者具备，操作得法，就会取得好效果。

【佳作借鉴】

《虎门销烟》解说词

文化馆举办纪念鸦片战争150周年的展览会，让你讲解《虎门销烟》这幅图片，并为你提供了一些有关资料，作为理解画面的参考。把你讲解时要说的话写下来，准备解说用。

要求：① 注意运用说明、叙述、议论、抒情多种表达方式。② 不得写成诗歌。③ 篇幅在500字左右。

参考资料：鸦片战争是指1840年至1842年英国发动的侵略中国的战争，这场战争是由英国强行向中国推销鸦片引起的。鸦片是一种麻醉性毒品。18世纪中期以后，英国每年向中国偷运鸦片，一年曾多达3.5万多箱，美国和沙俄也向中国偷运鸦片，掠夺了中国财富，毒害了中国人民。中国人民强烈要求禁烟。于是，清政府派湖广总督林则徐为钦差大臣，到广州查禁鸦片。1839年3月，林则徐到达广州，命令外国商人交出鸦片，由于中国军民的共同斗争，英美等国商人交出鸦片共约230多万斤。6月3日，林则徐下令在虎门海滩销毁鸦片，经过20多天，鸦片全部销毁干净。虎门销烟，给英国侵略者以沉重打击，表现了中国人民强烈的爱国主义精神和反抗外国侵略的坚强意志。

下面是河南省一考生的作文：

这是一幅《虎门销烟》的历史图片。

虎门销烟发生在1839年。由于英国大量向中国偷运鸦片，毒害中国人民,掠夺中国财富,给中华民族带来了深重灾难。面临银荒兵弱的严重局势,在举国上下强烈要求下,清政府派为官清廉、具有爱国思想的湖广总督林则徐为钦差大臣,到广州查禁鸦片。1839年3月,林则徐到达广州,会同当地军民缉拿烟贩。英美等国商人被迫缴出鸦片230多万斤。1839年6月3日,林则徐下令在虎门海滩当众销毁缴获的鸦片。这幅图画表现的就是当时销烟的情景。

图上描绘的是一幅令人振奋、令人鼓舞的壮烈景象。一个个怒不可遏的中国人,正在用一双双强劲有力的大手,撬开木箱,将罪恶的鸦片掀入池中销毁。他们都义愤填膺。他们受尽了英国人的欺压,受尽了鸦片的坑害,尝尽了弱国弱民所受的凌辱。现在,林大人带领大家销烟,才能扬眉吐气,才能一展笑颜。你看,那腾空而起的滚滚烟雾,不正象征着中华民族顽强不屈的性格,象征着中国人民与敌人血战到底的气概吗?

左边,身着官服的林则徐毅然站立于烟雾弥漫之中,他的周围,有无数的官兵和群众。林则徐挥动巨手,从容地指挥着千军万马的销烟运动。透过滚滚的烟雾,或许他已看到了备受鸦片之苦的中国人的觉醒和奋起;或许他已看到了英美帝国主义者的纸老虎的原形……

林则徐的背后,是一群振臂高呼的中国人。他们高举的臂膀,托起的并非一无所有,他们呼出的是中华民族的愤怒,托起的是中国人的自信,托起的是中国人对自由富强的渴望……

画面的远处,一座座大炮严阵以待,一艘艘战舰整装待发。那炮口,那水勇,都会随时代表祖国尊严,歼灭一切来犯之敌。

整个画面,再现了虎门销烟这一历史壮举,为人们留下极其珍贵的镜头。她给人以鼓舞,给人以力量。她使我们铭记中国曾有的耻辱,铭记中国人民英勇的反抗精神,鼓舞我们以加倍的力量,为现在中国的富强而奋斗。

这篇材料性作文是一名初三学生参加升学考试时当场写的。他充分理解与运用了所提供的图片资料和文字资料,写得内容具体,条理清晰,语言生动,符合"解说词"的要求。

第一,对文字资料掌握得准确。销烟这件事发生的时间、地点、原因、经过和意义,掌握得清清楚楚。写作时运用这个材料没发生半点差错。

第二,认真审阅图片,对图片的整体、局部、细部、中心人物、群体形象、画外事物均作了细致的思考,故而描写时主次分明,井然有序。

第三,在把握材料的基础上按照"解说词"的要求立意、选材、谋篇布局。"解说词"是说给观众听的,有几个特点须具备:(1)内容须紧紧扣住画面,不可任意修改画面;(2)说明要具体,不可空洞;(3)语言要形象、生动、可接受性强,不可干瘪无味。这篇应考作文做到紧紧扣住画面解说,有"点"的介绍——事件的中心人物林则徐,有"面"上的勾勒——群体形象的叙说,画面主题鲜明,内容具体。文中运用多种表达方式,在说明画面的同时,运用形象的语言加以描述,使画面中的人物有血有肉,栩栩如在眼前。描绘不是任意夸张,而是在画面的基础上展开合理的想象。文章下笔点题,然后简括介绍画面中事情发生的背景,再具体描述画面内容,最后揭示这幅图片的深远意义,层次井然,结构紧凑。当堂作文能写到如此水平,实在不易。

个别句子可略作改动。如"他们呼出的是中华民族的愤怒"挪到"是一群振臂高呼的中国人"后面,这样下面一句的三个"托起"连续说,就顺畅得多,有气势得多。顺便说一句,如何具体销烟,可参看《林文忠公政书》。销烟是挖池装烟土,投以生石灰煮化,开涵洞,随波送出大洋。

梧 桐 树 下

夏日的夜晚,院子里,梧桐树下,父亲和他的儿子、女儿在树下乘凉。夜风轻拂,三人默默无言,都深味着这醉人的夜风和风中那梧桐树叶的微香。

啪!随着细微而清晰的一声爆裂,梧桐树的一块老皮剥落了,掉到女儿的脚边;露出鲜嫩新皮的地方在月色下倍觉美丽。

女儿拾起老树皮,一丝微笑掠上她的嘴角,她禁不住发出一串赞叹:"树长高了,老树皮为了不阻碍树的生长,甘愿自我剥落,让新树皮接替自己,这是何等高尚啊!'落红岂是无情物,化作春泥更护花'。其实,老树皮又何尝不是如此呢?爸爸,您看,社会上不少老同志为适应改革开放,纷纷退居二线,让年轻一辈顶上,这不正是老树皮精神的体现吗?我真希望具有老树皮精神的人多一些。"

儿子此时却对新树皮发出一串赞美:"老树皮剥落了,新树皮就要担负起保卫树干的重担,这正像我们青年一代,要担负起改革开放,建设祖国的重担,我真希望青年们都能当好新树皮。"他激昂的话语在夜里格外响亮。

父亲听着,看着,深有感触地说:"我希望人世间的一切都像你们俩所说的那样,在新老交替中不断进步。只要老的敢于离开,新的敢于接班,那么不但树能成参天之木,就连国家也能雄踞世上了。"

三人站在树下,望着老树皮和新树皮,久久不能平静。三人的思绪已随风飘去,他们想到了以后高大的梧桐树,以后强盛的祖国,还有更多,更多……

这是1993年广东考区一名考生的高考作文。所提供的材料在自拟型中已引述。

这是一篇得满分的作文。材料审得十分细致,掌握得十分准确。命题者所提供的材料充分运用,涓滴不漏。

立意的深刻在于准确地把握了材料的内涵,从树皮的新旧更换联想到国家发展中的新旧交替问题,揭示了只有很好地实现新旧交替,国家才能"雄踞世上"的道理。

人物语言入情入理,由自然界的树推及社会上的人,不仅落实了"一串",而且三个人各有角度,各有重点,对话简练,气氛自然。

环境描写疏疏几笔,已有气氛。

引文"落红岂是无情物"的"岂"应是"不"。清代文学家龚自珍《己亥杂诗》诗中有"落红不是无情物,化作春泥更护花"两句。

【习作评说】

中国人必须有自信心

同学们:

1985年,上海某单位派遣了一个考察团,浩浩荡荡奔赴法国,其重要使命是考察法国的豆腐生产。难道他们不知道豆腐——以大豆为原料的豆腐,乃是中国的国粹?无独有偶,次年五月,就在我们的"豆腐考察团"万里迢迢取回"豆腐制作真经"的那个塞纳河畔,法国同样派出了一个考察团来到我们这个东方古国,其中一项重要任务,竟然是考察具有1700多年制作历史的中国豆腐!

玩笑,一个沉痛的玩笑!

这就是近年来在中国大地上如同瘟疫般流行的民族自卑心态。各位只要稍微关注一下你的周围,就不难发现:崇洋之风盛行到何等可悲的地步——分明是地道的中国产品,却硬要在广告上打出外国旗号,国产的发胶起了"洋名",连国产的香烟、香皂,也争先恐后地竞装"洋相"。而当一些"假洋鬼子"的真面目被戳穿时,便会有人神秘地启发你,"这是中外合资产品!"多么可笑的免费"洋"广告!难道中国人就那么低能?难道中国人就没有自信心吗?不!请看:仅用世界7%的耕地却解决了世界20%的人口的吃饭问题,由此而为人类生存发展做出巨大的贡献的,是谁?是中国人。在短暂的发展中,一举打破了超级大国核垄断,维护了世界和平,而今,又以"亚洲一号"的成功发射而把中国的国际信誉推向宇宙太空的又是谁?还是中国人……

大量雄辩的事实足以证明:中国,不但有骄傲的昨天,更有自豪的今天;中国不但可以面无愧色地屹立世界民族之林,而且也有能力,有信心,为全人类的发展贡献出自己的才智和力量!

正如美国前总统卡特所说:美国对中国,将要没有什么国际秘密了,因为在美国,每一个国防科学要害部门,都有中国人。美国人甚至说:没有中国教授的医院,不成为第一流的医院;没有中国教授的大学,不成为第一流的大学。

世界银行在1989年度报告中指出:中国的国民生产总值增长率,已超过亚洲"四小龙",高达11%,雄居发展中国家之首。这种增长率如果继续保持下去,中国将进入世界经济大国的行列!

应当承认,目前,我们在很多方面还比较落后,看起来似乎可悲,但这并不是最可怕的;因为落后者毕竟还有赶上去的机会和可能。只有丧失自尊心、自信心,才是最可悲的!中国人如果没有自信心,就会丧失国格,贫穷落后!正像1840年当道光皇帝用指南针为十三陵测得一块风水宝地而大放火药鞭炮时,英国人却顺着指南针指引的方向,把炮舰开到了太平洋西岸,并且用火药填装的炮弹轰开了中国大门!屈辱的历史责令我们中国人,不但要有所发明,更应该有所发展、有所创造、有所前进!正是基于此,中国共产党才崛起于新世纪之初,才浴血于屠刀之下,才推翻三座大山,才高举起改革之旗,才奋扬国威于世界!

同学们!请看看我们头顶的月亮吧!她曾给中国和世界的昨天留下了光辉,也给中国和世界的今天增添了风采!如果我们每个人心中都永远高悬这一轮明月,那么我们的自尊心和自信心定会百倍地增强!

当然,我们不能只做一名袖手旁观的赏月者,11亿炎黄子孙就是11亿颗闪亮的星星,只有众星捧月,中国这一轮皎洁的圆月才会更加壮美,美照人寰!

谢谢!

这是海南省海口一中初三学生王海京的演讲稿。

演讲、演讲,就要"讲"。人们往往以为只要有口才一定会讲得好,以为演讲只是练口才,这其实是误解。思想贫乏,内容空洞,口才再好,也打动不了听众。好的演讲能使听众动容、动心,听时津津有味,听后常起作用。这就要求演讲有充实的内容,独特的见解,有说服力,感染力。因此,好的演讲稿是演讲得以精彩的必备条件。

《中国人必须有自信心》这篇演讲稿针对当前不少人的崇洋心理、自卑心态,鲜明地提出自己的观点。可悲的不在落后,落后毕竟有赶上去的机会和可能,而丧失自尊心、自信心,才是最可悲的;中国人必须百倍地增强自信心。一名青年学生能斩钉截铁地表明这样的观点,令人欣慰。

演讲,抓住听众至为重要,尤其是开篇,有惊人之笔,就能使听众急于想听下去。这篇演讲稿以超乎常人之情的事实开笔,牢牢吸引听众的注意力。明明豆腐是中国的国粹,为什么偏偏有人要万里迢迢赴塞纳河畔去取回"豆腐制作真经"?是什么思想在作怪?听众想了解个究竟。

起笔精彩,是演讲能取得良好效果的第一步。演讲的质量归根到底在于见解精辟,论述问题有理有据,语言生动流畅,有气势。这样,才能真正打动听众,在听众心中引起共鸣。这篇演讲稿尽管是习作,但能基本达到上述要求。它摆了一系列的事实证明中国"更有自豪的今天","自卑""崇洋"不应该、不足取;说理时尊重事实,承认目前我们在很多方面还落后,但既不可悲,也不可怕,关键在于有自信心,有所创造,有所前进;结尾饱含激情,以形象的语言振臂高呼,激励斗志。

演讲须情真理真,只有先以理服自己,才能以理服别人,只有自己饱含真情,才能以自己的情激发别人的情。真情、至理又是通过语言来表达的,因此遣词造句要反复斟酌,要善于用短句,善于用多种句式,注意用多种修辞手法,以收到感动人、说服人的效果。这篇讲演稿情真,道理说得比较清楚,语言也比较流畅,是一篇比较好的习作。

【要语一束】

常见的作文题型有两大类,一是命题作文题型,二是材料作文题型。

命题作文有记叙型、说明型、议论型。不管碰到怎样的题型,都要审清题意,把握题目暗示的体裁特点。

材料作文有图画型、文字型。文字类型常见的有联想型、聚焦型、多题型、自拟型等。写材料作文,须认真审读材料,审读要求,对材料进行消化,在理解消化的基础上驾驭材料,立意,谋篇。

十七　字斟句酌，精益求精
——不厌修改

鲁迅有这样一句名言："我有一言应记取，文章得失不由天。"这是他从自己创作实践中总结出来的经验之谈。文章的得与失、好与坏、优与劣不是由上天决定的，而是靠自己的努力。动笔之前要仔细观察，凝思细想；写好以后，要反复推敲，认真修改。文章不厌百回改，有人说"好文章是改出来的"，其中确有值得深思的道理。

毛泽东同志说过："我看重要的文章不妨看它十遍，认真地加以修改，然后发表。"如果"粗心大意，就是不懂得做文章的起码知识"。学生学写作文，虽不是写什么重要的文章，但要写通顺，写得能正确反映客观实际，写得有几分色彩，同样须字斟句酌，精益求精，在修改上下功夫。

【文心絮语】

修改是文章写作过程中必不可少的一道工序。玉不琢，不成器，再好的材料，再好的构思，写成文章以后总会瑕瑜兼有，修改，润色，就能成为佳作。

事物曲折复杂，文章要准确无误地反映，很有难度。因此，人们要反复认识，反复思考，不断深化正确的看法，修正不妥的乃至错误的认识。修改文章也就是修改认识、完善认识，使认识符合客观事物的实际。古今中外，凡是文章写得好的人，没有不在这方面下过功夫的。

唐宋八大家之一的欧阳修是怎样对待修改的呢？根据清代唐彪的《读书作文谱》记载："欧阳永叔为文，既成，书而粘之于壁，朝夕观览，有改而仅存其半者，有改而复改，而原来无一字存者。"列夫·托尔斯泰是大文学家，《战争与和平》是巨著，据说改过 7 遍。《安娜·卡列尼娜》写了 5 年，开头部分修改了 12 次。《复活》写了 10 年，其中玛丝洛娃的肖像描写就修改了 20 次，肖像描写用的字不过只 120 个左右。郭沫若写文章是快手，人们往往误解为他的文章都是一挥而就的。其实不然。有人问他什么是剧本创作，他回答说："改、改、改、改、改、改、改，写剧本最重要的是多改。"显然，他写的《南冠草》《蔡文姬》《屈原》等历史剧剧本也是改出来的。由此，我们可领悟到这样一个道理：文章必须修改，修改才会出佳作。文学家长篇巨著都舍得花时间花精力精心修改，我们学写短文更应在这方面多实践，多从中体会写作的道理。

文章修改包括哪些内容呢？清代唐彪在《读书作文谱》中说了这样一段话："如文章草创已定，便从头至尾一一检点。气有不顺处，须疏之使顺；机有不圆处，须炼之使圆；血脉有不贯处，须融之使贯；音节有不叶处，须调之使叶。如此仔细推敲，自然疵病稀少。"文章初稿完成，须从头至尾检点、修改，要顺气，圆机，贯血脉，叶音韵。也就是在文章的主旨、材料、结构、语言上要下功夫。

有时，由于作者主观或客观上的原因，要对原作作大修改，甚至推倒重来，重新写作。如世界名著《安娜·卡列尼娜》初稿题名为"两段婚姻"，写的是家庭悲剧，是"一个不忠实的妻子以及由此而发生的全部悲剧"。写完以后，列夫·托尔斯泰很不满意，作品缺乏深度，于是对人物、结构、故事情节重新构思，作了很大改动，写成了社会悲剧。由于大幅度修改，主题大大深化。可以设想，如果不是作者主观上不满意，不花大气力修改，这部著作也就难以成为脍炙人口的传世之作了。何为的《第二次考试》原是三千字的散文,由于发表时篇幅上的限制,《人民日报》文艺部要求将该文缩到二千字以内,这样,作者就须重新构思,用最经济的手法勾勒出两次考试的场面,设置了一系列的悬念,引人入胜。修改的效果良好。何为在《散文与我》的文章中深有体会地说:"文章有时候确实是改出来的。"

材料方面的修改往往用两种方法,一是增添,二是删减。材料影响到文章的质地,材料空泛,不具体,不充实,再好的观点、思想也不可能有效地表达。材料庞杂,淹没主题或冲淡主题,那就须去除水分,删枝剪叶,使主干清晰、明显。人们运用杜甫"斫却月中桂,清光应更多"这两句诗谈改文。神话中月亮里有桂花树,如果砍去月中的桂花树,月亮就会更亮。文章只有去掉杂质,才显得精神,主题才显豁。

有一篇谈语文学习的文章,其中有一段这样写道:

为了提高阅读能力,一则靠多读,二则靠细读。读一本书,读一篇文章都必须一字一句去细读,必须去考究一字一词一句的含义。细读,才能读一本书,一本书就有收获;读一篇文章,一篇文章就有收获。

语文学家吕叔湘认为这段话缺乏具体事例,说的都是抽象原则,所以内容空洞。他是这样修改的:

我认为要提高阅读能力,第一要细读,第二要多读。我觉得读文章要先粗读一遍,先了解它的大意。然后一字一句读下去,遇到不懂的词语要查词典,遇到不清楚的事实要查参考书,一定要把它弄懂,弄清楚。有些地方还要琢磨琢磨为什么要这样说而不那样说,为什么要用这个字而不用那个字。最后再通读一遍,找出文章的要点,把它记住。整本的书应先看序言、凡例、目录,了解作者的意图,本书的性质和体例,然后分章分节细读。这样阅读,既能学习文章的内容,又能学习表达的技巧。这样阅读,才能读一篇文章有一篇文章的收获,读一本书有一本书的收获。

经过这一番修改、增添,内容具体了、充实了。一篇文章怎样细读,一本书怎样细读,说得一清二楚。并不是每个材料都要如此详写,根据文章中心思想的需要,该详则详,该略则略。如果整篇文章都是详写,材料不分主次轻重堆砌,那就臃肿不堪。

叶圣陶短篇小说《多收了三五斗》是名篇,最初发表时有这样一段结尾:

"谷贱伤农"的古语成为都市间报纸上的时行标题。

地主感觉到收租的棘手,便开会,发通电,大意说:今年收成特丰,粮食过剩,粮价低落,农民不堪其苦,应请共筹救济的方案。

金融界本在那里要做买卖,便提出了救济的方案:(一)由各大银行钱庄筹集资本,向各地收买粮米,指定适当地点屯积,到来年青黄不接的当儿,陆续出售,使米价保持平衡的状态;(二)提倡粮米抵押,使米商不至群相采购,造成无期的屯积;(三)由金融界负责募款,购囤粮米,到出售后结算,依盈亏的比例分别发还。

工业界是不声不响。米价低落,工人的"米贴"之类可以免除,在他们是有利的。

社会科学家在各种杂志上发表论文,从统计,从学理,指出粮食过剩之说简直是笑话:"谷贱伤农"也未必然,谷即使不贱,在帝国主义和封建势力双重压迫之下,农也得伤。

这些都是都市里的事情,在"乡亲"是一点也不知道。他们有的粜了自己吃的米,卖了可怜的耕牛,或者借了四分钱五分钱的债缴租;有的挺身而出,被关在拘押所里,两角三角地,忍痛缴纳自己的饭钱;有的沉溺在赌博里,希望骨骰子有灵,一场赢他十块八块;有的求人去说好话,向田主那里退租,准备做一个干干净净的穷光蛋;有的溜之大吉,悄悄地爬上了开往上海的四等车。

这一大段文字与全篇风格不协调。大部分材料来自当时的报刊,评论色彩很浓,反而冲淡了丰收成灾的主题。后来在编《叶圣陶文集》时,作者把这一大段全部删掉,改为"这种故事也正在各处市镇上表演着,真是平常而又平常的"。材料、文字大大减少,但内涵丰富了。这样修改不仅与全篇的风格协调,而且深化了小说的主题,鞭挞了剥削农民、压迫农民的罪恶社会制度。

结构上的修改重要在理清脉络,先说什么,后说什么,须井然有序。有的文章乍看似乎还可以,稍加推敲,有些段落层次安排得不妥当,如加以调整,表达情意要准确得多。下面是《澜沧江边的蝴蝶会》部分段落的原稿和修改稿。

原稿:

我们的访问终点,是背倚着江岸、紧密接连的两个村寨——曼厅和曼扎。当我们刚刚走上江边的密林小径时,我就发现,这里的每一块土地,每一段路程,每一片丛林,都是那样地充满了秾丽的热带风光,都足以构成一幅色彩斑斓的绝妙风景画面。我们经过了好几个隐藏在密林深处的村寨,只有在注意寻找时,才能从树丛中发现那些美丽而精巧的傣族竹楼。这里的村寨分布得很特别,不是许多人家聚成一片,而是稀疏地分散在一片林海中间。每一幢竹楼周围都是一片丰饶富庶的果树园;家家户户的庭前窗后,都生长着枝叶挺拔的椰子树和槟榔树,绿荫盖地的芒果树和荔枝树。在这里,人们用垂实累累的香蕉树作篱笆,用清香馥郁的夜来香树作围墙。被果实压弯了的柚子树用枝叶敲打着竹楼的屋檐；密生在枝丫间的菠萝蜜散发着醉人的浓香。

我们在花园般的曼厅和曼扎度过了一个愉快的下午。我们参观了曼扎的办得很出色的托儿所，在那里的整洁而漂亮的食堂里，按照傣族的习惯，和社员们一起吃了一餐富有民族特色的午饭，分享了社员们的富裕生活的欢快。我们在曼厅旁听了为布置甘蔗和双季稻生产而召开的社长联席会，然后怀着一种充实的心境走上了归途。

我们走的仍然是来时的路程，仍然是那条浓荫遮天的林中小路，数不清的奇花异卉仍然到处散发着沁人心脾的清香。在路边的密林里，响彻着一片鸟鸣和蝉叫的嘈杂而又悦耳的合唱。透过树林枝干的空隙，时时可以看到大片的平整的田畴，早稻和许多别的热带经济作物的秧苗正在夕照中随风荡漾。在村寨的边沿，可以看到贝叶林和菩提林的巨人似的身姿，在它们的荫蔽下，佛寺的高大的金塔和庙顶在闪着耀眼的金光。

修改稿：

我们沿着澜沧江边的一连串村寨作了一次旅行。这里的村寨不是许多人家聚集在一起，而是稀疏地分散在林海中间。每一幢竹楼周围都是丰饶的果树园。家家户户的庭前屋后都生长着枝叶挺拔的椰子树和槟榔树，绿荫盖地的芒果树和荔枝树。人们种着果实累累的香蕉作篱笆，用香气馥郁的夜来香树作围墙。被果实压弯了的柚子树枝条敲打着竹楼的屋檐，长在枝丫间的菠萝蜜散发着醉人的浓香。

访问的终点是背倚江岸，紧密相连的两个村寨——曼厅和曼扎。我们在这里度过了一个愉快的下午，然后怀着满足的心情踏上了归途。我们走的是来时的路，仍然是那条浓荫遮天的林中小径。透过树间的空隙，有时可以看到平整的田畴；在村寨的边沿，在巨人般的贝叶林和菩提林的荫蔽下，佛寺的屋顶和金塔闪出耀眼的金光。

这部分内容原稿三段，经修改以后减为两段。主要修改之处为：(1) 层次作了调整。原稿中叙述的顺序比较乱，先说访问的终点，再说沿途见到的村寨的特点，中间又插入沿途风光的概说。修改时，把上一段的最后一句话挪到这部分的开头，"我们沿着澜沧江边的一连串村寨作了一次旅行"，然后叙述这些村寨的特点，再介绍访问的终点，最后写返回的路。先发生的事先说，后发生的事后说，这样就先后有序了。(2) 删除啰唆重复的内容。访问村寨往返是一条路，合并起来写，剪除重复，更为清晰。访问终点用了参观托儿所和参加社长联席会的材料，都是概括叙述，意义不大，故删剪。此外，词句方面也作了修改。如"清香馥郁"改为"香气馥郁"，"路径"改为"小路"，"小路"改为"小径"，"大片平整的田畴"改为"平整的田畴"，"佛寺的高大的金塔和庙顶"改为"佛寺的屋顶和金塔"，这样改动，目的在于使用词更为准确，词序排列更为合理。结构散乱，不严密，不紧凑，内容重复，影响文章血脉贯通，须静下心来仔细梳理，认真修改，才能收到好的效果。

修改文句，润色语言更是写好文章以后必不可少的工序。鲁迅说："写完后至少看两遍，竭力将可有可无的字、句、段删去，毫不可惜。"文中凡不合事理、不贴切、不简洁、不顺畅的语句都应修改，润色则是艺术加工，使情意的表达更准确、更生动、更有表现力、更能打动读者。有的句子词语只稍作更改，观点就会大不相同。如《俭以养德》一文中有这样一句："由于我国是一穷二白的国家这个总前提，这就规定了每个人必须学会过穷日子，只有在过穷日子中才能产生出富来，才能在我们的国土上建立起人间的天堂！"显然，"只有在过穷日子中才能产生出富来"的表达是不妥的。"过穷日子"怎会"产生出富来"？这已被历史和现实所证明。把这一句抽出来看，观点就有毛病。改为"只有会过穷日子才能产生出富来"，意思就大不一样了。"会过"包括艰苦奋斗，开拓创造，从积极方面说，观点就正确了。看起来只是把"在……中"改为

"会",文字上动得不多,但意思大不一样,分量很沉。

如《中国石拱桥》第1段中有这样一句:"我国的诗人爱把拱桥比作虹,说拱桥是'卧虹''飞虹',把水上拱桥形容为'长虹卧波'。"原文中这一句是这样写的:"虹和拱桥是这样的不可分,以致我国诗人总爱把拱桥比作虹,说它是'卧虹''垂虹''飞虹''长虹'等,甚至把它形容为'长虹卧波,鳌背连云'。拱桥更有'新月''眉桥''弓桥''花桥'等美丽的名字。"把原文中这一句与修改后的这一句比较,不难看出,修改后的句子要规范得多。原句中"以致"是表示因果关系的连词,用于表结果分句的开头,以表示下文是上述原因所形成的结果,但引出的多指不良的后果。句中引出诗人美好的比喻,欠妥贴。"甚至"表示递进关系的连词。"卧虹""垂虹"等与"长虹卧波"是并列关系,无须用"甚至"。"更"表示程度上又深一层的副词,用来关联并列事物也不妥当。修改以后,这些毛病没有了,且简明得多。

语言的润色也很重要。《藤野先生》修改稿与原文比较,就知多处作了润色。如为了突出形象,描写藤野的语句作了增添。"……其时进来的是一个黑瘦的先生,八字须,戴着眼镜,挟着一叠大大小小的书。一将书放在讲台上,便用了缓慢而很有顿挫的声调,向学生介绍自己道……"与原文比,增添了"八字须"和"用了缓慢而很有顿挫的声调",这样人物的外貌和语态更为逼真传神。

把文字改通顺只是修改文章的起码要求,反复推敲,多次修改,润色加工,就可淘沙得金。

文章总是越改越好,越改越精,但也有适得其反的,刻意求工,弄巧成拙。修改时应注意这一点。

古语说:"改章难于造篇。"意思是修改文章比写文章还难。为什么这么难呢?这是因为修改文章不仅仅是字句上的修修补补,而是要统观全局,从内容到形式有提高。改文章实质上是改思想,思想明确化、条理化了,文章才有可能文从字顺。修改是一种综合能力,词句、篇章、写作方法,与文章相关的知识,不仅要掌握,而且要能熟练运用,这样修改时才能把问题看准,才能改到点子上。眼高才能手高,眼不高,笔下是修改不出水平的。

修改是十分细致的事,需要耐心和毅力。鲁迅的著名散文《藤野先生》,全文不足四千字,改动地方一百六十多处;散文家杨朔的《雪浪花》仅三千多字,改动了二百多处。这种认真修改、精益求精的精神,值得我们好好学习。

【佳作借鉴】

说　谦　虚

原稿:

"谦受益,满招损",<u>这两句经过无数世代、无数次实践总结出来的经验,</u>①流传到今天至少有两千多年了。这是普遍真理,任何<u>地区、时代</u>②都适用的真理。这条真理指出了人们成功和失败的道理。但是,可惜得很,并不是<u>所有的人们都能从这两句话受到教益。</u>③

人们对事物的认识是需要一个过程的<u>,</u>④对于新的事物,总是从不认识到认识一些,<u>认识得更一些,从无知到有知。</u>⑤这是一个不可违反的客观规律。先知先觉,

修改稿:

"谦受益,满招损"<u>这个格言</u>①流传到今天至少有两千多年了。这是普遍真理,任何地区、<u>任何时代</u>②都适用的真理。这条真理指出了人们成功和失败的道理。但是,可惜得很,并不是<u>所有的人都能从这个格言受到教益。</u>③

人们对事物的认识是需要一个过程的<u>。</u>④对于新的事物,总是从不认识到认识一些,<u>到认识得更多一些,</u>从无知到有知<u>,</u>⑤这是一个不可违反的客观规律。先知先

对新萌芽的事物,一露头便能认识其全部意义、内含规律⑥的人是不存在的。相反,⑦所贵于先知先觉的,正是因他们具有丰富的实践经验,能够认识这是个新事物,是萌芽,对之采取欢迎,扶植,研究的态度,时刻注意,逐步增加认识,理解,⑧达到更多的更完全的认识,使之成为人们共有的知识,都能认识的事物。⑨先知先觉之所以能够这样做,正是因为他们首先有了很多知识,而又承认自己知识不够:"吾生也有涯,而知也无涯"对新事物采取谦虚、谨慎、严肃、认真的态度。

当然,有更多的人并不是这样对待新事物的。他们满足于已有的知识、经验,满足于当前的环境,对新事物的出现,一看脸孔蓦生⑩,不是采取怀疑的态度,不加理睬,不去注意,就是大喝一声,那里来的异端!⑪一棍子打死。这样的例子举不胜举,⑫在自然科学发展的历史中,有不少科学家认识了真理,并且坚持了真理⑬,结果被

觉,对新萌芽的事物,一露头便能认识其全部意义和内部规律⑥的人是不存在的。⑦所贵于先知先觉的,是因为他们具有丰富的实践经验,能够认识这是个新事物,是萌芽,对之采取欢迎、扶植、研究的态度;并且能够时刻注意加深认识,⑧逐步达到更多的更完全的认识,使之成为人们都能认识的事物。⑨先知先觉之所以能够这样做,正是因为他们首先有了很多知识,而又承认自己知识不够:"吾生也有涯,而知也无涯",对新事物采取谦虚、谨慎、严肃、认真的态度。

当然,有更多的人并不是这样对待新事物的。他们满足于已有的知识、经验,满足于当前的环境,对新事物的出现,一看脸孔陌生⑩,不是采取怀疑的态度,不加理睬,不去注意,就是大喝一声"哪里来的异端",⑪一棍子打死。这样的例子举不胜举。⑫在自然科学发展的历史中,有不少科学家认识了真理,并且坚持真理⑬,结果被

过去愚昧的统治者⑭杀死,烧死,他们的学说,著作也被禁止、焚毁⑮。但是,人可以被处死,书可以被烧毁,真理却是杀不死,烧不坏的,不但一直流传下来,而且愈来愈发生灿烂的光辉⑯。

不过,话也说回来,人们对新事物的认识也还不是一帆风顺的。正因为不认识,所以很容易犯错误⑰。人们总是从不断犯错误中增长知识的。"吃一堑,长一智"便是这个道理。认识有个深化的过程,需要时间,更需要不断的试验,在这个问题上害急性病,要求在很短时间,不经过试验,不犯一些错误,就能全部掌握新事物的规律,这种人只能是主观主义的唯心主义者⑱。

社会主义建设事业对于我们来说,是个全新的事业。要认识、掌握建设的规律、法则⑲,是需要一个认识深化的过程的。在建设工作中,犯一些错误,有一些缺点,是难免的。问题是对待错误、缺点的态度。只要能够不断发现错误、

愚昧的统治者⑭杀死、烧死,他们的学说、著作也被禁止、焚毁⑮。但是,人可以被处死,书可以被烧毁,而真理却是杀不死、烧不毁的,它愈来愈发出灿烂的光辉⑯。

不过,话也说回来,人们对新事物的认识也还不是一帆风顺的。正因为不认识,所以很容易犯错误⑰。人们总是从不断犯错误中增长知识的。"吃一堑,长一智"便是这个道理。认识有个深化的过程,需要时间,更需要不断的试验,在这个问题上害急性病,要求在很短时间,不经过试验,不犯一些错误,就能全部掌握新事物的规律,这种人只能是主观主义者⑱。

社会主义建设事业对于我们来说,是个全新的事业。要认识、掌握建设的规律⑲,是需要一个认识深化的过程的。在建设工作中,犯一些错误,有一些缺点,是难免的。问题是对待错误、缺点的态度。只要能够不断发现错误、缺

缺点,而又能够不断改正这些错误、缺点,[20]从错误、缺点中学会新的知识、本领,便可以达到知识、经验的不断深化,完全的过程[21],从而逐步掌握规律,达到胜利。

研究学问也是如此,[22]没有一个学者是个全才全能的[23],像旧小说所写的"诸子百家,无所不晓,九流三教,无所不通。"[24]这样的人物只能是虚构的。在科学日益发达的今天,学术分工愈益细密了,从此,不但通晓各种科学的人[25]并不存在,就是对于自己所专门研究[26]的学科来说,也还是有大片的空白园地,广大的未知的领域存在[27]。不认识这一点,学术的进步、提高就会受到损害。以此[28],学术研究工作者也必须抱谦虚、谨慎、严肃、认真的态度,[29]首先要承认自己知识不够,才能去探索、研究这未知的领域,并且要下定决心,不怕失败,要从不断失败中丰富知识,把未知的领域逐步缩小,从而提高学术研究的水平。在这个问题上,采取自满的态度也是不行的。

点,而又能够不断改正这些错误、缺点[20],从错误、缺点中学会新的知识、本领,便可以使认识不断深化[21],从而逐步掌握规律,取得胜利。

研究学问也是如此。[22]没有一个学者是全才全能的[23],像旧小说所写的"诸子百家,无所不晓,九流三教,无所不通",[24]这样的人物只能是虚构的。在科学日益发达的今天,学术分工愈益细密了,不但通晓所有各种科学的人[25]并不存在,就是对自己专门研究[26]的学科来说,也还是有大片的空白园地,还有广大的未知领域存在[27]。不认识这一点,学术的进步、提高就会受到损害。因此[28],学术研究工作者也必须抱谦虚、谨慎、严肃、认真的态度。[29]首先要承认自己知识不够,才能去探索、研究这未知的领域,并且要下定决心,不怕失败,要从不断失败中丰富知识,把未知的领域逐步缩小,从而提高学术研究水平。在这个问题上,采取自满的态度也是不行的。

| 总之,在任何工作中,都要记住两句话:"谦虚㉚使人进步,骄傲使人落后。" | 总之,在任何工作中,都要记住:"虚心㉚使人进步,骄傲使人落后。" |

这篇文章选自吴晗的《学习集》。吴晗是我国著名的明史专家。以修改稿与原稿对照,作者不仅在词句上作了修改,连标点符号及笔误的地方都一一订正,可见写作态度的认真与严谨。关于修改部分作简要剖析。

① "谦受益,满招损"从文中独立出来分析,是一个复句,不能作为"两句";"格言"是实践经验的总结,能给人以启示。这样修改,言简意明。

② 修改文在"时代"前加"任何",是因为"任何地区"与"任何时代"分列,更能强调这个格言不受空间、时间的限制,具有普遍意义,从而使中心论点更为突出。

③ "人们"表示复数,"所有"的意思是包括全部,无需在"人"后面加"们"了。"两句话"改为"格言",理由如①。

④ 这句话是文中的分论点,用句号更为清晰。

⑤ 在"认识得更多一些"前加"到",来突出"过程";"从无知到有知"语意没有完,改为逗号合适,这样,判断对象就更加明确。

⑥ 顿号改成"和",语气可连贯。"内含规律"意思不明确,通常用的是"内部规律"。

⑦ "相反"可有可无,故删去。

⑧ "欢迎""扶植""研究"都是"态度"的定语,所以逗号改为顿号;加"并且",关联前后分句,具有强调作用;"增加"是表数量关系的动词,用在句中不妥。"理解"与本段论点无密切关系,故删除。

⑨ 人们因年龄、职业、文化和生活的地区等的不同,难以取得"共有

的知识",须删除。

⑩ "蓦生",古汉语中偶尔用,不必夹用在现代文中。

⑪ "一声"后用冒号或不用;"哪里来的异端"加引号,使"一声"的内容明确;语意未完,不应用感叹号。"那"指示代词,这里应该用"哪",疑问代词。

⑫ 语意已完整,逗号改句号。

⑬ "坚持"这个动词表示持续性的动作、行为,后面不可用"了"这个表示完成态的时态助词。

⑭ 这一句的前半句已有"在自然科学发展的历史中",这里用"过去"就多余了。

⑮ "杀死"与"烧死"之间,"学说"与"著作"之间逗号都改为顿号。用逗号使表意的层次不够清晰。

⑯ 加"而",增强转折语气;"毁"与"坏"意思不一样,"毁"在句中意思是烧掉,比"坏"用得确切;"真理"与"流传下来"搭配不当。

⑰ "犹"是"犯"的笔误。

⑱ "主观主义""唯心主义"都是哲学名词。文中说的情况是不从客观实际出发,用"主观主义"可以。"唯心主义"在哲学中有主观唯心主义和客观唯心主义之分,文中未涉及这些,删除后意思更明确。

⑲ "法则"是多义词,意思有:规律,法规等。与"规律"重复,删去后简洁。

⑳ "错误缺点"本可连用,但上文"错误"与"缺点"用顿号点开,为上下文一致起见,加顿号。

㉑ 关于"知识"问题,⑨已作说明。

㉒ 这个句子是分论点,意思完整,应该用句号。

㉓ "个"是赘字。

㉔ "诸子百家……"是"像"的宾语,故不用句号。

㉕ "从此"是时间状语,用了,似乎只指在这以后通晓所有科学的人并不存在,表达意思欠严密,故删去;"各种科学"范围还不够大,加"所有",构成全称判断,说理更有力。

㉖ "所"可有可无。

㉗ 加"还有",语气更连贯。

㉘ "以此"是文言词,改为"因此"贴切。

㉙ 意思完整,用句号。

㉚ 引号里是一个复句,故删"两句话";"谦虚"改为"虚心"更符合通常的说法。

【习作评说】

悟

人们常说愈容易得到的东西,便愈容易失去。不知你<u>可会有</u>①这样的感觉,<u>但我不觉得这句话真的能够万试万灵</u>②。它之所以能够受到一般人的赞同,<u>其箇中原因</u>③是人们往往没有重视,甚或轻视自己所拥有的东西,从没有注意它们的重要性,对那些轻易得到的东西,根本不懂得珍惜。一旦它们蓦然在你身旁失去踪影,你才惊觉到它们曾停留在你的四周,明白到它们存在的重要,<u>令自己后悔不已。</u>④这些东西在性质上,大致可分为两大类,物质上的和精神上的。论其重要性,则<u>以</u>⑤后者较前

① 删"会"。

② 删除。

③ 删"其"或删"箇中",最好"其箇中"全删,"箇"是"个"的异体字,已不用。

④ 删"令自己"或改为"此时此刻,你会后悔不已"。

⑤ "以"删去。

者更重要。

　　若失去的东西只属于前者,那么便用不着去眷恋它,因这类东西<u>很多时</u>⑥可以找到别的代替,何必困扰自己,为自己增添烦恼呢?

　　至于在精神上,<u>而又</u>⑦常被轻视的东西可算是父母对子女的爱心。有多少子女能够领会父母那份无微不至的心意呢?<u>很多时我们对父母的忠告只感到噜苏,吵耳,</u>⑧但只要我们<u>愿意细心地思想一下</u>⑨,就不难发觉他们的苦心了。纵使我们犯了多少次过错令他们一次又一次地伤心,失望,<u>他们可曾削减了对我们的那份由衷而生的感情,还不是在关怀呵护我们吗?</u>⑩<u>细数你周遭的,又有几个能够做到如此地步?</u>⑪朋友之间,有时也会因一言不合,导致互不相让,<u>继而</u>⑫断绝来往。对比之下,父母对子女的爱是那么的难能可贵,可惜的是若我们失掉它后,便无法寻回,不能有别的东西可以代替⑬。

　　<u>当然一个以真诚相交的朋友,也是相当难得的。</u>⑭在此希望诸位能够珍惜一切属于自己而且又是可贵的事物,不过也别要时常怀念着已失去的东西,⑮因为过去只是用来吸收经验和教训的,然后再去实现今日的梦想。⑯

　　"已经失落的,不要去怀念它;捕捉不到的,也不要去<u>苛求</u>⑰它;留在手上的,紧紧握住它。"

⑥ 删"很多时"或改为"往往"。

⑦ "而又"删除。

⑧ 删"很多时";"只"改为"常";"吵"改为"聒"。

⑨ 改为"静下心来仔细地想一想"。

⑩ 改为"他们对我们那份由衷而生的感情又何尝削减分毫?还不是百般地关怀爱护我们吗?"

⑪ "细数"改为"仔细看看";"周遭"改为"周围";"做"前加"对你"。

⑫ "继而"改为"甚至"。

⑬ 改为"如果失掉它,便无法寻回,任何别的东西都无法代替"。

⑭ 这一句应紧接在上一段。

⑮ 另起一段。删"在此";"诸位"改为"大家";"别要"改为"不要";删"着"。

⑯ 改为"重要的是从中吸取经验教训"。在"经验教训"后增添"须懂得:"。

⑰ "苛求"改为"强求"。

这篇议论文中心思想集中、单一。从生活中习以为常的现象——"愈容易得到的东西,便愈容易失去"入笔,阐明人们对容易得到的东西应重视、珍惜,尤其是精神上的,否则将后悔不已。文章紧扣中心进行说理,层次清晰,重点突出。在说理的基础上,用一个复句作结,言简意明。三个分句看似并列,实质上前两个为后一个作衬托,突出文章"留在手上的,紧紧握住它"的主旨,强化中心思想。使用引号,可使读者加深印象。标题醒目,能开启读者思维的门扉。

文字上有不少毛病,作了修改。

一是去除无着落的旁枝。如②的"但我不觉得这句话真的能够万试万灵",如不删除,文章就应围绕"不万试万灵"进行论述,主旨也就变更了。实际上,下文并没有就这一点展开,没有着落,所以须删除。

二是调整段落层次。第4段开头一句应放到第3段的末尾,修改⑭在于使这段层次更为清晰。如果作为一般的开头,会给人以要专门论述这个问题的错觉。放在第3段的末尾,既不影响论述的重点——父母对子女的爱心,又使论述严密,并不因突出重点而丢弃其他。

三是修改病句。如⑦,上下文无转折关系,不须用"而";上文中未说到精神上某一被轻视的东西,这儿就不可用"又"。故删去"而又"。如⑨,词性不掌握,"思想"是名词,这里应该用"想"这个动词,"思想"和"想"不能混同。如⑩,属于润色,把感情表达得更充分、更流畅。承接上文,把"对我们"提到动词"削减"前面好。单有"削减"分量不够,加"分毫",语意就重了。"关怀"前加"百般地"也是这个意思。"呵护"不妥,改为"爱护"。如⑪,须在"做到"前加"对你"作限制,否则句子就有歧义。如⑫,上文如用"始而",这儿就可用"继而",用这类关联词含有先后顺序的因素。这个句子上半句说朋友之间"互不相让",下半句说"断绝来往",二者之间的关系是进一层,不能用"继而",应改为"甚至"。如⑯,表达意思不确切,"过去"有"过去"的价值,不能说"只是用来吸收经验和教训","今日"也不都是"梦想",故改为"重要的是从中吸取经验教训"。如⑰"苛求"意思是过严地要求,用在句中不恰当,故改为"强求"。

末尾增添"须懂得",一可进一步引起读者注意,二可与标题"悟"遥相呼应。

以上只是粗粗修改,要细细推敲,从内容到形式都有所提高,可斟酌、润色之处还不少。如⑮中用"诸位",似乎是演讲稿的写法;改为"大家",略好一些,仍不能令人满意。要修改得完善,须改换角度,把这一段重写。因此,文章不厌百回改。

【要语一束】

写文章要千斟万酌,再三修改,才能臻于完善。

改文章实质上是改思想,思想明确,有条理,文章才可能通顺、流畅。

修改时须:删繁剪秽,突出主题;反复思考,理清脉络;咬文嚼字,妥贴确切;润色加工,臻于完善。

写完后至少看两遍,竭力将可有可无的字、句、段删去,毫不可惜。

修改是一种综合能力,要提高这种能力,须丰富知识,扩大视野,锤炼思想,锤炼语言。

十八　才思敏捷，倚马可待
——下笔快速

许多人在小学读书时就知道"七步诗"的故事：魏文帝曹丕限令东阿王曹植在七步内做成一诗，如果做不到，就要动大刑法。东阿王应声吟成一首诗："煮豆持作羹，漉豉以为汁。萁在釜下燃，豆在釜中泣。本是同根生，相煎何太急！"（这首诗的另一说法是："煮豆燃豆萁，豆在釜中泣。本是同根生，相煎何太急！"）七步之内就写成诗，而且那么切合实际，那么委婉地表达内心的痛楚，真可谓才思敏捷。这是写诗快速的例子，写文章快速最有名的例子莫过于"倚马可待"。《世说新语·文学》中记载：东晋权臣桓温北征鲜卑，立刻要发一篇露布文（一种紧急文书），命从征的袁虎倚马前操笔，袁虎运笔如风，一气写下七张纸。下笔如此快捷令人惊叹。

今天，时代飞速发展，竞争日益激烈，做事需要高效。在社会上繁忙紧张的工作交往中，主事的、办事的在动笔方面多少也得有点"倚马可待"的本领，能在信电交往中迅速写成准确无误、明白晓畅的文字以沟通信息，决断问题。由于社会上有这种需要，训练快速作文的能力就显得十分重要了。

【文心絮语】

快速作文要求写作速度快，在有限的时间内写出相当字数的文章，而且须符合要求,并不是草草了事。自古以来,人们对一口气能下笔成文的人从来是高度赞赏的。翻一翻从南朝宋刘义庆的《世说新语》到近代易宗夔的《新世说》等笔记文中关于"文学""捷语""夙慧"等门类中的一些记载,就可知道。人们常把下笔成文说成是天才的事,似乎一般人难以高攀。甚至有人说,别说作文,即使抄书,一笔下去不改一字也做不到。其实不然,才思敏捷固然有某些先天的因素,但归根到底还是要靠平日的严格训练。

中国有一本传统的蒙学课本,教儿童识字的,叫《千字文》。这是一本公认的编得好的识字书,从南北朝一直到清朝末年,流行了1 400多年,成为世界上现存的出书最早、使用时间最久、影响最大的识字课本。全书一千个字,基本上不重复,四字一句,每句成文,前后连贯,还要押韵。内容包括天地、历史、人事、修身、读书、饮食、居住、农艺、园林,以及祭祀等各种社会文化活动。写这本书用了多少时间呢?据唐代李绰的《尚书故实》记载,作者周兴嗣写这本书用了一个晚上,所谓"一夕编缀进上,鬓发皆白",真正是快速作文。尽管这本书有封建社会的烙印,但反映了作者知识积累丰富,观察自然、观察社会细致深入。如文中有:"渠荷的历,园莽抽条。枇杷晚翠,梧桐早凋。陈根委翳,落叶飘摇。"自然景物被描绘得优美清新。又如:"知过必改,得能莫忘。罔谈彼短,靡恃己长。"再如:"尺璧非宝,寸阴是竞。"这些话在今天也还有积极意义。如果作者缺乏必要的知识,不懂得音韵,别说一个晚上,十个晚上也不见得编缀成篇。"鬓发皆白"形象地说明了殚精竭虑编写文章的艰辛。话说回来,如果平时没有深厚的功底,鬓发急得再白也无济于事。

能不能写好快速作文,关键在平日能否注意积累,注意勤练。有一位名书画家说过:成为艺术家之先必有一个勤学苦练的阶段。只有勤学苦练,多方实践,天长日久,方能力到功成,挥洒自如。如唐代大画家吴道子在大同殿壁上作画,一天就画成嘉陵江三百里锦绣风光,由此可见平日功力的厚实。以彼喻此,快速作文同样道理。

课内作文,各类考试中的作文,作文竞赛中的当堂作文等,都有时间限制,同样需要快速。尤其是考试中的作文,磨磨蹭蹭,往往难以完卷。要能加快写作速度,平时有意识有步骤地训练十分重要。

首先要学会抓准写作要求。这牵涉到阅读的准确度。如1991年高考作文题第一题的题目与要求:

老师在黑板上画了一个圆,要求学生写想象作文。他举例说,比如,你可以把这个圆想象成一轮满月,然后以满月为重点,再用天幕、云彩、柳梢等作为陪衬,构成一个美丽的画面,再把这个画面用文字描述出来,就是想象作文。

圆是可以想象成很多的不同的物体的。请你根据这位老师的启发,把这个圆想象成为一个物体,写成一篇200字左右的想象作文。

要求:
① 不要再把圆想象成满月进行描写。
② 以一个圆的想象物为描写重点,不要以陪衬物作为描写重点。
③ 写成一个画面或一个镜头、一个场景,不要写成故事。
④ 想象合理,形象具体生动。
⑤ 语言确切,连贯,条理清楚。

以较快的速度阅读后,须抓住几个要点:(1)写想象作文,200字左右;(2)以圆的想象物为描写重点,须有陪衬;(3)须画面、镜头或场景。

三个要点须联系起来,综合思考。为什么要拎得简单一些呢?便于记忆。第一点规定了文章性质与字数,第二点规定了描写重点与陪衬,第三点规定文章成形后的特点。其他要求,或强调,或提醒。至于语言上的要求,凡作文都有类似提法。正因为如此,抓住前三点就抓住了关键,下笔不会走题了。

接着,快速构思,搭框架,打腹稿。先确定圆的想象物,然后围绕这个想象物选择关系密切的材料,有些是直接表现想象物的,有些是想象物的陪衬。材料一经选择,立刻搭文章的框架。把主要的想象物和陪衬的想象物作合理的配置,配置成优美的画面、动人的镜头,或生动的场景,可静景,可动景,可动静结合。脑中有了具体形象的画面,再考虑如何组材。先写什么,再写什么,最后写什么,脑子里有个粗粗的框架。这一步均在脑子里进行,俗称打腹稿。这一步要做到快速,须善于抓材料,集中到某一点(文章中心)思考,千万不能东想西想,散沙一盘。

紧接着,就是运笔如风。腹稿打好,下笔就会流水一般泻淌。如河北一考生写的《水上彩虹》。这篇短文是:

大雨过后,湖上又恢复到往日雨前的平静,只是平添了一些凉意。定睛朝湖上望去,哦!彩虹。一条五彩的彩带与天空中的彩虹的两端连接在一起。多么奇妙的景观!

几条帆船渐渐出现在湖面上,正行驶在彩虹围成的圆圈里,多么像经过一座美丽的拱桥。燕子在空中掠过,好像也要去和喜鹊凑热闹。鸭子在一侧湖畔游来,它们好像也要享受一下游过"拱桥"的乐趣。……此时,我多么想变成燕子掠向"拱桥",变成鸭子游向彩虹!真美啊,圆圆的五彩的"拱桥"。

显然,考生读懂题目后,先把圆的想象物确定为彩虹。彩虹只有半圆,作者发挥想象,把天空中的半圆与倒影在水中的半圆连接起来,成为一个五彩大圆。这是文中主要表现对象。围绕这个表现对象,选择了陪衬物,这就是帆船、燕子、喜鹊、鸭子。怎么把这些东西配置在一起呢?"五彩大圆"是画面的中心,帆船在圆圈里行驶,燕子在空中掠过,鸭子在湖里游向彩虹。喜鹊未出现,虚写一笔,为湖中的"拱桥"增添神话色彩。脑中有了画面,从哪儿下笔呢?必须从雨后天晴写起,否则,天上就不可能有一条五彩的彩带。描写了主次分明、动静结合的画面以后,怎么收尾呢?与画面中飞燕掠过"拱桥"、鸭子游向"拱桥"的欢乐呼应,自己也想变成飞燕、变成鸭子去享受一番。彩虹本是无情的,这样一描写,情景相生,情趣大增。"真美啊,圆圆的五彩的'拱桥'",这最后一句紧扣题意,给画面的中心再加一个特写镜头,给人以深刻的印象。

当然,在规定的短暂时间内要把作文写好,当场快速构思,快速下笔十分重要。而之所以能快速构思、快速下笔成文,又在于平时注意观察事物,有生活的基础,有一定的书面语言表达的能力。

练快速作文,最好把说和写结合起来训练。美国总统林肯有一篇十分著名的演说叫《葛底斯堡演说词》。葛底斯堡在美国宾夕法尼亚州。1863年7月1日至3日,北军在这里重创了南军,扭转了战争局势。这次战役以后这里修了一个战争牺牲者的公墓。这篇演说是1863年11月19日公墓典礼上的即席演说。这篇演说词情意深挚,文采斐然,是言、文结合的典范。演说词是这样的:

87年前,我们的先辈在这个大陆上建立起了一个崭新的国家。这个国家以自由为理想,以致力于实现人人享有天赋的平等权利为目标。

目前我们正在进行一场伟大的国内战争。我们的国家或任何一个有着同样理想与目标的国家能否长久存在,这次战争就是一场考验。现在我们在这场战争的一个伟大战场上聚会在一起。我们来到这里,将这战场上的一小块土地奉献给那些为国家生存而英勇捐躯的人们,作为他们最后安息之地。我们这样做是完全适当的,应该的。

然而,在深一层的意义上说来,我们没有能力奉献这块土地,没有能力使这块土地变得更为神圣。因为在这里进行过斗争的,活着和已经死去的勇士们,已经使这块土地变得这样圣洁,我们的微力已不足以对它有所扬抑了。我们今天在这里说的话,世人不会注意,也不会记住。但是这些英雄们的业绩,人们将永世不忘。我们后来者应该做的是献身于英雄们曾在这里为之奋斗、努力推进、但尚未竟的工作。我们应该做的是献身于他们遗留给我们的伟大任务。我们的先烈已将自己的全部精诚付于我们的事业,我们应从他们的榜样中汲取更多的精神力量,努力使他们的鲜血不致白流。在上帝的护佑下,自由将在我国得到新生。我们这个民有、民治、民享的政府将永存于世上。

牺牲者是为了解放黑奴而奉献自己生命的,林肯的即席演说是对牺牲者的深切哀悼、由衷赞颂,是对生者的激励与厚望,是对自己祖国吐露无限热爱之情。激情澎湃,语言如水银泻地,一发而不可收拾。这正如闻一多先生的即席讲演《最后一次讲演》一样,从心底流出,势如破竹。这些即席演说是脱口而出的,写下来就是动人心魂的文字典范。

即席说话是根据眼前的事物有所感触和感想立即发表言论,它和快速作文的要求有不少共同之处。如:都需要敏捷的思维能力,较为丰富的知识基础,综合分析的能力和运用语言的能力等。说、写结合起来训练,可以相互促进,相得益彰。足球比赛千变万化,宋世雄解说球赛说得具体生动,富于吸引力。他的解说快速、利落,在精彩的地方还加上几句评语,如果把解说词录下来,就是一篇生动活泼、夹叙夹议的小品文。宋世雄能有这种本领,固然由于他体育知识很丰富,对体育比赛在行,但与他认真练口是分不开的,否则,怎可能如此信马悠悠,运用自如地解说?据说,他平时走路见到什么就说什么,一定要把所见的人、事、景、物,快速生动地描绘出来。出口能成章,下笔成文就方便得多了。言、文结合起来训练,是训练快速作文的有效途径。

快速作文和一般作文一样,要认真地进行思维训练,不过,快速作文尤其要侧重训练思维的敏捷性。思维要借助一定的材料,在生活中学习,对生活中的事物能迅速作出反应,是一个方面的锻炼。在阅读和讨论中锻炼思维的敏捷性,不可忽视。阅读是吸收,能储存知识,扩大知识覆盖面;讨论多为即席发言,对别人的讲话要迅速作出反应。有意识地在这些方面进行训练,久而久之,见多识广,目光敏锐,思维快速,一下子就能把握住事物的要点和精神。要快速作文,遣词造句、谋篇布局的文字基本功自然丝毫马虎不得。

快速作文与"文不厌改"是否有矛盾呢?没有。文章写好以后,字斟句酌、细琢细磨,以求精益求精,无论如何是好习惯。然而,文章首先是写,然后是改,首先是写好,然后是改精。谈快速作文,就是培养写作既快又好的能力。

【佳作借鉴】

给臧克家先生

克家:

如果再不给你回信,那简直是铁石心肠了。但没有回信,一半固然是懒,一半也还有些别的理由。你们做诗的人老是这样窄狭,一口咬定世上除了诗什么也不存在。有比历史更伟大的诗篇吗?我不能想象一个人不能在历史(现代也在内,因为它是历史的延长)里看出诗来,而还能懂诗。在你所常诅咒的那故纸堆内讨生活的人远不止一种,正如故纸堆中可讨的生活也不限于一种。你不知道我在故纸堆中所做的工作是什么,它的目的何在,因为你跟我的时候,我的工作才开始。(这可说是你的不幸吧!)你知道我是不肯马虎的人。从青岛时代起,经过了几十年,到现在,我的"文章"才渐渐上题了,于是你听见说我谈田间,于是不久你在重庆还可以看见我的《文学的历史方向》,在《当代评论》四卷一期里,和其他将要陆续发表的文章在同类的刊物里。近年来我在联大的圈子里声音喊得很大,慢慢我要向圈子外喊去,因为经过十余年故纸堆中的生活,我有了把握,看清了我们这民族,这文化病症,我敢于开方了。单方的形式是什么——一部文学史(诗的史),或一首诗(史的诗),我不知道,也许什么也不是。最终的单方能否形成,还要靠环境允许否,(想象四千元一担的米价和八口之家!)但我相信我的步骤没有错。你想不到我比任何人还恨那故纸堆,正因为恨它,更不能不弄个明白。你诬枉了我,当我是一个蠹鱼,不晓得我是杀蠹鱼的芸香。虽然二者都藏在书里,他们的作用并不一样。这是我要抗辩的第一点。你还口口声声随着别人人云亦云的说《死水》的作者只长于技巧。天呀,这冤从何处诉起!我真看不出我的技巧在哪里。假如我真有,我一定和你们一样,今天还在写诗。我只觉得自己是座没有爆发的火山,火烧得我痛,却始终没有能力(就是技巧)炸开那禁锢我的地壳,放射出光和热来。只有少数跟我很久的朋友(如梦家)才知道我有火,并且就在《死水》里感觉出我的火来。说郭沫若有火,而不说我有火,不说戴望舒、卞之琳是技巧专家而说我是,这样的颠倒黑白,人们说,你也说,那就让你们说去,我插什么嘴呢?我是不急急求知于人的,你也知道。你原来也是那些"人"中之一,所以我也不要求知于你,所以我就不回信了。今天总算你那只"流泪的白蜡"感动了我,让我唠叨了这一顿,你究竟明白了没有,我还不敢担保。克家,不要浮嚣,细细的想去吧!

新闻的报道似乎不大准确。不是《抗战诗选》而是作为二(克家按:"二"下漏"千"字)五百年全部文学名著选中一部分的整个《新诗选》。也不仅是"选"而是选与译——一部将在八个月后在英美同时出版的

《中国新诗选译》。（译的部分同一个英国朋友合作。）我始终没有忘记除了我们的今天外，还有二三千年前的昨天，除了我们这角落外还有整个世界。我的历史课题甚至伸到历史以前，所以我研究了神话，我的文化课题超出了文化圈外，所以我又在研究以原始社会为对象的文化人类学。(《人文科学学报》第二期有我一篇谈图腾的文章，若找得到，可以看看。）关于《新诗选》部分，希望你能帮我搜集点材料，首先你自己自《烙印》以来的集子能否寄一份给我？若有必要，我用完后，还可以寄还给你。其他求助于你的地方，将来再详细的写信来。本星期及下星期内共有三个讲演，都是谈诗的，我得准备一下，所以今天就此打住了。

顺祝撰安

一多
十一月二十五日灯下

信里所谈的请你不要发表，这些话只好对你个人谈谈而已。千万千万。《学术季刊》第二期有我的《庄子内篇校释》可作读《庄子》之助。又及。

《泥土之歌》已收到，随后再谈。

现在想想，如果新闻界有朋友，译诗的消息可以告诉他们，因为将来少不了要向当代作家们请求合作，例如寄赠诗集和供给传略的材料等，而这些作家我差不多一个也不认识。日来正在译艾青，已成九首，此刻正在译《他死在第二次》。也许在出书以前，先零星的寄到国外发表一部分。重庆的作家们也烦你替我先容一下，将来我打算发出些表格请他们填关于我写传略时需要的材料。不用讲今天的我是以文学史家自居的，我并不是代表某一派的诗人。唯其曾经一度写过诗，所以现在有揽取这项工作的热心，唯其现在不再写诗了，所以有应付这工作的冷静的头脑而不至于对某种诗有偏爱或偏恶。我是在新诗之中，又在新诗之外，我想我是颇合乎选家的资格的。这里的朋友们正是这样的鼓励着我，重庆的朋友想也有同感。

十八　才思敏捷，倚马可待

据臧克家的注，闻一多这封信写于1943年。信自云南昆明发出，当时他是西南联大的教授。信是灯下写的，洋洋洒洒，一气呵成，可说是快速。

闻一多是臧克家的老师。在新诗领域，闻一多与徐志摩齐名，最有名的是《死水》《红烛》。此时，臧克家写新诗已比较有名。从信的内容看，这封信显然是复信。可能臧克家已不止一次给老师写信，所以信一开头就说"如果再不给你回信，那简直是铁石心肠了"。

信能一气呵成，在于思想的积蓄和认识的飞跃。当时，闻一多应联大新聘任的英国籍教授罗伯特·白英之请，合作编译《中国诗选》。为了选诗，谈到了载有田间诗的诗集。田间那充满活力的街头诗，像有了强烈的生命一样，在闻一多眼前跳跃起来，敲动了他的心扉。他苦思着，用什么来比喻田间呢？突然想到"时代的鼓手"最恰当。他深深领悟到："当这民族历史行程的大拐弯中，我们得一鼓作气来渡过危机，完成大业。这是一个需要鼓手的时代，让我们期待着更多的'时代的鼓手'出现。"闻一多在联大第一堂讲唐诗的课上，打破以往不讲课外事情的惯例，介绍田间的诗，并剖析自己："抗战以来，我生活在历史里、古书堆里，实在非常惭愧。但今天是鼓的时代，我现在才发现了田间，听到了鼓的声音，使我非常感动。我想诸位不要有成见，成见是最要不得的东西。诸位想想我以前写的是什么诗，要有成见就应该是我……"沉寂的校园里引起了强烈的反响，人们纷纷议论："这听鼓的诗人将要变成擂鼓的诗人。"在国民党统治区，一位著名的教授敢于公开赞扬解放区诗人，是破天荒头一回。

了解了写这封信的思想背景，就可知道信中与臧克家抗辩的第一点为何能写得如此一泻千里，如此深刻厚实。这是闻一多思想飞跃的标志。从写新诗的诗人到钻研文化典籍的学者，进而要成为擂鼓的战士，故而笔下浩浩荡荡，气势很盛，"向圈子外喊去"。

关于长于技巧问题，那更是心声吐露。闻一多直接诉说自己"是座没有爆发的火山"，"火烧得我痛"，以此辩解说他"只长于技巧"是冤枉。他说的是真话，他的诗，他的言论，他的课，确实是激情澎湃，是一团火，烧灼自己，照亮别人。本书第一篇谈写作的冲动感所引的闻一多的《一句话》就是有力的证明。辩解时不仅直接述说自己，而且一口气与这个比，与那个比，表明自己的态度。这一段说得坦诚透辟，既辩说，又充满了深厚的师生情谊。

关于《新诗选》的问题，说得周到详尽，既纠正新闻报道的不准确，又阐述站在怎样的高度来选诗、译诗，研究文史的领域为何延伸、扩展。话虽不多，但学术功底之深厚可见一斑。

即使是信后附言，也运笔如风。

读了这封信，我们至少在以下几个方面有所启发：

1. 要能运笔快速，下笔如有神，须激情满怀。对事物、对生活、对世界、对人生，有认识，有见解，有一吐为快的愿望。

2. 要能运笔快速，下笔如有神，须有扎实的知识储备，丰富的生活基础。腹中有物，脑中思潮起伏，下笔就会滔滔滚滚。

3. 要能运笔快速，下笔如有神，须有很强的驾驭语言的能力。遣词造句，信手拈来，就能准确地表达情意，就能神采飞扬。

思想丰富，内容充实，语言如行云流水，作文怎么不快速呢？

【习作评说】

我是集体的一员

"你讲不讲道理？"妈妈不枉教了一辈子语文，出口就是反问句。而爸爸也非等闲之辈，以问攻问："到底谁不讲道理？我还是你？"终于，矛盾激化了。首先是一声悦耳的（后来才知道是碗摔破了）声音，紧接着，一记有力的"京韵大鼓",把我从书的海洋中"拽出来",我不禁轻叹一声:"唉,又得换新脸盆了。"

我是这场"战争"的直接"受害者",当然晓得其中奥妙。原来,今天是星期天,本来说得好好的,妈妈上街买馄饨皮,爸爸在家搞后勤,我念我的《山海经》。

可左等右等妈妈就是不来,其实是排队的人太多的缘故。爸爸瞎起劲,埋怨得太多,于是导致了"本年度第七次海陆空家庭大战"。

在这三口之家,我作为其中的 33.3% ,应当负起维持家庭和平这个任务,可每当我一开口,父母总要说,小孩子少插嘴。俗话说,熟视无睹,我竟然也适应了这种"斗争"。我一个人闷坐在小房间,欲开辟一个世外桃源。当我隐隐听到厨房里传来的争吵声,我终究感到不是滋味。我的良心在责备我,难道一个十四五岁的男子汉还不能承担起在他所处的集体中所履行的职责吗?难道我对家庭纠纷竟这样冷漠,泰然处之吗?我再也不心安理得,我感到一种从未有过的巨大力量促使我去打开通往"前线"的门……"别吵了!"当 100 分贝的声音在厨房中嗡嗡作响的时候,我才感觉到我确实站在了爸爸妈妈的面前。爸爸妈妈一怔,就像沸腾的战场停止了射击,屋子又安静了,悠扬的鸟啼声从窗外传进来,太令人舒畅了。"这样多好。"我的话卡在喉咙,终于崩发出来:"这么好的环境,为什么要破坏它呢?今天是星期天,爸爸妈妈你们都忙了一星期,本来应好好休息,为什么要把时间都花在无意义的争吵上呢?"没想到我的话竟如此有效,像一盆水浇灭了火——爸爸妈妈不吵了,爸爸甚至用歉意和赞许的眼光看着我。嘿,这下,我可来劲了:"爸爸,妈妈,我们三个人组成一个家庭,这个家庭就像是个不可分割的集体,我们作为集体的成员,都有爱护它珍惜它的责任。即使发生了不愉快的事,为什么不能通过'和平谈判'来解决呢?"爸爸终于开腔了:"阿伟长大了,爸爸做得不对啊,真不如你……"妈妈也在一旁插话:"这下,你可真为我们家做了件大好事。"我不免有些难为情,说:"这是我的责任嘛!"……当我接着向爸爸妈妈"灌输""和平共处五项原则"时,我竟发现笑容爬上了爸爸妈妈的脸颊。

我终于吃到了一顿又香又鲜的馄饨,真有味呢……

没过多久,我就直埋怨为什么诺贝尔和平奖偏不授给我,而授给维持世界和平的军队?又没过多久,我豁然开窍:家庭是小集体,而世界则是更大更大的集体,世界和平更有意义,你说是不?

这是初中作文竞赛中的一篇当堂作文,在规定时间内完成,写得很流畅。

为什么能快速?一是写生活中自己经历多次的事,眼看,耳闻,心想,十分熟悉。对生活中发生的事观察细致,听得真切,下笔就自如了。二是对这类事自己确有想法,不仅要参与,而且要积极做工作。如果熟视无睹,脑中又空空,不知如何对待,如何处理,下笔就会阻滞,想一句,写一句,甚至像挤牙膏一样硬做,当然就谈不上快速了。三是遣词造句、谋篇布局有一定的能力。如文章起始就把矛盾端到读者面前,吸引读者往下看,然后补叙矛盾冲突发生的原因。又如从要"开辟一个世外桃源"到有责任"爱护"集体、"珍惜"集体,叙述得具体、曲折。对话也比较生动。尽管只是记简单的一件事,但出自十四五岁少年的手,而且速度较快,也是不容易的。

快速作文不限于当场竞赛作文,新闻稿、小采访、解说词、节目主持介绍词等,都需要快速,需要"倚马可待"。

【要语一束】

训练快速作文的本领,是信息社会的需要,是社会主义现代化建设的需要。

能快速写作的主要原因是：才思敏捷，生活基础厚实，知识积累丰富，坚持勤学苦练，有一定驾驭语言的能力。

快速作文，须抓住写作要求，须快速构思，搭框架，打腹稿，然后下笔成文。

练快速作文，把说和写结合起来训练，相互促进，效果较佳。

后　记

忙里偷闲,穷十月之功,本书总算完稿了。此时心情可说是:一则以喜,一则以惧。喜的是毕竟花心血完成了一件事,惧的是书能否符合读者的希望。书名《教你学作文》,顾名思义是讲作文法。所谓"法",主要讲的是:该怎样,不该怎样。这个问题如果讲得烦琐,不仅于事无补,反而缚人手脚。历史上最烦琐的应数帝王礼仪,为了给帝王摆威风,繁文缛节,规定了他们一举一动该怎样,不该怎样。看起来帝王威风十足,但他们的手脚多少被束缚,也得规矩些。要知道,封建帝王是一种无法无天的动物,这样对他们是很聪明的办法,用"愚君"来形容未尝不可。话得说回来,《教你学作文》是写给青少年学生看的,书如果写得烦琐不堪,不得要领,那就愚弄亲爱的读者,耽误他们的青春,天大罪过了。

近几年来,市场上出现了不少讲什么"法"、什么"式"的书。单以读书法、作文法来说,你说几法,我就讲几十法甚至百法,有如积薪,后来居上,越分越细,越讲越烦琐,如此这般,花拳绣腿,炫人耳目。殊不知"法繁则法亡",真正用起来反而用不上。为此,在写这本书之先立下一个目标,要力避烦琐,只讲作文最主要的方面。书要写得简明有用,落实到使青少年读者真正学到手。全书十八章,每章首先结合写作中的生动事例阐明基本原理;结合"佳作借鉴"正面疏导,讲解该怎样作文;结合"习作评说"分析得失,也讲一些不该怎样作文;结尾"要语一束",

简明扼要拎出要领,使读者明确遵循。写作时力求创新意,但注意到最主要内容的简单稳定。

　　说到学语文,当然其中包括作文。以往人们常提只要多读多写。这道理本无可厚非,但由此以为没有好的方法,就失之偏颇了。过去许多文人确乎通过多读多写最后达到水到渠成的境界,可是这样做很费时日。如果同时讲究方法,则锦上添花,易收事半功倍之效。也有人说作文如打仗一样,"运用之妙,存乎一心",好像也无方法可言。其实,这是误解。如果说这是"无法",那是由于平日百法精熟,是实际运用中"法熟而法亡"的境界。然而,这"法亡"不同于前面的"法亡";前者是亡于烦琐,后者则是百炼成钢而达到随心所欲的飞跃。达到这个境界颇不容易,但青少年读者应立定志向往这方面去努力追求。我们学作文时,勤于观察,勤于读书,勤于思考,勤于观摩,勤于动笔,锲而不舍,就会熟能生巧,有朝一日也会达到精妙的境地,在限制中获得自由。德国大诗人歌德在十四行诗《自然和艺术》中写道:

　　　　谁要成大事,就必须集中全力,
　　　　在限制中才显出大师的本领,
　　　　只有规律才能给我们自由。

　　不难看出,《教你学作文》是奉献给青少年读者学作文道路上的铺路石。衷心希望它能坚不松动,固如磐石,好让亲爱的读者,稳步地放脚向前走去。

1993 年初冬